挖历史丛书

军机处

第一部

袁灿兴 著

民主与建设出版社

图书在版编目（CIP）数据

军机处. 第1部 / 袁灿兴著. -- 北京 : 民主与建设出版社,
2015.1

ISBN 978-7-5139-0355-4

Ⅰ. ①军… Ⅱ. ①袁… Ⅲ. ①军机处—中国—清代—通俗读物

Ⅳ. ①K249.09

中国版本图书馆CIP数据核字(2014)第204248号

出 版 人：许久文

责任编辑：李保华

整体设计：刘利容

出版发行：民主与建设出版社有限责任公司

电　　话：(010)59419778　59417745

社　　址：北京市朝阳区曙光西里甲六号院时间国际8号楼北楼306室

邮　　编：100028

印　　刷：固安县保利达印务有限公司

版　　次：2015年1月第1版　2015年1月第1次印刷

开　　本：16

印　　张：18.5

书　　号：ISBN 978-7-5139-0355-4

定　　价：38.00元

前言

中国历代皇帝都必然面临的一个问题是，他必须集中权力，以确保皇权独尊；但又必须适度放权，以让臣子去处理纷繁复杂的事务。在分权与集权之间，如何做好平衡，是考量皇帝执政能力的重要标准。在清朝，雍正登基之后，培养亲信大臣，打击朋党，整顿吏治，又在思想领域打击异端，争夺舆论阵地，宣传清廷统治的合法性。在此过程中，雍正已开始构思创设一个政治机构，这个机构专属于皇帝，由皇帝任命，唯皇帝是从。这个机构效率极高，又具备保密性，但却没有专属府衙，也没有专门官吏。它既能满足皇帝集权的需要，又能高效地处理军政，控制思想，预防朋党。雍正七年，带着这个机构的蓝图，雍正一手创设了影响清国国运，主持清国大政一百八十三年的军机处。

军机处创设后，议政王大臣会议、内阁被彻底架空，皇权一统，乾纲独断。军机处的负责人军机大臣，是由皇帝挑选内阁中的满汉大学士、各部尚书、侍郎等亲信大臣担任。虽然名义上到军机处上班是兼职，但基本上一直都在军机处办公。而自军机处设立后，军国大事均由军机处负责。用兵时，由军机大臣决定战略方针，皇帝批准之后，再以谕旨发往前方。前方将领的请示，经由军机处讨论，奏报皇帝批准后，再发往前方执行。至于用兵时的兵马粮秣，山川地形，人文地理之类，都由军机处主持策划，这也是后世参谋本部的雏形了。

在重要案件上，军机处能越过刑部，取得法律执行权。军机处审理案件，一是由军机大臣单独审讯，被审者押到内务府公所或步军统领衙门内接受审问。另一种则由军机大臣会同刑部审讯。此案涉及的都是当朝大员，故而交给军机大臣来处理。军机大臣还可以推荐重要职位官吏，从六部尚书到各省督抚，乃至地方官员，由军机大臣开列名单，交给皇帝选择。

军机大臣权势虽重，但伴君如伴虎，这也是份高风险的职业。军机处的奠基人张廷玉不过因为上书乾隆，请他对自己配享太庙的资格做个保证，就招惹乾隆雷霆大怒，不得安生。讷亲在金川前线，久战无功，乾隆本来要让他去边疆充军赎罪，不想因为讷亲私底下的几句牢骚话而送掉了性命。

军机大臣之中，能长期坐稳，安享富贵荣华的，不外谨慎持身，不结党营私。嘉庆朝担任了十几年首席军机大臣的庆桂，为人性格平和，在中枢数十年，规规矩矩，不敢有丝毫逾越，毫无过失，一口气干到了七十九岁才退休。当时人认为他过于谨慎，近乎迂腐，可嘉庆却始终信任并重用他。被称为“三百年第一福气之人”的潘世恩，该说话时就说话，该磕头时就磕头，该闭嘴时就闭嘴，得享高寿，终身平安，后世子孙文章都做得好，孙子潘祖荫还考中了状元。潘世恩的苏州同乡彭蕴章，在咸丰朝担任首席军机大臣，老前辈潘世恩的那套功夫学不来，干脆一言不发，官场人送外号“彭葫芦”。

除了军机大臣之外，军机章京也是不可忽视的角色。军机章京的工作极多，如拟定谕旨、随军机大臣出差、参与审理案件等等，这些工作中，最为重要的是拟定谕旨。本来拟定谕旨是军机大臣的任务，经过实际操作之后，这份工作也被转给了军机章京。将草拟谕旨的工作转给军机章京，一方面，既有助于提高军机章京们的积极性，给他们发挥才华的机会，以向皇帝、军机大臣们证明自己的才能。另一方面，也有利于军机大臣专一军政事务，提高军机处的工作效能与质量。就皇帝而言，也乐于看到军机章京们起草谕旨，这样可以分权，避免军机大臣大权独揽的现象出现。

军机章京虽不似军机大臣那样声名显赫，标榜于史册。但他们在当时职责重大，担任撰写谕旨，整理政令、档案工作，并因其职位之重要，而在官场中获得更多的升迁机会。从军机章京走出来的首席军机大臣就有讷亲、阿桂、庆桂、文孚、赛尚阿、穆荫、彭蕴章等。据统计，清代由军机章京升为军机大臣者有三十三名之多。军机章京们在政治上的辉煌前途，也吸引了更多的人才投身其中，并视任军机章京一职为人生的荣耀。

总体而言，军机处虽然有权势过人如和珅者，却从来未能对皇权形成任何制约，更遑论威胁。军机处不是正式的机构，军机大臣不是正式的官衔，既可以说它有权，也可以说它无权。只有皇帝最信任的大臣，才能入军机处。而在军机处，军机大臣所处理的一切事务，都是皇帝交付的，他们只是皇权所操控的木偶，并不具备任何主动性。在军机处的历史上，从来没有出现过皇权与相权激烈对抗的现象，也从来没有军机大臣的权势嚣张到不可控制的程度，这样可以说是军机处最成功的地方。

当雍正、乾隆两朝国力蒸蒸日上之际，军机大臣们跟在皇帝后面，跃马扬鞭，开拓疆域，无不踌躇满志。到了嘉庆、道光两朝，大清已经开始走下坡路了。面对此景，嘉庆、道光的选择是守成，于是军机大臣们也收敛了拳脚，小心翼翼地帮皇帝打点着江山，总算将大清的江山传了下去。雍正、乾隆、嘉庆、道光四朝，是一个王朝由盛转衰的展示。在这个历史过程中，军机处起着什么样的作用，扮演了怎样的角色，这是《军机处》第一部所要展示的内容。

《军机处》第二部将对咸丰、同治两朝加以考察。咸丰在历史上以苦命天子而闻名，他主政的十一年，也是首席军机大臣更换频率最快的时代，前后共有七个首席军机大臣。咸丰朝军机处也经历了诸多变革，如祖先之制被打破，恭亲王奕訢入主军机处，而由于权臣肃顺的出现，军机处被控制，军机大臣依附于肃顺。同治朝，在政争中胜出的奕訢，以摄政王的身份控制军机处，而在军机处之中又出现了汉人大臣之间的南北之争。咸同时代，军机处出现了什么样的变化，对维持大清王朝的统治起着什么样的作用，将是我所要考察的内容。

《军机处》第三部将着墨于光绪、宣统两朝的军机处，通过军机处反映出晚清巨变。在清末，一系列影响着中国走向的重要事件发生，从甲午中日战争到戊戌变法，到义和团运动，再到晚清新政，大清王朝经历着疾风骤雨般的冲击，而在这样的大变革时代，作为大清王朝中枢的军机处该如何应对？军机大臣又是些什么样的人物？他们对待新事务的态度又是如何？曾影响大清国运的军机处，能否经得起历史的考验？

“起家词赋皆先泽，报国文章在此身。书生蝇头钻故纸，不输沙场斫贼刀。”一百八十三年的军机处，一笔厚重的历史，一群出类拔萃的人物，一堆有待挖掘的故事，在《军机处》三部曲之中，我将努力给读者朋友们展示一个全面而真实的军机处。

袁灿兴

2014 年 5 月

c o n t e n t s

目 录

第一章 创设军机处

第二章 盛世时期的军机处

第三章　守成时代的军机处

第四章　萧条时代的军机处

第一章

创设军机处

朋党：皇帝的心病

雍正七年春，圆明园中，厅堂楼阁叠起，绿树红花争芳。鸟语花香之中，一名中年男子坐于树下，所着颇是奇异。他头上披了洋人的假发，衣着也是洋人式样。一名西洋画师，手执画笔，正专心绘像。男子正是雍正，已御宇七年。

端坐于树下，过去几十年间的岁月在雍正脑海中闪过，父皇康熙已经故去，可朋党之争一直延续至今，虽屡经打击，却难以根除。

朋党在中国历史上屡见不鲜，东汉、中唐、北宋、南宋、晚明，均可见朋党之争，扰乱朝廷。朋党常以师生、故吏、同年、乡族等为纽带，结成宗派，基于共同的或相似的政治利益，以一人或数人为中心，相互支持，彼此攀援，以维护宗派利益。

康熙一朝，朋党之争不断。顺治去世前，以索尼、苏克萨哈、遏必隆、鳌拜四大臣共同辅政。四大臣中，索尼身体不好，也不管事。苏克萨哈在朝中也有支持者，一度与鳌拜对峙。康熙五年，鳌拜下令在京畿附近圈地，遭到户部尚书苏纳海，直隶、山东、河南三省总督朱昌祚，直隶巡抚王登联反对。

鳌拜认为此三人属于苏克萨哈一党，遂下重手，将三人格杀。苏克萨哈对此十分愤怒，请求康熙早日亲政，以遏制鳌拜，不想反被鳌拜诛杀。此后朝中再无人能对鳌拜形成制约，遏必隆也依附于鳌拜。鳌拜“结党专擅”，大肆提拔亲信，排斥异己，以致“文武各官，尽出伊门”。

鳌拜被铲除之后，满人官员以明珠与索额图为中心，形成朋党，各自发展势力。汉人官员则以高士奇为中心，形成了“高士奇党”。康熙朝虽形成诸多朋党，但朋党之间，如明珠与索额图，并没有彼此弹劾攻讦，只是发展势力。“高士奇党”也不过是汉人高官彼此联络感情，并无结党营私，彼此倾轧的现象。可以说，官员之间有“朋党”，而无“党争”。

但康熙朝中后期，朝内却爆发了激烈的党争，党争的主力则是康熙的儿子们，为了太子之位，各路“皇子党”大打出手。

康熙生了三十五个儿子，十一个早夭，成年的有二十四个。在三藩之乱中，为安定局面，康熙改变了满洲人不立皇储的习惯，立允礽为太子。于是以允礽为中心，形成了“太子党”。

允礽是个有抱负的人，少年英俊，富有才气，碰到了个能干的老爹康熙，只能委屈地等待。不想一等几十年，这老太子可是满腔委屈，牢骚不断，“古今天下，岂有四十年天子哉？”

此话很快传到了康熙的耳中。康熙是个决断的人，他少时处置鳌拜，青年时平定三藩，都显示了雷霆手段，毫不犹豫。面对自己的儿子，康熙却犹豫了，他难以决断，只好给允礽警告。不想此时，太子的翅膀已硬，他以为可以独自飞翔了。大批皇亲国戚和大臣也依附在太子身旁，他们认为这是良好的政治投机，这是绝佳的选择，他日太子登基，必然会有丰厚回报。在群臣的簇拥下，太子踌躇满志，顾盼自雄。

既然暂时不能登基，那就先过过皇帝瘾吧。允礽的饮食起居，一如皇帝，并且有过之而无不及。对于朝九晚五，恭恭敬敬地去向康熙请安问候这套礼仪，太子也开始疏忽，而专心于经营自己的世界。

康熙二十九年（1690）七月，在对噶尔丹开战前夕，康熙患病，召太子允礽及皇三子允祉至行宫陪伴。看到老爹生病了，允礽却面无忧色，这让康熙很是伤心，打发他先行返京，此事是父子感情破裂的起因。

康熙放心不下这个蠢蠢欲动的儿子，不时派人打听太子的动静。而太子的作为，让康熙越发忧虑。允礽已开始流露出残酷的一面，亲情则渐渐退去。为了权力，弟兄相残、父子厮杀的案例在历史上屡见不鲜。太子这头猛虎的獠牙，吓住了号称神武的康熙。

康熙开始敲打太子，可太子的反弹却更为激烈，唯一的选择就是废太子。废太子是大事，非万不得已不能行此下策。废了太子后，康熙却发现，真正头痛的事情刚刚开始。原本无望于帝位的皇子们，在太子正式被废之后纷纷吹响了角逐的号角。伤透了心的康熙，面对着一堆雄心勃勃的儿子，该选谁来承接帝位?

允礽被废后，有实力竞争太子的首先是皇长子允禔。允礽实际上是次子，因为是嫡出才被立为太子。允礽被废后，作为长子的允禔得意扬扬，现在舍我其谁？康熙也开始看重允禔，让他监视允礽。为根绝后患，允禔向康熙进言，请求杀死允礽，招致康熙反感，此时皇三子允祉又告发允禔用巫术诅咒允礽早死。康熙闻讯之后大怒，痛斥允禔为“乱臣贼子”，夺去允禔爵位，将他幽禁在高墙之内。

为了平息众皇子之争，康熙再次立允礽为太子。在中国，做太子，做接班人的不二法门就是韬光养晦，不动声色，默默积蓄力量。但允礽没有吸取教训，招摇如故，不知收敛。康熙五十年，在南巡过程中，听闻允礽要逼自已禅位，康熙紧急回京，再废允礽，此后将允礽一直幽禁在咸安宫中。

允禔、允礽竞争太子失败后，“八爷党”乘势崛起。

皇八子允禩才能出众，在朝野中广得支持，人称“八贤王”，党羽众多，号“八爷党”。但允禩争太子的心意太明白了，康熙看在眼里，怒在心中。允禩全力经营，势力如日中天，得到朝野内外大臣的支持。一次康熙让文武大臣举荐太子，除允礽之外所有人都可入选，并许诺“众意属谁，朕即从之”。不料满朝大臣所推荐的都是八阿哥允禩，这让康熙大吃一惊，他没想到老八的势力这么雄厚。康熙借口立太子事关重大，以后再说，也不管“众意属谁”了。

显露实力太早，跌倒得也快。康熙开始着力打击允禩与其党羽，允禩的爵位被夺去，一度加以拘禁。允禩失宠后，自知争夺帝位无望，转而全力支持皇十四子允禵克承大统。允禵声望很高，被称为“大将军王”，他虽然与胤禛是同母所生，却与允禩结成联盟。允禩认为，如果允禵能做皇帝，会受自己控制，他自信地道：“十四爷若得立皇太子，必然听我几分话。”

“八爷党”之外，还有实力强劲的“四爷党”，欲图竞争太子之位。

“四爷党”以皇四子胤禛为中心，此党实力深厚，集结了十三阿哥允祥，以及隆科多、年羹尧、李光地、鄂尔泰、李卫、傅鼎等内外大臣。胤禛吸取了“八爷党”的教训，一方面以隐蔽手法，在各处安插亲信，培植党人。另一方面，则掩饰自己对皇位的觊觎之心，在康熙面前端汤送水，展现恭孝的一面，博取康熙信任与欢心。胤禛的亲情牌果然奏效，在皇位竞争中最终胜出（登基之后，为了避讳，雍正命其他皇子改“胤”字为“允”）。

坐上了皇位，对昔日的竞争对手，雍正以不同手法处理。对本已被康熙圈禁的允礽、允禔，雍正继续加以圈禁。而初登基时，雍正地位不稳，朝中难以找到可以信赖的重臣，“八爷党”则得到了诸多宗室重臣的支持。对“八爷党”，雍正隐而不发，暂时加以重用。

出于对“八爷党”的忧虑，继位后雍正一度不敢离开京师，甚至停止了康熙延续下来的每年一度的木兰秋狝。后来雍正曾道：“盖朕之兄弟阿其那、塞思黑等，密结匪党，潛蓄邪谋，遇事生波，中怀叵测，朕实有防范之心，不便远离。”面对着朋党的威胁，雍正哀叹：“使朕心力俱困。”

对于四哥胤禛的胜出，“八爷”允禩既不满，更是不服，满心愤懑。在康熙去世后，允禩没有哭泣，而是在院外倚柱独思。死对头胤禛胜出之后，照理来说，允禩不会有好日子过。不想胤禛做了皇帝，却封允禩为廉亲王，任命他为四名总理事务大臣之一，且排名第一，又将允禩的党羽悉数提拔。

雍正封了允禩的官，表达了和解的诚意，允禩也该有所表示。可允禩知道雍正不会安好心。封王时，亲朋好友们过来庆贺，允禩的老婆乌雅氏却说：“这有什么可贺的，搞不好哪天就掉脑袋哩。”允禩本人也颇为清醒，曾道：“皇上今日加恩，焉知未伏明日诛戮之意？”

虽说当了皇帝，但埋在雍正心里多年的宿怨，哪里能那么容易消除。可允禩等人经营了二十余年，实力雄厚，要清除掉几个兄弟的势力，一来操作起来有难度，二来难免让外人闲话，刚当了皇帝就兄弟相残。雍正对于面子看得特别重，一定要名正言顺后才放手去干，处理政务如此，对付几个兄弟时也如此。几个兄弟被暂时高高捧起，机会一到，迅速收拾。“皇子党”们被放到了一边，最早被收拾的却是雍正的亲信，年隆朋党。

隆科多与年羹尧在雍正登基的过程中出力最巨。登基后，雍正自然要予以回报。即位的第九天，雍正就把舅舅佟国维因罪失去的爵位赏给了隆科多。这还不算，过了几天，雍正又将“舅舅”这个名号赏给了隆科多。要求称呼隆科多时，爵位之外，务必还要加上“舅舅”。称呼“舅舅”还不能表达雍正的心意，竟然恭维隆科多是“当代第一超群拔类之稀有大臣”。

不要以为雍正的感情专属于他的“舅舅”。与隆科多相比，雍正对年羹尧的吹捧有过之而无不及。一次年羹尧上奏，称自己目力不佳，所以奏折上的字比以前稍大。雍正看了后，立刻批示：“越大越好”，这君臣关系还真是亲密。雍正二年四月，年羹尧在奏折中称，自己心跳很快，服用了天王补心丹后，半月以来，心跳过快之病不发作了。

雍正赶紧回复他："你心跳快，朕读了你奏折后，跟着有好几夜不能安眠啊，这苦只有你我二人知之耳！"

这还不够，雍正似个女儿家一般地道："真正累了你了，不但朕，怡亲王允祥都心疼你落眼泪。阿弥陀佛，好一大险。"

这话，真是款款情深。

雍正二年，年羹尧平定青海边疆动乱，上奏表功。读了奏折后，雍正大发感慨，先是称自己被感动得几乎落泪，又开始大肆吹捧年羹尧："从古名臣，历阅史册，像你这样丹诚报国者却是稀有。有你真是国家苍生之福啊，感谢上天赐给朕你这样的股肱心膂。"

这样说雍正还觉得不够煽情，又继续吹捧："朕满心想嘉奖你，可竟然不知道怎么书写才能说出你的好。"

在君臣的蜜月期间，雍正甚至下旨，称年羹尧为国家出了大力："子孙天下臣民当共倾心感悦，若稍有负心，便非我子孙也；稍有异心，便非我臣民也。"从古至今，大概没有哪个皇帝对臣子表达过这样肉麻的话，作过这样的承诺。

然而，宠之越深，害之越深。隆科多、年羹尧挟雍正的无上恩宠，大肆发展朋党，形成自己的势力。年羹尧甚至擅自改动雍正谕旨，对于自己擅自更改谕旨之事，他也不隐瞒，如实告诉雍正"臣冒昧稍为增减数字，即通行晓谕"。改谕旨还不算什么，年羹尧甚至帮雍正代笔，年羹尧进献了一套书给雍正，雍正答应帮他写序。不料年羹尧却告诉雍正，怕皇帝你辛苦，序我已经帮你写好了，"不揣固陋，代拟一序"。臣子擅自改动谕旨，代皇帝撰写序文，在任何朝代都是不可饶恕的大罪，可年羹尧却浑然不觉。而隆科多则违背礼制，私藏皇室宗亲族谱。两人的跋扈，不得不让雍正警惕。从雍正三年起，雍正开始剪除年羹尧、隆科多势力，二人下场可悲，相继被逼自尽。

就雍正而言，登基之后首当其冲的要务，就是集中权力，巩固统治。年羹尧、隆科多朋党集团的存在，虽然不能构成对皇权的威胁，但大一统的皇权，哪里容得下臣子丝毫的僭越。此外，若不除掉这些势力，雍正如何能推行政治改革，整顿官场。

除掉年羹尧、隆科多集团之后，雍正腾出手来收拾“八爷党”。

“八爷党”的中坚与财神，乃是康熙第九子允禟。经康熙特许，允禟将权臣明珠的家财全部接收，又在各地大做生意，经营人参、木材之类，牟取暴利，成为巨富。雍正先是将帮助允禟做生意的亲信太监抓捕，又将允禟打发到西宁。允禟携带了百万家财去了西北，却不肯安分，与允禩暗中联系。对允禟的小动作，雍正窥探在眼，隐忍不发，择机而动。

至于同母弟弟十四弟允禵，雍正也是一腔怒火。康熙死后，允禵从西北赶回来，到康熙灵柩前拜祭。这时四哥已经当了皇帝，应该行君臣之礼。不想允禵见了雍正，只是勉强磕了个头，雍正走过来时，他也不避让。登基之后不久，雍正就打发允禵去遵化看守景陵。

剪除年羹尧集团之后，雍正四年，雍正发布上谕，指责允禩：“既自绝于天，自绝于祖宗，自绝于朕，宗姓内岂容有此不忠不孝大奸大恶之人乎？”从这些名号上可以看出，雍正对允禩是多么的痛恨。隐忍在心多年，终于爆发，随后允禩被抄家，本人被圈禁。

圈禁之后，允禩本以为能逃过杀身之祸。不想树欲静而风不止，有好事之徒看到朝廷内斗，想通过支持允禩、允禵而获取政治机会。深州的正黄旗旗人蔡怀玺，独自前往遵化景陵，求见被囚禁在此的十四阿哥允禵。允禵闭门不见，蔡怀玺就写了纸条投入院内，称“十四爷命大，将来要做皇帝”。天津人郭允进写了“十月作乱，八佛放囚，军民怨新主”的传单，广为传播。民间开始出现传言，称八佛（允禩）将做皇帝。山西人令狐士义找到允禟，表示要联合各地军民，营救允禩。

铁腕开始收紧，雍正四年，允禩被改名为阿其那（狗），允禟被改名为塞思黑（猪）。允禟被押解至保定囚禁。遵照雍正的意思，直隶总督李绂将三间小房的四周砌以高墙，将带着手铐脚镣的允禟关押在内。此年八月，允禟不明不白地死去。九月，允禩也死于圈禁地，死因不得而知。允禵则被从遵化解到景山寿皇殿圈禁，因为他是雍正的同母弟弟，方才得免一死。此后，允禩党人中的重要人物也分别被处决，散布谣言的郭允进、令狐士义等人也被处死。

在皇位稳固之后，雍正不遗余力地打击朋党，剪除了自己最为亲信的年羹尧、隆科多，对势力强大的皇族朋党也予以严厉打击。通过打击朋党，雍正收回了被宗室与重臣们分去的部分权力，巩固了君权。

雍正也采取了系列措施，以预防朋党的形成，如限制宗室诸王权力，禁止上三旗侍卫官在诸王门下行走，禁止诸王之间私自往来，禁止大臣家人结为兄弟等。但如何杜绝朋党，让每一个臣子既乖乖为自己办事，又不致坐大，却是困扰在雍正心中的一个难题。

带着这个难题，时间进入了雍正七年。此时正是大清国力鼎盛之际，也是雍正权力大一统之时。勤勉无匹的他一手打造出了中国三千年历史中，代表了政权构造最高水平的军机处。由于雍正独具匠心的创造，军机处在提高文官系统效率的同时，也有效地保证了皇权的大一统，并暂时抑制了朋党的滋生。

皇权合法性之争与书生幻梦

刚刚登基，雍正既要面对气势汹汹的朋党，还得处理民间流传的与自己相关的小道消息。自然，这些小道消息没有一条是正面的。任何时代，皇室丑闻永远被民间八卦爱好者们所追逐。不死的八卦之心，使得在雍正这样的高压时代，竟然存在着地下小报。而这些地下小报的编辑们，也有着八卦新闻的富矿，那就是在帝位竞争中失败的阿哥们。

雍正登基之后，诸多关于他酗酒、好色、抢夺兄弟皇位的小道消息流传于民间。面对这些飘忽不定，口耳相传的谣言，雍正也无可奈何。雍正四年，京内一份小报上突然刊登雍正在端午节与群臣狂饮作乐的消息。雍正阅后勃然大怒，严令兵部、刑部抓捕审讯，并指出这些消息都是竞争帝位失败的允禩、允禟余党在造谣滋事。不久报房的两个负责人何遇恩、邵南山被抓捕处决。可谣言的传播，绝不是杀掉两个小报记者就能扑灭的。谣言的危害，不单单在于它指向雍正个人的品质，更指向雍正，乃至清王朝统治的合法性。

谣言是致命的，但一些读书人却迷恋于此，并以脱离了现实世界的头脑，试图将这些谣言演变成为现实。

雍正五年，岳钟琪官拜川陕总督，加兵部尚书衔，太子少保，授宁远大将军印，堪为雍正最为恩宠的臣子。但岳钟琪却时刻谨慎，不敢露出骄横之态，因为前有年羹尧之鉴。年羹尧曾得到雍正看似牢不可破的信任，也有着深厚的私人情谊，转眼间却被打入冷宫，最后沦落到自尽的下场。

岳钟琪又有着不同于其他人的历史包袱，他是岳飞的后人。民间涌动的反清情绪，使民众本能地认为，这个掌握着重兵的岳飞后裔是身在曹营心在汉，有一天会起兵反清。岳钟琪担任川陕总督后，有名叫卢宗汉的男人在成都府沿街叫喊："岳公爷带川陕兵丁造反，四门设有黑店，杀人，杀人，杀人！"

岳钟琪战战兢兢地给雍正上奏，报告了此事。雍正反而安慰他："数年以来，在朕面前谗谮你的人太多了，收到的告密信就有一箱。有人说你是岳飞之后，要报宋金之仇，真是荒唐悖谬至极。"这些谣言造的确实没有技术含量，如果清代的岳钟琪要去报金灭宋的仇，鸭也能为在锅里的鸡报仇了，雍正看了只能哑然一笑。处理的结果是将卢宗汉斩首，继续重用岳钟琪。

一年，岳钟琪突然接到一封投书。投书者自称张倬，帮一个叫作夏靓的人过来送信。岳钟琪一看信封就知道其中必有玄机，信封上直呼他为"天吏元帅"，于是他将张倬扣住，自己则花了一天的时间仔细阅读了这封信。越看岳钟琪越心惊，冷汗淌遍了全身。信中不但称岳钟琪为岳飞的后裔，请他起兵反清复明，更罗列了雍正的十项罪行，如："谋父、逼母、弑兄、屠弟、好杀、酗酒、淫色、怀疑诛忠、好谀任佞。"夏靓在信中也对满清入主中原的合法性进行了质疑，认为满清入关，是"中原陆沉，夷狄乘虚窃取神器，乾坤反覆"，是"盗窃天位，染污华夏"。在满洲夷狄的统治下，"天昏地暗，日月无光"，以致天怒人怨，灾害四起。

这封信是个烫手山芋，处理不善，必然身家性命全丢。岳钟琪思量再三，决定审问投书人。审讯时，为了表示自己坦荡无私，岳钟琪特意请按察使硕色在幕后监听。不想投书人张绰意志坚定，各种酷刑之下，却不露丝毫口风。再拷打下去张绰必死，岳钟琪也要落得个杀人灭口的嫌疑。无奈之下，岳钟琪只好捧着这个烫手山芋，向雍正问计。

在密折快马送京的同时，岳钟琪决定改行攻心之策。他请出一名叫李元的代理县令，装成岳府的仆人，安排李元与张绰见面。在二人相熟之后，岳钟琪特意安排了间房子，让李元、张绰同住，李元安排酒肉招待，并说先前的用刑，只是为了考验张绰。在经历了诸多酷刑之后，本抱必死之念的张绰，突然看到了游说成功的希望，自然轻信了李元，将真相全数说出。

送信的张绰真名张熙，写信的夏靓真名曾静，号"蒲潭先生"，湖南郴州永兴县人。曾静年轻时参加科举，获得过生员资格（秀才）。参加科举考试期间，曾静曾获得吕留良的著作，读后大受启发，"以为此人是本朝第一等人物，举凡一切言议，皆当以他为宗。"吕留良学术思想中的"井田制"主张，对曾静影响尤深。

考中了生员后，科举上曾静再无突破，收了两个穷学生，清贫度日。作为生员，曾静须参加每两年一次的岁考，才可保住这个功名。岁考成绩分六等，一、二等为"科举生员"，可取得"乡试"的资格，三等如常，四等挞责，五等降，六等黜革。雍正三年，曾静岁考得了个六等，被黜革了生员资格。而此时湖南地方上豪强们兼并土地，过着奢华生活，此种落差更让曾静生出无限恨意。

走投无路的曾静，一度带了两个弟子准备去四川开垦，以求条生路。走到长沙时，突然看到官府"五星连珠，日月合璧"吉兆的布告。对一个走投无路，已陷入绝境的读书人来说，任何外界事物，都能让他迷乱的脑海中生出无限遐想。看到这个专属于雍正的吉兆后，曾静突然改变了心意，认为此吉兆也是在预示自己的命运。

此时的曾静仍然将希望寄托在清廷身上，他以为这吉兆是让自己去给雍正做国师，出谋划策，改变人间的不平，进入一个公平世界。在这个世界里，吕留良所构想的井田制得到实行，人人有田耕，有饭吃。曾静决定不去四川，转回老家，策划“要来京城上书献策”。但这个策划持续良久，无从实现，可能是因为这两年中湖南遭遇水灾，曾静为了生存而奔走操劳，暂时无心无力上京献策。

在苦难生活之中，曾静重新思考，进而认为当年“五星连珠”的吉兆，恐怕另有他应。此时他对清廷已不抱希望，开始认为这改天变地的重任落在自己身上，“舍某取谁？”曾静开始疯狂地痛恨满人，在私人日记中留下了他的心迹，他以笔作刀，写下了对满人的满腔仇恨，对满人“只有杀而已，只有砍而已”！

当不能通过科举这条道路改变命运之时，读书人唯一的选择就是用口袋里的书，去闯出一个新天地。贫寒中的曾静，开始重新阅读以前得到的吕留良著作，从中大受鼓舞，心中萌生了推翻清廷的豪情壮志。

雍正五年，对吕留良推崇至极的曾静，特意派弟子张熙去浙江拜访吕留良。此时吕留良已去世多年，吕留良的儿子热情地接待了张熙，并灌输了一通反清复明的思想。曾静疯狂阅读着张熙带回的一批吕留良未刊书稿，已故去的吕留良灵魂在曾静身上附体，而希望就在反清复明的伟大事业之中。

曾静从来往的商人口中听得大官岳钟琪是岳飞后裔，以为岳钟琪是身在曹营心在汉，于是修书劝岳钟琪举兵反叛。不过曾静倒也不是毫无头脑，知道此举凶险颇多，故而命弟子张熙化名投书。可曾静穷的连路费都出不起，张熙不得不回家将自家房子当掉，作为盘缠。

此案破获后，抓捕曾静等人的行动颇为顺利。被捕时，曾静大声怒吼：“蒲潭先生今天死在这里！”

不过读书人的豪迈与骨气，沉浸在书斋中尚可，一入了官府，豪迈顿散，骨气无存。雍正特意下令，对曾静“不必刑讯”“勿令受苦”。在官府大堂之上，一个板子都没挨，曾静就开始对审讯官员痛哭流涕，跪求宽恕，并将前后经过一一供出，牵连了诸多人，引出血案无数。

曾静一案，最受打击的人却是雍正。雍正看了曾静写给岳钟琪的信后，自叹道：“朕览逆书，惊讶堕泪。览之，梦中未料天下有人如此论朕也，亦未料逆情如此之大也。”雍正满心委屈，他自认为做得足够好，足够多了。确实，与明代的皇帝相比，无论是智力，或是勤奋，抑或学识，清代诸帝均可大比分胜出。

然而，有一部分读书人却不买清室皇帝的账。自满清征服中原之后，一批秉持“华夏中心说”的知识分子，潜居民间，著书立说，择机而起。

这些读书人被“华夏中心说”所支配，认为中国以其文化先进而昂然处于世界的中心，周遭的蛮夷小邦，感受并膜拜华夏文明的光辉，进而在此基础上形成了以中国为中心的朝贡体系。文化落后的满族，征服了文化先进的中原，在这些知识分子看来，这是文化的沦陷，这是走入黑暗时代，故而必须反清复明。

然而，以文化为中心的世界观，带来的一种认知便是，哪怕是文化圈外围的蛮夷，只要认同并归化于中国文化，这也是可以接受的统治者，此即韩愈所言的“中国而夷狄也，则夷狄之；夷狄而中国也，则中国之”。

满清入关之后，彻底皈依并推崇华夏文化。顺治帝祭孔，给孔子加上“至圣先师”等封号。康熙帝亲赴曲阜祭孔，并根据儒家学说，颁发《圣谕》十六条，作为民众的行为准则。至康雍时代，看起来国泰民安，四海升平。虽然清代皇帝取得了辉煌政绩，但吕留良等人坚持认为：“华夷之分，大于君臣大义。”

一小撮反动文人，老是拿“华夷之辨”来说事，进而以此否定清王朝统治的合法性。雍正无限感慨，满心委屈，这些读书人啊，你们还求朕如何？朕勤政，朕膜拜儒家文化。朕虽是满洲人，可绝不是你们眼中的夷狄。让雍正更为震惊的是，吕留良对清代文人的影响不止于曾静一人，“海内士子尊崇其著述非一日矣”。

吕留良的巨大影响，“华夷之辨”的暗中流传，曾静的上书，民间的无尽流言，让雍正沮丧懊恼。他是个特别在乎名声，特别爱惜面子的皇帝，一切都要做到名正言顺。其实万千流言，丝毫动摇不了他的统治，可雍正还是要反击，以示自己统治的合法。

雍正帝亲自操刀，在《大义觉迷录》中对华夷之辨做了驳斥。雍正认为，“汤武革命”被士人阶层圣化了，汤武也是华夏周边的蛮族，他们能成为圣人，乃是由于他们学习了先进的文化。满人入主中原，只要它继承发扬了中国文化，那么，这和汤武革命有何区别？雍正进而提出，一个皇朝的合法与否，在于它能否“怀保万民、恩加四海”，如果一个皇朝能做到这点，便是有德之君，“有德者可为天下君，何得有华夷而殊视？”

进而雍正愤然道：“自我朝入主中原，君临天下，并蒙古及周边部落俱归版图，是中国之疆土开拓广远，乃中国臣民之大幸，何得尚有华夷之分哉？”

雍正行事却是与众不同，作为一个资深宅男，他的癖好很多，比如喜欢玩造型秀，收藏西洋器物，养了很多宠物狗，爱画像等等。对曾静、张熙，雍正也以不一般的方式加以处理。让世人惊讶的是，二人均被宣布免罪释放，并且雍正宣告：“朕之后世子孙也不得追究诛屠戮之。”

雍正还将曾静的口供，悔恨认罪的心路历程，以及自己对曾静邪说所做的驳斥文字，编为《大义觉迷录》，印发到全国各府州县学工，作为教材，向官绅文士宣讲。同时曾静、张熙被送到江浙等地，现身说法，宣传雍正的英明无双，并生动地展示自己的悔罪过程。

对曾静的宽大处理，雍正自己也知道有些不一般，在给宠臣田文镜的奏折上批示道："遇到此种怪物，不得不有一番出奇料理。"

与对曾静的宽大相反，对已经死去的吕留良及其后裔，雍正却极其残酷。依照雍正的说法，曾静侮辱的是自己，可以原谅；而吕留良污蔑的乃是自己的父亲康熙，绝不可宽恕。虽然吕留良已经死去多年，仍将吕留良及其子吕葆中戮尸示众。吕留良活着的儿子吕毅中被斩首，后人则被送往宁古塔为奴，又特意焚毁吕留良著作，并严惩保存有吕留良著作的读书人。由此也为民间留下了吕四娘报仇，刺杀雍正的离奇故事。

由于雍正的努力，《大义觉迷录》成为当年中国最畅销的书籍。通过此书，雍正希望消弭谣言，让世人知道，他的帝位是光明正大得来的。但谣言的吊诡在于，面对谣言时，你不理它，不解释，谣言会自己退潮。你越是解释，越是要澄清，这谣言看起来就越真实，波浪也就越汹涌。各种有关雍正的传闻，从皇宫恩怨，杀父杀兄，再到吕四娘报仇，遍传民间，为世人所津津乐道，而雍正言辞真切的自辩则被忘得干干净净。幸好，他的儿子意识到了父亲的错误，并及时加以挽回。乾隆登基后，立刻下令在民间查禁《大义觉迷录》，并将曾静、张熙师徒处死。

顺治、康熙年间，各类高举反清复明旗帜的闹事者频现。在清廷残酷的武力镇压下，此类闹事在渐渐绝迹。到了雍正朝，斗争已走向无声的战场，争夺的是人心与思想。朋党之争不过是官僚集团内部的斗争，不会威胁到清廷的统治。而思想之争中，如"华夷之辨"之类的造说，则从根源上质疑清廷统治的合法性。曾静一案的意义在于，它使雍正意识到思想必须加以打击和控制。而要加强对思想的控制，就必须集中皇权，创设一个专为皇帝服务的私人机构。

皇权必须独尊

对于雷厉风行，刚猛迅疾的行事风格，雍正自我解释道：“朕就是这样汉子，就是这样秉性”，“朕就是这样皇帝”。

“秉性汉子”雍正登基之后，整顿吏治，肃清朝政，禁止官员勒索骚扰地方。几年内风气为之一转，各级官吏无不战战兢兢，唯恐怠慢了政务，招来天子的训斥。雍正朝的新气象，连朝鲜也能体验到。往昔派往朝鲜的使者，总是大肆勒索，让朝鲜人头痛无比，雍正登基后，派往朝鲜的使节也收敛了许多，朝鲜人对此评价道：“雍正新立，操切亦严，因而来使亦意在律己。”

面对着朝廷内的新气象，雍正却是思绪连连，回想起康熙四十二年的往事，那时康熙正当壮年，英武逼人，带了几个儿子从京师出发，游历江南。江南的繁华，让人留恋，皇子们都爱上了这里的迷离气息，然而胤禛却对此毫无兴趣，作诗云：“茫茫吴越事，都付与东流。”

南巡的终点站是金陵，康熙命从行的大学士马齐去明孝陵祭拜。早在康熙二十三年，康熙第一次南巡到达金陵时，即亲自前往祭拜明孝陵。在明孝陵前，康熙行三拜九叩首大礼，其礼数极尽尊崇。康熙对明太祖之崇敬，让当时的金陵人无不惊讶，“父老从者数万人，皆感泣。”

太子允礽，对康熙尊崇朱元璋很是不解。

康熙解释道："明太祖天授智勇，崛起布衣，纬武经文，统一方夏，凡其制度，准今酌古，咸极周详，非独后代莫能越其范围，即汉唐宋诸君诚有所未及也。"

胤禛口中唯唯诺诺，心中却不认可，在他看来，明洪武创设的政治模式，在实际运作时流弊多多。

明开国之初，皇帝与大臣们刚刚齐心协力开创天下，因此在职权的分配上集权专制的色彩并不十分强烈。明初中央设左右丞相，地方设行中书省。朝中大小事由丞相处理后奏闻皇帝，行中书省总管一省军、政、司法。

胡惟庸拜相后的一段时间内，君臣、帝相之间相安无事，但在胡惟庸任久熟练之后，即开始与朱元璋产生分歧并引发冲突。胡惟庸权倾朝野，朝廷大政，不经过皇帝之手就自做主张，趋炎附势之徒也纷纷奔走于其门下，声势日隆。忍耐良久之后，洪武十三年（1380），朱元璋果断出手，以"谋不轨"的罪名，迅速杀掉胡惟庸。

除掉胡惟庸后，朱元璋分相权于六部。六部尚书执行皇帝命令，直接对皇帝负责。随后朱元璋宣布不许再议置丞相，大臣如敢奏请者，处以重刑。明朝还实行特务统治，对臣下进行监控。太祖时设锦衣卫，成祖时设东厂，宪宗时设西厂。三者只对皇帝负责，无须经司法机关批准即可随意缉拿官民。

在地方上，朱元璋首先废行中书省，在全国设十三省，置左右布政使司各一人，主管一省民政和财政；另设提刑按察使司管刑法，都指挥使司管军队。三者合称"三司"，互不统属，分别归中央有关部门管辖，这种权力分散，条块分割的机构设置，利于皇帝集所有大权于一身。

其实朱元璋与胡惟庸的矛盾，只是皇帝看着丞相运用权力时如鱼得水的姿态，在心理上产生出的权力失落感。皇帝担心臣下的权位过重，危及自身统治，于是便急急对官僚体系加以整肃，以维护自己的无上权力；而在至高无上的皇权面前，臣下唯有俯首被戮的份。

但官僚体系一旦形成，即成为一个客观的存在，它有着自己发展运行的轨道，不完全依君主的主观意愿而存废，它是皇权进行统治不可或缺的工具。以整个官僚体系的中心宰相为例，在所有的官职中，宰相的变化最多，这是由于君主既需要宰相帮助办理政事，又担心宰相的权位过重，危及自身的权力。

朱元璋废除过相权，但最后不得不以四辅官制代替。明成祖时，因为政务繁忙，选了七人入值文渊阁，帮助皇帝处理政务，在此基础上，内阁发展出来。初期的内阁并无公开身份，内阁成员品秩不过五品，被视作是皇帝的顾问和机要秘书。

内阁出现后，其地位日益重要，皇帝的诏书谕旨，无不出于内阁之手。此后内阁的品秩也被提高，内阁大学士开始兼各部尚书衔，权势日重。在内阁制度成熟定型后，内阁首辅的地位相当于宰相。朱元璋绞尽脑汁想除去的相权再次出现，且权力日益增强，并在一定程度上分散了皇权。

而内阁对皇权的分散，则来自“票拟权”。

明代各级官吏递交给皇帝的公文，首先要送到内阁，由内阁用墨笔在纸条上先拟旨，然后贴在公文上交给皇帝审定。皇帝如果同意，就用朱笔批改，即“批朱”。一般而言，皇帝都是“照阁批朱”。皇帝对“批朱”这样的差事感到腻烦，于是设立了司礼监秉笔太监来帮助自己“批朱”。这样，只要内阁摆平太监，双方合作，也就能操作一切政务，这也是明代太监得以弄权的一个重要原因。内阁权势一大，也出现了如张居正、严嵩这样的权臣。

之所以历代帝王不能清除掉相权，因为中国是一个依赖于文官和文书统治的国家，再天才横溢的皇帝，一个人也无法处理繁重如山的政务，批阅无尽的文书。皇权与相权之间，彼此存在着互为利用的关系。在一定的历史时期，皇权来不及集中权力，造成相权的膨胀，而引发皇权与相权之争。历史上，相权命运多舛，名字多变，最后变化的只是称谓，相权仍然是君主统治中的不可或缺的一环。

集中了皇权，苦的是皇帝；分散权力给内阁，皇帝却不高兴。在皇权与相权上，清代多有变化，总的趋势是在抑制相权的同时，创设其他机构，以提高军政效率，保证皇权集中。

努尔哈赤初定国政时，有五大臣议政，即费英东、何和里、扈尔汉、额亦都、安费扬古五人。皇太极时期，设立议政王大臣会议（又称“议政处”），权势极重，“军国重务，不由内阁票发者，皆交议政大臣。”

同时皇太极借鉴明朝的政治机构，设立了内阁与六部，但议政王大臣会议的权势凌驾内阁之上，相权不复再有明代之势。

议政王大臣会议，是清廷“会议国家机要事宜”的机关。议政王大臣最初是武职，以适应满清入关时的战争需要。到满清入关之后，开始重视“文治”，相应地文官增多。议政王大臣会议始终为满洲贵族所垄断，人数变化较大，最多时达五十人，康熙朝保持在二十人左右，雍正朝军机处设立后则寥寥无几。

对用人行政，军国大事，议政王会议有议论权，无决定权，最后的决定权在皇帝手中。但议政王大臣会议也对皇帝形成了一定的制约，并对皇帝的决策产生影响。皇帝如果得不到议政王大臣会议的支持，其政务也难推行。

康熙年间，为消除议政王大臣会议的影响，康熙于1677年设立南书房，与议政王会议、内阁三足鼎立。南书房设在乾清宫西南，本意是让翰林院的官员在此间陪皇帝研究学问，吟诗作对。陪伴皇帝，自然得挑选才学优异者入值，这些人称“南书房行走”。

康熙所挑选的都是当世之名士，如王士祯、查慎行、高士奇、方苞、沈荃等。除了名气与才华之外，康熙还要亲自面试入选者，以判断是否可用。如张英入宫面试时表现上乘，康熙极为满意，当即入选南书房。由于汉人读书好，学问高，自然入南书房的占据多数。

招了一批才华横溢的人在身边，康熙就让南书房根据自己的意思起草各类诏令，拟写谕旨，这样南书房得以干预政务。在南书房重要性日益提高的情况下，其工作人员的选择标准开始提高，也更注意保密性，南书房渐渐地成为了皇帝的御用秘书机构。南书房这个地方，除了康熙及工作人员之外，绝无外人可到，极其机秘。工作人员也都“慎密恪勤”，注意保密。

总体说来，南书房分散了议政王会议和内阁的权力，而因其形式灵活，依附于皇帝，可控性强，保密性佳等特点，使它备受康熙青睐，也为军机处的成立提供了雏形。

雍正登基之后，培养亲信大臣，打击朋党，整顿吏治，集中皇权，又在思想领域打击异端，争夺舆论阵地，宣传清廷统治的合法性。在此系列过程中，雍正已开始构思创设一个政治机构，这个政治机构专属于皇帝，由皇帝任命，唯皇帝是从。这个政治机构效率极高，又具备保密性，但却没有专属府衙，也没有专门官吏。它既能满足皇帝集权的需要，又能高效地处理军政，控制思想，预防朋党。

雍正七年，带着这个机构的蓝图，雍正一手创设了影响清国国运，主持清国大政一百八十三年的军机处。

创设契机：征战准噶尔

王朝内持续不断的的朋党之乱，各地涌现的反清思潮，刺激了雍正的权力控制欲，而对准噶尔部的用兵，则直接导致了军机处的产生。

有清一代，对于天下大势有着清晰的主线，即要经略中原，就要联盟蒙古各部；要得到蒙古支持，就要控制住藏传佛教；要控制藏传佛教，则须保持对西藏的影响力。

清初，西藏一直处于蒙古和硕特部的控制之下，与清廷关系和睦，彼此相安无事，直到准噶尔人出来争雄。

准噶尔（又称绰罗斯）部本是蒙古四卫拉特（准噶尔、和硕特、杜尔伯特、土尔扈特）的一部，在历史上四卫拉特分化演变，彼此争雄（卫拉特在明代音变称为瓦剌）。至17世纪，由于内部人口压力，土尔扈特部转向伏尔加河流域发展，和硕特部则向青海、西藏发展。此时藏传佛教内部的争执，也为和硕特部的发展提供了契机。

藏传佛教的噶举派，面临着新崛起的格鲁派的挑战。在藏语中，“噶举”中的“噶”字本意指口，而“举”字则意为传，“噶举派”即口传宗派。噶举派僧人的僧裙中加有白色条纹，又称“白教”。噶举派开创于宋朝，在明代盛极一时。明代，青海藏人宗喀巴进西藏大雪山修行，破关而出后创立格鲁派，喇嘛均戴黄帽，故称“黄教”。至清代，噶举派与格鲁派斗争激烈，噶举派得到了西藏与青海等地方势力的支持，反对以达赖为领袖的格鲁派。

格鲁派在1635年派出“温萨活佛”向蒙古和硕特部求援。和硕特部遂进入青海，以支持格鲁派。在击败西藏、青海地方势力的军队之后，和硕特领袖顾实汗发现青海水草丰美，土地广袤，遂决意将部落的大部分人口迁至青海，由此也奠定了和硕特部对青海、西藏的控制权。

到了康熙二十一年（1682），五世达赖去世，权势人物第巴桑结嘉措立仓央嘉措为六世达赖，又联合准噶尔汗噶尔丹，驱逐和硕特部。准噶尔入藏干涉宗教冲突，也导致了清廷出兵干涉。此后，与准噶尔的战事，经历了康、雍、乾三代帝王，持续了将近百年。

噶尔丹本来是没有机会走上历史前台的，只是1670年，噶尔丹的哥哥，准噶尔的首领僧格，被同父异母兄弟车臣台吉、卓图巴巴图尔谋杀。正在西藏当喇嘛的噶尔丹还俗，在达赖喇嘛和僧格旧部的支持下，平息了内乱（噶尔丹取自藏文甘丹，意弥勒菩萨的兜率天）。此后，在噶尔丹领导下，准噶尔部日渐强盛，以伊犁为中心，纵横天山南北，控制着中亚的辽阔地域。此时清廷正忙于平定三藩之乱，对准噶尔的崛起与扩张，暂时无暇顾及。

噶尔丹是个魅力型的人物，身材高大，长相威武。他十三岁时前往西藏，跟随四世班禅学经。四世班禅圆寂后，又转到五世达赖门下学经，深得五世达赖喜爱，并被认定是“温萨活佛”的转世。“温萨活佛”是第四世班禅的师傅，曾在卫拉特各部传教，直接推动了1640年卫拉特四部的会盟，在蒙古各部影响深远。

噶尔丹被认定是“温萨活佛”的转世，无疑增加了他的政治与宗教影响力。在蒙古卫拉特地区，噶尔丹被视为“神”。当他刚返回准噶尔部时，

“众人审视惊喜，下马罗拜为神。”在平息内乱的战事中，噶尔丹亲自冲锋陷阵，“入其军，莫敢当，皆大惊以为神，弃其弓，下马趋拜降。”

既是宗教地位最高，知识最渊博的活佛，又是僧格的弟弟，且神武过人，诸多条件合于一身，噶尔丹得到万众膜拜，一呼百应。噶尔丹迅速平息内乱，进而统一了卫拉特各部。

在噶尔丹领导下，准噶尔部崛起于中亚。1678 年，噶尔丹统一卫拉特各部，建立准噶尔汗国。此后，噶尔丹又将势力延伸至天山南路，并向中亚积极扩充，而喀尔喀蒙古部也成为了准噶尔吞并的对象。

早在 1640 年，卫拉特各部曾与喀尔喀部达成盟约，制定《蒙古卫拉特法典》，以共同对付咄咄逼人的满洲。在清军锐不可当的进军之下，喀尔喀部最终选择了臣服，被纳入了天朝的朝贡体系。每年喀尔喀部须进“九白年贡”，即每年入贡一匹白驼，八匹白马。虽臣服于清廷，但喀尔喀内部也彼此争斗，内讧不已，这为噶尔丹的干预提供了机会。

对于准噶尔攻击喀尔喀，清廷最初以调停为主，不想过多卷入。清廷的本意是由达赖出面加以调停，不想五世达赖去世，之后的第巴桑结嘉措又全力支持噶尔丹的争雄大业。

噶尔丹兵强马壮，咄咄逼人，貌似不可抵挡，但在部落之中却面临着雄才大略的侄子策妄阿拉布坦的威胁。

策妄阿拉布坦是噶尔丹的亲侄子，其父僧格被杀时年方四岁，与母亲依附于噶尔丹，直至成年。十三岁时，策妄阿拉布坦就追随叔父噶尔丹，参与了一系列对外的征服战事，战功卓著。随着时间的推移，噶尔丹发现侄儿成了自己最大的威胁。尽管噶尔丹创立了准噶尔汗国，依照蒙古部传统，在策妄阿拉布坦成人之后，噶尔丹就该将汗位交还给侄儿。而立志于创设政教（喇嘛教—蒙古帝国）合一大帝国的噶尔丹，怎肯拱手让出汗位。

康熙二十八年（1689），噶尔丹派出刺客，准备杀掉二十三岁的侄子策妄阿拉布坦。在行刺的当夜，策妄阿拉布坦恰好不在大帐内，弟弟索诺木拉布坦被杀掉。策妄阿拉布坦发现情况不妙后，带了七名父亲僧格的旧臣及五千名部下，迅速逃回父亲僧格的领地博罗塔拉。博罗塔拉在今天的乌鲁木齐与伊犁之间，水草丰盛，土地肥沃，是块极好的游牧地。

噶尔丹得知侄子逃跑后，立刻带兵追击。策妄阿拉布坦此时得到僧格旧部的全力支持，反而击败噶尔丹，控制了准噶尔部本部领地。噶尔丹的雄心壮志，屡屡征战，想创建政教合一帝国的梦想，在准噶尔内部招到很多人的反对。所以当具有汗位继承权的策妄阿拉布坦起来对抗噶尔丹后，很快得到了有力支持。

在失去本部后，噶尔丹全力南下，发动了对大清的战争，以获得领地和物资补给。康熙二十九年（1690），噶尔丹狂驱直入，进至乌兰布通（今内蒙古翁牛特旗西南），此地距离北京不过七百里。整个京师一片恐慌，物价暴涨，民众纷纷出逃。战事的顺利，也使噶尔丹摆脱了与侄子战事中失败的阴影。噶尔丹豪情万丈，策马扬鞭，以草原霸主的气势，向康熙发出了“圣上君南方，我长北方”的挑战。

在乌兰布通，噶尔丹以两万军队迎战清军。噶尔丹指挥军队，事先占据山险，依河布阵。清军以密集队形冲锋，遭到重大伤亡，康熙的舅舅佟国纲也死于是役。但在后世文人的笔下，清军取得了辉煌的胜利，噶尔丹不得不求和后退。

实际情况是，军事上取胜之后，噶尔丹忧虑孤军深入，会被清军合围，遂向清军统帅福全提出停战议和。

福全没有看穿噶尔丹的意图，且噶尔丹主动提出议和，为福全提供了一个向康熙吹嘘胜绩的资本，于是欣然同意。在归途之中噶尔丹全军遭遇瘟疫，军力几乎损失殆尽，不得不与清廷保持和平，暂时偃旗息鼓，休养生息。休养数年，得到了西藏宗教集团的鼎力支持，噶尔丹恢复了军力，又开始出击，目标仍是喀尔喀蒙古。康熙三十四年（1695），噶尔丹再次入侵喀尔喀。

但此时情况已发生变化，早在四年之前，喀尔喀部的领主，云集在内蒙的诺论诺尔，宣誓属于清王朝，自此喀尔喀成为大清领土的一部分。此次噶尔丹对喀尔喀的进攻，等同于对大清的直接宣战。

准噶尔部的威胁，边陲的无限纷扰，雄心万丈的噶尔丹，终于引发了康熙的三次亲征噶尔丹。

康熙三十五年（1696）二月三十日，康熙下令兵分三路，讨伐噶尔丹。中路军由康熙亲自统帅，直指克鲁伦河。西路军由费扬古统帅，分宁夏、归化两路，以截断噶尔丹退路，东路由黑龙江将军萨布素统帅。此战共动员军力十五万人，每名士兵准备了八十天的口粮，动员马匹在二十二万匹以上。康熙的亲征，也得到了策妄阿拉布坦的支持。策妄阿拉布坦向康熙表示，如果噶尔丹“逼近我土，必竭力擒剿”。

行军途中，康熙下令东路军暂停前进，在水草丰盛之处喂养马匹，等候命令。中路军一路行军顺利，很快抵达目的地克鲁伦河，等待西路军截断噶尔丹退路。康熙亲自登上高山，以望远镜极目远眺，大山纵横，草原连绵，雄兵密陈，甲胄如林，他现在所等待的就是西路军切断噶尔丹后路，与噶尔丹做最后交战。

西路军经过的路线，多是苦寒贫瘠之地，行军困难。经历诸多风险，西路军在行军七十七天后，最终有一万七千人到达目的地昭莫多，切断了噶尔丹的退路。

噶尔丹得知康熙亲征消息后，带领全军快速撤退，他想以空间换时间。在广阔的草原之上，来去纵横，自由翱翔的只能是准噶尔的健骑。拖上一个月，清军后勤补给必然断绝，万千雄师，不劳噶尔丹动手，就会饿毙于无边草原之中。然而，清军及时地切断了他的退路，噶尔丹唯一的选择就是正面交锋。

为了冲开退路，噶尔丹与妻子阿奴哈敦亲自率军冲锋。看着噶尔丹挥刀血战，准噶尔的将士们无不卖力，这不单单是为了噶尔丹，为了自己，更是为了随军出战的妇孺们。战至傍晚时，清军突袭噶尔丹军后方的辎重和妇孺。妇孺们的哭喊声，辎重里弥漫而起的烟尘，顿时动摇了噶尔丹军殊死决战之心，于是全军大败，主力损失殆尽。噶尔丹带了数十人拼死冲出包围，妻子阿奴哈敦也战死于此。

康熙与噶尔丹两个霸主的交锋，也使此场战役受到西方世界的瞩目。跟随康熙出征的法国传教士张诚，战后将战况发往欧洲，刊登在法国报纸上，让欧洲人也得以了解了此次战役。

此战清军虽获大胜，但噶尔丹仍然潜逃。噶尔丹在准噶尔人心中具有崇高的宗教地位，只要他不死，必然会再次崛起，带领着虎狼般的健儿们骑马南下，挑战康熙。

康熙视噶尔丹为心腹之患，下定决心加以铲除。此年康熙第二次出塞，亲征噶尔丹。此次亲征历时九十一天，未能擒获噶尔丹。康熙三十六年（1697）二月，康熙发动了第三次亲征噶尔丹，在塞外寻觅良久，终未获得噶尔丹踪迹。

就在此年的三月十三日，五十四岁的噶尔丹病逝。噶尔丹是一个传奇人物，他本来也可成为成吉思汗这样的征服者，被后世传诵。只是他碰上了国力鼎盛，又秉承了白山黑水之间骑射雄风的康熙，只能黯然谢幕。法国传教士张诚在他的日记里曾说过，如果噶尔丹不是遇上了英武过人的康熙，不是雄才大略的侄儿策妄阿拉布坦的叛离，等待他的也许将是另一个命运，世界历史也将是另外一个写法。

噶尔丹死后，遗体当日即被火化。部下准备将骨灰送去西藏交给六世达赖，不想被策妄阿拉布坦截获。此后，清廷一再要求策妄阿拉布坦将噶尔丹骨灰和后人交出。策妄阿拉布坦将噶尔丹的儿子交给了清廷，但拒绝交出骨灰和噶尔丹的女儿，因为这与准噶尔部的风俗不合。依照准噶尔风俗，如果与已死人的骨灰及其女儿为仇，将为世人所不齿。

清廷以断绝关系、停止贸易相威胁，策妄阿拉布坦不得不交出了噶尔丹的骨灰及女儿，但对清廷的不满已经滋生。

康熙三十七年（1698）九月十二日，噶尔丹的骨灰送抵北京，被高高悬挂于城门上示众，随后骨灰被捣碎撒在刑场上。康熙视噶尔丹为最大敌人，三次出塞未能将之擒获，只能以此种方式宣示自己的胜利。噶尔丹的小儿子色卜腾巴尔珠尔被擒获后移送北京，因为年龄还小，被拘禁起来待成年后再斩首。这小厮在监狱里无忧无虑，贪吃贪玩，养的白白胖胖，“自到京城，从未患病。”康熙知道后说他是“候斩之人，自有候斩之福。”后来康熙也没有处死色卜腾巴尔珠尔，让他做了个侍卫。

1698年，策妄阿拉布坦正式成为准噶尔大汗。康熙以为由他把持准噶尔，断不会造成威胁。策妄阿拉布坦表面上对清朝恭顺进贡，暗中发展实力，扩充吞并了哈萨克各部。准噶尔的左翼是喀尔喀，右翼是西藏，康熙三次亲征，不过将准噶尔部赶回阿尔泰山以西，但准噶尔仍然持续对喀尔喀用兵，并待机干预西藏事务。

自噶尔丹死后，第巴桑结嘉措失去了同盟者，与拉藏汗的关系也开始恶化。第巴桑结嘉措千方百计对拉藏汗进行排斥打击，甚至买通侍卫，想毒死拉藏汗。拉藏汗发觉后，动员兵力，于康熙四十四年（1705）攻杀第巴桑结嘉措，废仓央嘉措，另立伊喜嘉措为六世达赖喇嘛。

拉藏汗的行动遭到了拉萨城内喇嘛们的痛恨，聚集起来要保护仓央嘉措。为了避免喇嘛们的伤亡，仓央嘉措自愿受缚，并被解往北京，途中死在青海湖附近。仓央嘉措生性浪漫，写下了大量情诗，有“情僧”之称，若不卷入政治斗争，必在文坛留下更多妙笔。

仓央嘉措被废后，青海的藏人与蒙古和硕特部贵族对拉藏汗新立的达赖拒绝接受，又在青海塔尔寺另立噶桑嘉措为达赖。这样，同时出现了两个六世达赖。一些第巴桑结嘉措的余部此时投奔策妄阿拉布坦，并请他入藏干预达赖喇嘛之争。策妄阿拉布坦的介入，使得局面更加复杂，而准噶尔部与清廷之间维系了二十年的和平局面也被打破。

在成功吸引清军主力于哈密、吐鲁番等地之后，借女儿嫁给拉藏汗的长子噶尔丹丹衷为契机，策妄阿拉布坦派兵进入西藏。

策妄阿拉布坦表示要与拉藏汗结为亲家，将自己的女儿嫁给拉藏汗长子。拉藏汗对这门婚事背后的阴谋是心知肚明，一直加以反对，不想儿子却迷上了策妄阿拉布的女儿，表示如果不与她结婚，就要自杀，爱子心切的拉藏汗只好同意儿子去娶亲。

康熙五十五年（1716），策妄阿拉布坦以护送噶尔丹丹衷和女儿二人返藏为名，派准噶尔名将大策凌敦多布率六千人入藏。另派一支三百人的小部队前往青海，准备劫持在塔尔寺的达赖喇嘛，这支小部队被清军发现后消灭。

拉藏汗明白准噶尔军入藏的含义，于是拒绝了准噶尔军进入拉萨，并利用拉萨的城防与准噶尔军对峙，同时派人去北京求援。双方对峙至1717年11月31日，在城内喇嘛的策应之下，准噶尔军攻入拉萨。拉藏汗带领全家躲入布达拉宫，在准噶尔人的全力围攻下，拉藏汗带了次子和重要将领，从一个暗门骑马出逃。在后方追兵迫近时，逃亡者遇到了一个带有双重栅栏的深沟，拉藏汗的马吃了一惊，没有跳过深沟。落单的拉藏汗奋勇抗击追击者，最终被杀。拉藏汗之死，结束了和硕特部统治西藏七十五年的历史。

1718年2月，清廷收到拉藏汗求援的奏报，同时也获得了拉藏汗被杀的消息。准噶尔部控制西藏，又得到了达赖喇嘛支持，如果以宗教为号召，策妄阿拉布坦进而统一蒙古各部不无可能，这将对清廷造成巨大威胁。

康熙如何能容忍准噶尔造成的威胁，调集各地军队，出兵西藏。清军以为入藏的准噶尔军只有六千人，且经过长久战斗，必然不堪一击，入藏之后过于轻敌。准噶尔军以逸待劳，反将清军包围，导致清军大败。

此次大败，让康熙极为震怒。在精心准备后，康熙五十九年（1720），康熙调集三十万大军，分三路出兵攻击。八月，三路大军分别攻入西宁、拉萨、乌鲁木齐。进入西藏的六千准噶尔军只剩五百人逃回伊犁。随后，原先在青海西宁塔尔寺的噶桑嘉措被迎到布达拉宫，正式坐床，成为达赖喇嘛，而拉藏汗所立的六世达赖则被送到北京囚禁。

利用此次机会，清廷将西藏直接纳入中央控制，并消除了持续二十三年的达赖之争。但清廷对准噶尔的用兵，并未直接削弱准噶尔的实力。准噶尔以区区六千兵力，就调动了清廷各省三十万大军，分三路在西部作战。对于清廷来说，此次军事行动费用太过高昂。故而西藏平定之后，清廷即与准噶尔达成和议，而清军进攻准噶尔部中心伊犁一事也被暂停。准噶尔战事暂停之后，康熙也即去世。

雍正登基后，初期忙于内政，对准噶尔部以和议为主。雍正元年（1723）二月，对于帮助清军进入西藏的青海各王，清廷一一予以封赏。不想一封赏，就赏出问题来了。

罗布藏丹津本是青海和硕特部唯一的亲王，他以为赶走准噶尔部之后，将由他接替死去的拉藏汗，统治西藏，不想清廷对他只是“加俸银二百两，缎五疋”，而和硕特部对西藏长达七十五年的统治，却被清廷以“藏人治藏”的方式剥夺。此外，原先的郡王察罕丹津又被封为亲王，使青海出现了两个亲王，这严重削弱了罗布藏丹津在青海的统治，让罗布藏丹津极其不满。

不久，罗布藏丹津在青海起兵，并得到准噶尔部和青海宗教领袖的支持。是年十月，清廷以年羹尧统领大军，进军青海。战事很快就被平息，罗布藏丹津率残部逃往准噶尔。此战之后，青海被纳入清廷版图。对于在此次战事中兴风作浪的喇嘛寺院，清廷也从以往的鼓励政策，一转而为控制打压。

青海战事停息之后，准噶尔部向清廷表达了和平的愿望，这也是沙俄进逼的结果。

在北方，准噶尔部面临着沙俄的步步进逼，不得不向清廷寻求和解。双方试探性的谈判，一直持续到了雍正五年策妄阿拉布坦死后方才停止。

策妄阿拉布坦死后，儿子噶尔丹策零提出，要到西藏为其父“煎茶设供，广行释教以安众生”，这不由得让雍正心生警惕。

在获得了西藏、青海之后，康熙所采取的策略都是分封地方实力派，让彼此制衡。到了雍正年间，西藏各派势力彼此争斗，内讧不已。噶尔丹策零此时提出要入藏，怎能不让雍正心生警惕。

雍正在谕旨中训斥噶尔丹策零：“现在西藏地方上两派力量正在举兵相拒，你提出去煎茶设供，似属非分。你准噶尔不过是西北一个小部落，释教广行与否，与你煎茶又有什么关系？”雍正在谕旨中也严令务必将罗布藏丹津给交出来，但准噶尔部对雍正的训斥置之不理，这点燃起了雍正的征战之心。

在政局稳定，权力巩固之后，雍正积极筹划，以备对准噶尔用兵。准噶尔的存在，终究是边陲动乱的根源，且又牵连到西藏事务。汲取康熙朝对准噶尔部多次用兵仍不能奏效的教训，雍正特设军需房，整合六部与各省力量，集中财力人力物力，为军队提供充沛的后勤支持。到了雍正七年，军需房又演变为军机处，处理军机要务。

创设军机处，既是对准噶尔用兵的需要，也是集中权力的需要。军机处创设之后，早先的议政王大臣会议徒具虚名，议政王大臣成为了虚衔，无应办之事，有名而无实，在乾隆年间最终被裁撤。南书房虽仍为翰林入值之所，但已不参预政务，主要负责文词书画。但入南书房行走却一直是清代士人心中的最大荣耀，皇帝也常让亲信大臣入南书房作为奖励。

经过充分准备之后，雍正七年二月，以准噶尔部不肯交出罗布藏丹津为名，雍正对准噶尔用兵。清军兵分两路，北路以傅尔丹统领军队，西路以岳钟琪统军。为了此次出兵，雍正准备了将近三年，希望毕其功于一役，彻底清除准噶尔部这个大患。

雍正对于此次用兵的充分准备是相当得意，曾道："四海升平之时，国用充裕，朕细加筹画，计议再三，凡命将遣官派兵运饷，以及车马甲胄兵器耕具之属，无不经理周详。"

此次用兵结果如何呢?

插曲来了。雍正的爱将岳钟琪带兵走到半路，突然碰到噶尔丹的特使特磊。特磊很是奇怪地道："我押解罗布藏丹津前往北京，路上突然碰到几个逃犯，说你带兵来犯。我赶紧给噶尔丹策零报信，噶尔丹策零就让将罗布藏丹津转送回伊犁，再派我轻骑过来看看。"

特磊这一来，就堵住了雍正出兵的借口。雍正出兵的借口是准噶尔不肯交出罗布藏丹津，现在特磊跑过来惊讶地说："啊，我正要交人，你怎么带兵过来了？"

特磊这一搞，雍正出兵就名不正言不顺了。雍正爱惜自己的羽毛到了极致，为挽回面子，他不惜用一百个谎言去掩饰自己的一个错误。特磊的出现，让雍正面红耳赤，一时找不到理由继续用兵，就下令暂停进军一年，命岳、傅二人回京商议。

清军暂停攻势之后，准噶尔军却开始了出击，袭击清军后方，战事正式展开。在初期的战事中，清军处于被动状态，屡遭败绩。雍正九年六月，北路傅尔丹部被围困在和通淖尔，大批官兵阵亡，傅尔丹狼狈突围。

此后清军一触即溃，望风而逃，根本无法与准噶尔部交锋。值得注意的是，此战中准噶尔军使用了新式炮兵。负责准噶尔部炮兵的乃是一名瑞典军官。这名叫作列纳特的瑞典军官被俄国俘虏，从西伯利亚出逃到了准噶尔。列纳特精通大炮铸造技术，受到噶尔丹策零的重视。在列纳特的组织下，准噶尔部建立了一支炮兵部队。此战中列纳特亲自指挥炮兵，立下大功。

准噶尔军气势如虹，一路南下，攻到喀尔喀境内。噶尔丹策零得悉喀尔喀亲王策凌不在游牧地，领兵偷袭，掳走策凌妻儿。噶尔丹策零应该后悔自己此次对喀尔喀的用兵，因为他惹到了强劲的敌手策凌。

策凌是何许人也？

在大漠之西的准噶尔部的进逼之下，大漠之北的喀尔喀部人纷纷出逃，策凌也随着母亲一起投奔清国，并在北京居住。成年之后，策凌仪表堂堂，武功精湛，深得康熙的青睐。

康熙四十五年，康熙将二十二岁的六女儿许配给了策凌，此时三十余岁的策凌早已成婚，并生下了两个儿子。被皇帝看中，福祸交集，不管策凌多么爱他的妻儿，只能迎娶了六公主。六公主在三年半之后也就去世，留下了两个幼子。对女儿的去世，康熙无比心痛，将她葬在安定门外，后世称此地为“六公主坟”。如今的六公主坟只存下了地名，而坟却已不知在何方。

策凌是成吉思汗的二十一世孙，他血脉中流淌的是弯弓射雕的万丈豪情。京师的纸醉金迷，汉人文化中的之乎者也，宫廷的烦琐礼仪，丝毫没有消磨去他的勇武精神。一代天骄之后的策凌，在清国的鼎力支持下，凭借着自己出色的武功，整合了喀尔喀部，磨砺了万千骁勇之士，兵力强盛，军威甚壮，称雄于漠北草原。

部落被准噶尔部给偷袭，妻儿被掳走，策凌闻讯后怒发冲冠，“割辫发及所骑马尾，誓以复仇”，随即调集各处军马，在额尔德尼昭布阵（位于杭爱山东侧鄂尔浑河畔，意为宝寺，汉名光显寺，故此战又称光显寺之战）。

策凌将八旗军布置在河南岸，自己统领的蒙古军埋伏在河北岸。准噶尔军一看与其对阵的是八旗军，心生鄙视，因为八旗军在蒙古骑兵面前是不堪一击的。开战后，八旗军果然狼狈溃逃，准噶尔军追击八旗军时，策凌率伏兵杀出，大败准噶尔军，“积尸如山，河水尽赤”。光显寺之战后，策凌从容于马上弹琵琶唱胡曲以归。

此战之后，雍正想直捣准噶尔的大本营伊犁。但军事行动在险隘无数的天山之中，却是难以取得突破。准噶尔部一度还发起反击，取得胜绩。对准噶尔用兵失败后，雍正恼羞成怒，将岳钟琪革职囚禁。事后雍正还想起，自己曾赏给岳钟琪三名太监，遂让张廷玉将太监收回宫中。

战事陷入僵局之后，双方发现，唯一的选择只能是议和。雍正十二年，双方开始议和，清军也逐步撤出。雍正十三年，双方缔约，中国控制区域为杭爱山以东地区，准噶尔则得到杭爱山脉以西和西南地区。

然而，战事只是暂时停息。乾隆接位后，将延续他爷爷与父亲的遗愿，以天朝的强大国力，来耗尽准噶尔部的精血，将天山南北，草原东西，纳入天朝的版图。而雍正创设的军机处，也成为乾隆实现壮志，扩张版图的利器。

首任首席军机大臣允祥

传教士宋君荣在写给耶稣会盖雅尔神父的信中，描述了他亲眼所见的雍正皇帝：“这是我初次见到这位君主。他身材魁梧，口齿不错，但讲话速度较快，看来他挺有头脑，而且精神焕发。”

与精神焕发的雍正相比，雍正七年，允祥不过四十四岁，可他已有疲惫苍老之感。昔日的皇兄，今日的皇上，时常召见自己，这在外人看来是无比的恩宠。可允祥知道，在皇上面前丝毫不能懈怠。年羹尧曾受过雍正的无上信任，不过刚露出骄横之态，就招来杀身之祸。

允祥小心翼翼地揣测着雍正的心意，时刻不敢显露倦态，才能走到今日。皇上现在搬到圆明园来住，允祥也跟着到附近住下，既可以随时进宫，也可以修养下累垮的身体。

允祥不是个有野心的人，在康熙帝的三十六个儿子里，他排行十三。允祥生于康熙二十五年（1686），生母章佳氏出生平凡，十四岁那年，章佳氏去世，死后被封为“敏妃”。章佳氏过世之后，允祥由胤禛的生母乌雅氏抚养。

胤禛是乌雅氏的第一个儿子，不过这个儿子并没有由她抚养，而是给皇后懿仁抚养。皇后只生过一个女儿，不幸早夭，故而将胤禛抱去抚养，以填补无子之痛。乌雅氏虽然舍不得儿子，但皇后能看上自己的儿子，这是天大的面子，家世平凡的乌雅氏，又有什么可以抱怨的呢。

胤禛年长允祥八岁，作为哥哥，自然承担了教育弟弟的任务。由于康熙早就确立了太子，一切已经成为定数，其他皇子自然也没有什么分外的想法。胤禛将主要的时间都花在了读书上，对这个小自己八岁的弟弟，自然也花了更多的时间照看。成年后，允祥还时常回忆起皇兄教自己数学的经历。

幼时的允祥，虎头虎脑，一副淳朴形象，备受父皇喜爱。对于父亲康熙，允祥也是无与伦比的崇拜。一次康熙与诸王子在宫内游玩，年幼的允祥也跟着一起同游。康熙与众皇兄走过之后，允祥未能跟上，一个人被落在了后面。呆萌的允祥，突然做出了惊人之举，他趴在地上，如条狗般，“寻履迹伏地嗅之”，想追踪父皇的踪迹。

在康熙心目中，允祥总是那么体贴，那么听话，时刻都能想父皇所想，认为他“生秉粹质，至性过人”，对他也是格外宠爱。康熙三十七年，十三岁的允祥第一次跟随父皇去盛京，拜谒远在辽东的大清先祖们的陵墓。此后，不论是巡游江南，秋狝塞外，视察河工，康熙总是将允祥带在身边。

康熙一共六次南巡，允祥陪同了四次。康熙四十二年，允祥跟随父皇南巡。由于允祥写的一笔好字，康熙特意命胤禛与允祥一起书写对联，在群臣的注目下，允祥一气呵成，文墨工敏，群臣无不称赞。

然而，允祥的命运和性格，在康熙四十七年皇太子允礽被废后，却发生了天翻地覆的改变。

苏州人何焯号“义门先生”，早年落魄，在苏州靠教授私塾为生，后经李光地推荐，以草泽遗才而入南书房，并奉旨在八阿哥府侍读。在给友人的信中，何焯提到：“十三殿下乃康熙帝所钟爱者。”这还不够，有着一颗非凡八卦之心的何焯，在给弟弟的信中，又生动地描述了杨国维被选出陪伴皇十三子读书，而康熙一直认为杨国维诗文无人能出其右，现在让他陪伴十三殿下，应该是对允祥的特别钟爱了，皇十三子“将来遭际不可知也”。何焯是八阿哥允禩身边的侍读，而允禩又是皇位继承人最有力的竞争者，连何焯都如此看，一时间，十三阿哥要成为太子的风声，传得风风火火。

形势突然急转，允祥被冷落了。对允祥的冷落，表现在方方面面，往昔康熙出行，身畔总是少不了允祥，此后不管去何方，再也不见允祥的踪影。康熙四十八年，康熙帝大封皇子，允祉、胤禛、允祺被封为亲王，其他诸王子，或为君王，或为贝子。没有受封的成年王子只有允祥，此时他已二十四岁。康熙五十一年，康熙遍赐银两，上至亲王，下至御前侍卫，都得到了封赏，就连因争夺太子之位而被拘禁的允禩也得到了赏银，但允祥却一两赏银也没有。

康熙冷落允祥，其中的原因，是他以为这个让他喜爱的皇子，也开始觊觎太子的位置。晚年的康熙已是杯弓蛇影，被儿子们给伤透了心。他最厌恶的就是皇子们流露出来的野心，曾放出狠话：“如有钻营为皇太子者，即国之贼也。”

允祥固然没有想当太子的心思，可民间的各种风传，终究传到了康熙的耳里。爱之愈深，恨之愈切，自已最喜欢的皇子，曾经在地上嗅着气味追寻父皇踪迹的允祥，竟然也有如此野心。失望悲切之下，康熙开始冷淡允祥，并告诫其他大臣皇子警惕他。

在其他皇子的请安奏折上，康熙批示时明确地流露出了对允祥的厌恶，认为他是“不大勤学忠孝之人”，“尔等若放任之，必在一处遇着他，不可不防”。康熙生病了，在病榻之上还传谕旨给步军统领托和齐，让他留心允祥：“现在朕龙体欠佳，流言蜚语四起。这些言语皆出自正蓝旗，你一定要切实留意。”

皇子和群臣们心里都明白，老皇帝虽不点名，但他所说的正是属于正蓝旗的允祥。

在康熙的整个晚年，允祥仿佛是被遗忘了的人。允祥默默地旁观着其他皇子们的激烈角逐，他仿佛超然于世外，除了皇四兄胤禛，他不与其他人来往。

允祥与四兄胤禛感情深厚，胤禛的第五个儿子弘昼八岁时得了重病，四处求医而不能治愈。允祥亲自出马，多方奔走，觅到良药，救了他的命。后来胤禛对弘昼说："汝命，叔父所活也，宜呼之为父。"

允祥知道四兄胤禛的能量，虽然康熙一直说四兄胤禛性情急躁，可四兄在诸皇子中，雪藏最深，最会隐忍。其他各皇子，无不野心勃勃，大打出手。胤禛则与喇嘛频繁来往，在王府大做佛事，甚至自号"天下第一闲人"。在外人看来，胤禛清心寡欲，潜心佛学，无心帝位。可允祥知道，四兄外表虽超然，但他内心隐藏的却是汹涌的火山，他也在布局，也在角逐，只是他做得更隐蔽高明。

对于康熙这样的老人来说，垂暮之年，最大的乐事就是儿孙绕膝，安享天伦之乐了。四兄胤禛用他俊俏明朗、聪慧过人的儿子弘历，成功地俘获了康熙的心。

康熙六十一年春天，胤禛带着十一岁的儿子弘历来到圆明园。此日天气晴朗，繁花怒放，康熙心情极佳。对于胤禛的这个儿子，他还从来没有见过。突然看到一个俊帅的孙儿出现在眼前，且谈吐聪慧，举止稳重，康熙立刻就爱上了这个孙儿，让将弘历送到宫中亲自养育。

此后康熙褪去了帝王的威严，尽显祖父慈爱的一面。每日康熙边教导弘历读书，边批阅奏章，接见官吏时也让弘历陪伴在一旁。木兰秋狝时，康熙特意带上这个爱孙。康熙先用火枪将一头熊击伤，然后让弘历再去补上一枪，以创下初次围猎就射杀熊的美誉。不想弘历刚刚上马，熊突然立起扑了过来。弘历毫不惊慌，康熙则赶紧补了一枪，将熊击毙。事后康熙称赞这个孙子“伊命贵重”。圆明园中，不时有着祖孙情深的一幕发生。康熙在游船上，船还未靠岸，弘历已呼喊着从山上飞奔而下前来迎接。爱孙心切的康熙，不等船停稳，就跳上岸去一把抱住孙子。

爱屋及乌，康熙与四子胤禛的关系，愈发亲密起来。康熙亲笔书写“五福堂”匾额，赐给胤禛，胤禛将它悬挂在王府后室。胤禛的政治地位也得到提高，大祀被视作是地位及皇帝恩宠的象征，康熙登基后，凡大祀必要亲自主持，到了晚年则安排胤禛主持。在晚年康熙的心中，皇四子胤禛能给他亲情，自然是最贤良、最理想的接班人。

允祥旁观着一切，其他的皇子与他有隔阂，他自然地亲近于四哥。而在太子争夺战中，没有野心的允祥，自然也让胤禛信任，并放心交往。

康熙去世后，胤禛继位，年号雍正。

四兄当上了皇帝，允祥的命运也发生了翻天覆地的变化。雍正即位后，命允祥为总理事务大臣，封怡亲王。同时被任命为总理大臣的还有允禩、马齐、隆科多。允禩是当年太子位置最强有力的竞争人，追随者号“八爷党”，这一党在朝内树大根深，盘根错节，一时难以清除。马齐是康熙朝的重臣，曾与佟国维等联名保奏过允禩为皇储，因此被康熙囚禁，后转投胤禛门下，得到重用。隆科多则因在雍正登基时立下大功，日益骄横。

为了缓和登基后的紧张局面，雍正暂时重用允禩、隆科多等人，实际依靠的还是允祥。雍正后来曾回忆说：“辅政之初，允禩包藏祸心，扰乱国是。隆科多作威作福，揽势招权。实赖怡亲王一人挺然独立于其中。”

允祥担任总理事务大臣后，显示出了出色的才能。他奉命管理户部时，从中央到地方都在瞒报虚报，户部亏空惊人。在允祥管理下，国库收入大增，库储丰裕。直隶地区水患严重，允祥受命办理水利。古时中国，办理水利一向是最肥的差事，但允祥兢兢业业，认真规划，使得直隶地区的水患得到了抑制。

出于对允祥的信任，雍正将一个重要的任务交给了他，那就是为雍正挑选帝陵。入关之后，顺治、康熙的墓地都在遵化，本来雍正也是要在遵化建陵墓的。允祥亲自挑选，在遵化九凤朝阳山选了块吉地，不想开工后发现地下土中带有砂石，于是废弃。允祥在遵化附近没有找到好墓地，就到易县永宁山附近找到了风水宝地，此块陵地让雍正极为满意。

在选址的过程中，允祥往来审视，不辞辛苦，“常至昏夜始进一餐”。允祥的尽职与努力，自然让雍正满意，更让雍正欣赏的是，允祥从不居功自傲，总是谦恭谨慎。雍正登基后，沿袭康熙朝封王时的惯例，赐给允祥银二十三万两。允祥坚辞不收，在雍正的再三劝勉下，允祥才收下十三万两。亲王的待遇是，六年内由朝廷供给物品，允祥又推辞不受。雍正三年，因为允祥尽心尽力，雍正封他的一个儿子为郡王，允祥又不敢受。雍正看他清廉，令给他加俸银一万两。允祥没法推辞，就暂时收下存放起来，待机再还给雍正。允祥知道伴君如伴虎，他谦卑地活着，时刻警醒着，唯恐逆了龙鳞。

对忠诚而又谦恭的允祥，雍正无比信任，而军国大事的处理，自然要靠允祥出力。早在雍正四年，雍正就已经开始准备对准噶尔用兵，以允祥、张廷玉、蒋廷锡三人秘密办理，为此特设了军需房。经过允祥的精心策划，用兵西北的军需物资皆出自库帑，而不额外从民间征募，“经理二年有余，而各省不知有出师运饷之事”。

雍正七年，雍正正式对准噶尔用兵。

为了配合准噶尔部用兵，军需房被改为军机处，并在隆宗门内办公。隆宗门是内廷与外朝联系的重要通道，非奏事待旨及宣召，即使王公大臣也不得私入。军机处设在此处，既方便办公，又可以保密。不过此时的条件比较简陋，在隆宗门内军机处只是临时搭建了小板房，天寒地冻时，办公极为辛苦。

军机处创立初期，既无专门衙署，也无专门官员，所有官员都从各部调来，作为兼职，是为“有官无吏”。军机处成立以后，内阁仅负责处理一些象征性的国家事务，军机处则成为统治机构的中枢。

军机大臣秉持皇帝之命而行事，以皇帝的私人秘书机构的身份，操国之权柄。军机大臣由雍正亲选满汉大学士、尚书兼任，人数初期并无定额，只有最得皇帝信任，且熟谙政事者方能得任。首任军机大臣三人，分别是怡亲王允祥、大学士张廷玉、大学士蒋廷锡，以允祥为首席军机大臣。

军机处创设不久，由于长年操劳，雍正八年起，允祥卧病不起。生病期间，允祥听说雍正几次想要来探望自己，就强撑着进宫去见雍正，以致每次都筋疲力尽。允祥得病之后，雍正焦虑异常，“商確医药，默祷神祇”，但人间帝王终究不能号令阴间神鬼。

在生命的最后关头，允祥有一件事放心不下，那就是墓地。出于对允祥的厚爱，雍正决定将自己万年吉地附近的一块“中吉”之地，赐给允祥作为墓地。允祥得知消息后，“惊悚变色”，坚持不受，认为“此吉壤必有大福者乃足当之，若臣冒昧得此，不惟不能福子孙，必罹祸殃”。

忠诚谦卑的允祥，在生命的最后关头仍然如此。他为自己在河北涞水县水东村境内选择了一块墓地，再三恳求雍正，让自己葬在涞水。雍正无法揣测允祥的心思，对他最后的请求，只能答应。得知雍正不再坚持后，卧榻上的允祥竟“喜极至于踊跃”。为了防止雍正变卦，当天允祥命令家人立刻前往涞水取土。取到土后，允祥急“取一块捧而吞之”。

早年大起大落的人生，使允祥知道了皇家的险恶。亲情友情人情，在权力的旋涡中，都是浮云。相貌英俊的允祥，眼角中流淌的却是无限忧伤，他所能做的，只是谦恭温驯谨慎地活着。虽然雍正是亲密无间的兄长，可他当了皇帝，二人之间就有了一道横亘难越的鸿沟。直到死，允祥都时刻牢记自己臣子的身份，不敢有丝毫逾越。他清楚地知道，唯有如此子孙后世才能永保安宁。

雍正八年五月初四，四十五岁的允祥去世。得到允祥的死讯后，雍正极为哀伤，极其悲凉，也开始为自己准备后事。雍正让将当年孝庄太皇太后赐给自己的数珠一盘，康熙皇帝亲赐的数珠一盘，以及允祥所进献的小玻璃鼻烟壶一件，归于一处，妥善收好，“如朕万万年之后，将此三件安于梓宫内”。雍正将允祥所赠的小鼻烟壶，作为自己死后的墓葬品，可见他对允祥的深厚感情。

在允祥死后的第三天，雍正发布上谕，称要为允祥素服一个月，“以稍展思慕不释之情”。在允祥的谥号上，雍正费尽心思，最终亲自圈定“贤”字作为谥号，并特赐“忠敬诚直，勤慎廉明”加在允祥谥号“贤”字之前，也使得允祥成为清代谥号最长的亲王。为了表明自己对允祥的情义，雍正又特命恢复允祥的原名“胤祥”，这种待遇是他所有兄弟中的唯一。

允祥安心地去世了，停灵昌运宫两年后，下葬于涞水县水东村。允祥生前遗命，只戴巾帕及所佩香囊下葬。对此，雍正也许可了。但对于墓地的规格，雍正决定违背允祥的心意，超越亲王的礼制，给他建了有清一代最大的亲王陵寝。允祥死前留下了一个遗愿，要将怡亲王府改为寺。对此遗愿，雍正自然要极力成全，于雍正十二年（1734）建成。允祥死后谥号为“贤”，寺名由雍正钦赐，并依其谥号取名为“贤良寺”。

贤良寺于乾隆二十年移建冰渣胡同，成为清代著名的旅游景点。寺中地势宽敞，肃静无哗，古柏参天，老槐荫地，夏季清凉，在寺中不知酷暑，忘却世事，被视为世外桃源。后世外省督抚大员来京，都寄居住贤良寺，曾国藩、左宗棠、李鸿章、张之洞、康有为、刘坤一等人，都曾在此寄住。这大概是“贤良”的允祥留给大清，留给后世的余荫吧。

军机处奠基人张廷玉

有清一代，若数最受恩宠的汉人，第一必是张廷玉。

张廷玉的父亲张英，在他未曾出仕前，就已为他积累下了丰厚的政治资源。张廷玉的父亲张英曾担任过雍正的老师，极受康熙恩宠。张廷玉出生在北京，二十九岁时考中进士，次年张英告老还乡，要将康熙赏赐的房子归还。康熙却道："此屋即朕赐卿两子居之，朕见卿子，如见卿也。"

张英为儿子奠定了从政的基础，而张廷玉的进一步飞黄腾达，则与他自身的勤奋与能力相关。入关之后，满人不可避免地开始汉化。在满人汉化的同时，却也有小部分汉人满化，以求得到清廷统治者的信任与重用。张廷玉考中进士后，被派到翰林院学习满文，这对他来说是一次重要机会，掌握好满语，也就意味着能融入满人的圈子。张廷玉学习时几忘寝食，每次考试必是第一，很快就熟练掌握了满语。学习期满之后，张廷玉御试第一，被康熙嘉奖。

康熙四十三年（1704）四月，三十三岁的张廷玉被康熙召至畅春园，康熙亲切地询问了张英的身体状况。当日张廷玉奉旨侍值南书房，特旨带数珠，著四品官服色。十二月，康熙又亲赐"福"字与对联一副，这是汉人大臣中少有的恩宠。此后，康熙不管是巡游江南，还是避暑热河，秋狩塞外，张廷玉“皆珥笔以从”。至四十五岁时，张廷玉被擢授内阁学士兼礼部侍郎，开始进入内阁处理政务。

康熙去世的第二天，雍正就提拔张廷玉办理翰林院事宜。在康熙葬礼期间，张廷玉显示了自己出色的文书功底。雍正守灵时席地而坐，晨夕涕泣，有臣子入内奏事，则临时口授大意，张廷玉就伏在地下以笔书写，稿成后立刻呈给雍正浏览，每日不下十数次。

雍正对张廷玉的表现极为满意，私下对他道：“以前做皇子时，不大好与朝内大臣交结，一直听说过你的名字，却未曾谋面。现在见了你，发现你气度端凝，应对明晰，朕心里很是欢喜，吾师有子矣。”

对喜欢的臣子，雍正的肉麻话是一套套的，现在喜欢上了张廷玉，自然也少不了肉麻一番。雍正对张廷玉道：“你一片忠心，办事敬诚，真是个伟器！你是父皇康熙培养出来的，你要到棺材前磕头感谢。”雍正这么一说，张廷玉又要涕泪纵横地在康熙棺前表演一番了。

雍正七年，军机处创设。允祥担任首席军机大臣不久便去世，遂由张廷玉接任。张廷玉在任时，奠定了军机处的基础，使得军机处成为维系清廷统治的重要支柱，如后人所言，“军机处初设，职制皆廷玉所定。”

中国传统政治的运作，依赖于文官与文书。明代的文书制度层次混乱，效率低下。清初予以改革，形成了三种文书制度，即“题本、奏本、奏折”。

题本、奏本是正式的文本，使用面广，上至督抚，下至州县衙门，均依照格式施行。此套文书系统弊病也多，一来大小官员均可上题本、奏本给皇帝，皇帝根本无暇处理。再者题本、奏本须依照固定格式书写，然后由通政使司转送，转送时还需要经过内阁拟定处理意见之后再转交皇帝。一层层的转送过程中，既缺乏效率，也不容易保密。而最关键的一点，在文书送达皇帝之前，须经过内阁处理，再交给皇帝，这无形中削弱了皇帝的权威。

奏折是秘密行文制度，它不是正式的公文，由亲信官员直接呈送给皇帝，速度快，保密性强，在康熙时很受重视。但奏折也存在问题。奏折制度未规范化。受到皇帝信任的官员可以直接上奏，如江宁织造曹寅可以直接上奏，而地方大员则不能，如此职权划分混乱。

军机处创设后，经张廷玉改革，奏折成为一种正式制度。张廷玉订立规制，凡是臣子奏报一般事务，用疏，由通政司递交，皇帝的回复则由内阁拟旨。奏报重要事务，用折，由奏事处递交，这样奏折就成了正式文书。奏折是直接上奏，省去了中间的流通环节，保密性强。借助奏折制度，皇帝可以直接控制国内一切事务。更重要的是，通过奏折制度，各级官僚彼此监督，可以分散权力，防止结党，有利于强化皇权。

在张廷玉的主持下，廷寄也成为了正式制度。廷寄也称廷寄谕旨，它的特点一是保密，二是高效。军机处建立后，在张廷玉的主持下，军国大事，凡归军机处办的事情，不论大小，均在当日办完，绝不积压。军机大臣当面聆听皇帝指示，草拟文书，形成谕旨，不经内阁，由军机处直接发下。

谕旨由军机处密封，函面上书“办理军机处封寄某处某官开拆”或“传谕某处某官开拆”。军机处用寄信的方式，将廷寄直接送达负责臣子，不经过中间环节，保密性强。密封好的廷寄交给兵部，依据内容的紧急程度决定投递日行里数，书写“马上飞递”的上谕，由各地驿站日行三百里递送，最为紧急的事务，以六百里加快递送。廷寄到达后，须由受命者本人拆阅，不许其他人代拆。阅完谕旨后，受命者要将谕旨到达的时间、谕旨的内容、如何办理，再向皇帝回奏。

“廷寄”制度建立后，内阁被彻底架空。此后，内阁不过是颁发一些象征性的重大政令，如宣战、议和、大赦、巡幸、谒陵、重大案件的处理结果等。通过军机处的“廷寄”“奏折”制度，皇帝直接而高效地处理着帝国内部的事务。

军机处之创设，最初的目的是对准噶尔用兵。征战经年，虽在额尔德尼昭布战役中由策棱取得光显寺大胜，但高昂的军费开支也让清廷头痛。雍正于十二年命前线统兵将领返京，商议对准噶尔战略。当时主张继续用兵者居多，张廷玉则力陈不可。雍正采纳了张廷玉的建议，与准噶尔划分疆界，达成和议。

军机大臣的主要任务是帮助皇帝拟定谕旨。掌握了满汉两种语言，对儒家典籍烂熟于胸的张廷玉，操作起公文来得心应手。雍正曾称赞他：“遵旨缮写上谕悉能详达朕意。”对准噶尔用兵期间，张廷玉在朝内昼夜值班，随时拟定谕旨，不经过内阁，直接发给前线将领。

张廷玉对文书制度的改革，在提高文官系统办事效率的同时，保证了皇帝的集中权力，为满清统治的巩固与延续立下大功，是故雍正夸赞他道：“汝之功勋在疆场汗马之上。”

张廷玉患病在家时，雍正对近侍道：“朕连日来臂痛，你们知道为什么吗？”近侍惊问为何。雍正叹道：“大学士张廷玉正在患病，朕这不是臂痛吗？”在雍正看来，张廷玉已成为自己的臂膀。

对张廷玉的厚爱，表现在方方面面。雍正十一年，张廷玉回安徽桐城老家祭祖，雍正特意赐了个如意给他，祝他“往来事事如意”。在张廷玉的谢恩奏上，雍正又批了番肉麻的感慨：“朕即位十一年来，在廷近内大臣，一日不曾相离者，惟卿一人。义固君臣，情同契友。”

张廷玉堪为雍正最亲信的臣子，雍正甚至将秘密所立储君人选也告诉了他。

雍正汲取康熙诸皇子恶斗的经验，登基之后，不设皇储，改行秘密立储制度。至于雍正所立皇储为何人，外界虽有流言，但终无确证。雍正八年，可能是因为允祥去世，伤心过度的缘故，雍正患了重病，自以为将不久于人世，紧急召张廷玉入宫，将写有储君名字的密旨给他看。此时张廷玉是唯一知道储君人选者。到了雍正十年，鄂尔泰入军机处，雍正再次将密旨出示给鄂尔泰，皇储人选为谁，“汝二人外无一人知之”。

皇储是谁，生性谨慎的张廷玉自然不敢对外公开，但有意无意之间，他也露出了蛛丝马迹。张廷玉曾进宫给皇子们教书，与皇四子弘历关系尤其密切。雍正八年，弘历请张廷玉为自己的《乐善堂文钞》作序，张廷玉欣然命笔，大肆奉承。又吹捧弘历：“以天授之才，博古通今之学。”

平日里弘历也与张廷玉诗词来往，彼此唱和。张廷玉对弘历的态度，间接表明了雍正的选择。雍正十一年（1733）正月，弘历被封为“和硕宝亲王”，“和硕”是清代宗室封爵最高的爵位，这也表明了弘历将是皇位接班人。

雍正赏给张廷玉的最大的礼物，则是配享太庙的无上殊荣。太庙是供奉皇室神位的地方，立下大功的功臣，经过皇帝批准，也可以供奉在太庙，这是无上的尊荣，这是中国历代帝王给予立下巨功的臣子的最大奖励。

雍正八年六月，因辅佐有功，雍正下诏命大学士鄂尔泰、张廷玉身后配享太庙。有清一代，臣子得配享太庙者不过二十六人。二十六人中，有二十三人是满人，另有两名蒙古贵族策棱和僧格林沁，张廷玉是配享太庙的唯一汉人。

不但如此，配享太庙的功臣中，绝大多数以武功而得此荣耀，如雅尔哈齐、代善、多尔衮、费英东、额亦都，为清廷开国立下汗马功劳。如策棱取得了额尔德尼昭布战役的大胜，如僧格林沁战死于疆场。其他配享太庙者，如允祥乃是雍正最为信赖的弟弟，如晚清力挽狂澜的恭亲王奕訢，均位高权重，系出皇室，故而配享太庙。

雍正十三年八月二十一日，雍正身体不适，但照常办公。第二天病情加重，紧急召王公大臣至寝宫授遗诏，子时即龙驭上宾，终年五十八岁。

雍正死后，清廷下了道奇特的谕旨，不准大臣、太监、宫女向外间“妄行传说国事”。这封口令一下，外间反而议论纷纷，以致雍正死因扑朔迷离，猜测纷纷。

雍正的死因复杂，雍正自身体质较弱，性格暴躁激进，做了皇帝之后，终日操劳，又疏于运动，身体越发虚弱。雍正八年，一度重病不起，自以为不久于人世，所幸无碍。此后为了进补，雍正开始服食丹药。法号为“破尘居士”的雍正，招募了十几名炼丹道士，在西苑“紫碧山房”中存放了大量木炭和炼丹器具，炼服丹药。

丹药的副作用极大，中国历史上，因为热衷炼丹，服食丹药而死的帝王极多。仅唐代因服食丹药而亡命的皇帝，先后有太宗、宪宗、穆宗、敬宗、武宗、宣宗多位，这是因为丹药中含有汞、铅、砷等重金属。虽然服用丹药等于吃慢性毒药，可帝王们还是前赴后继地去找死。

雍正一死，乾隆即位，立刻驱逐了宫中的十几名炼丹道士。乾隆还为他老爹炼丹寻找借口：“皇考听说有炼丹之术，想看看这是什么样子，以为游戏消闲，所以找了一群炼丹术士，但‘未曾听其一言，未曾用其一药’。”年轻的乾隆，忘记了有个成语叫作“欲盖弥彰”。

雍正虽死，他赏给张廷玉的荣耀仍然保留着。但这无上的荣耀，却是一把锋利的双刃剑。张廷玉未曾料到，新君乾隆登基之后，配享太庙的资格给他带来了天大的麻烦。

第二章

盛世时期的军机处

元老张廷玉配享太庙风波

雍正的去世毫无征兆，他虽在身前确立了秘密建储制度，但除了亲信张廷玉与鄂尔泰，无人知晓谁是接班人。秘密建储制度向无先例，众亲王及大臣正不知所措时，张廷玉与鄂尔泰告知庄亲王、果亲王及诸大臣："传位大事亲书密旨，曾示我二人，此旨收藏宫中，应急请出以正大统。"

得悉雍正已经确立了接班人，众人松了一口气，就让太监总管立刻去找密旨。不想太监总管也不知道密旨藏在何方。张廷玉记忆力过人，当年雍正给他看密旨时，他记住了密旨的样子，遂提醒太监总管道："密封之件为数不多，且外用黄纸固封，背后写封字者即是。"

不一会太监总管果然将密旨找了出来，王公大臣们方才松了一口气。密旨找出来了后，张廷玉自告奋勇，拆了密旨，在灯下宣读，以弘历为接班人。

在群臣拥戴之下，二十五岁的弘历接位，是为乾隆。当夜乾隆即任命果亲王允礼，庄亲王允禄，大学士鄂尔泰、张廷玉四人为辅政大臣。

对于张廷玉的拥戴之功，乾隆自然是记在心里。次日，乾隆将鄂尔泰、张廷玉二人配享太庙的资格，写入到遗诏之中颁发。遗诏是对先皇一生功绩的总结，也是向天下人宣告新皇统治的合法性。遗诏并不一定就是皇帝本人所拟，大多数是皇帝死前命亲信大臣拟定，再由自己审核定稿。雍正突然暴死，来不及留下遗诏，乾隆遂以雍正的名义拟写、颁布了遗诏。

乾隆下令将鄂、张二人配享太庙写入遗诏，此举既是对鄂尔泰、张廷玉的笼络，也是对二人的承诺，即先皇给你们的一切，朕会全数给你们。对乾隆打出的保证书，鄂、张二人自然心里欢喜，可场面上得做足，几次三番推辞，不肯接受。为了劝说二人，表示诚意，乾隆查验古典，翻出了明代洪武皇帝命令李善长等七人配享太庙的先例。既然新皇帝如此厚爱，推让几次后，鄂尔泰、张廷玉欣然接受了这份尊荣。

一荣俱荣，张廷玉的儿子也受到乾隆重用。儿子张若霭入值南书房，并承袭张廷玉三等伯的爵位。乾隆还给了张廷玉一份特别待遇，命内务总管在紫禁城内专门为张廷玉建了个房子，供他在军机处值班时休息用。

乾隆元年三月初二，雍正梓宫下葬，陪葬品中有孝庄太皇太后赐的数珠一盘，康熙赐给的数珠一盘，允祥进献的鼻烟壶一个。张廷玉一路随行，从他的记载中可见乾隆的表现："上攀恋呼号，叩首无算。廷玉等伏地痛哭，固请数十次，上始出盥洗更衣。"

乾隆执政初期，一改雍正朝为政刚猛的风格，而以宽缓为主，对老臣们也是分外信任。登基之初，羽翼未丰，新皇自然要笼络人心，重用老臣。拥立有功，熟悉政务的张廷玉，在乾隆朝初期宽松的政治环境中，自然是众望所归，形成了以他为中心的汉人官僚集团。与张廷玉集团相对应的，则是鄂尔泰集团。

鄂尔泰是满洲镶黄旗人，康熙三十八年中举，一度担任过侍卫。雍正四年任云南巡抚，后兼云贵总督，在任期间平定苗疆，推行"改土归流"政策。由于"改土归流"的推行，广西、云贵各省土司上交印信军械，改变了土司割据地方的局面。鄂尔泰在西南官做得好，雍正自然厚爱他。《古今图书集成》总共印了六十四部，张廷玉被赏了两部，都藏在家中。鄂尔泰也被赏了一部，但他没有藏之深闺，而是捐给了云南五华书院，“留与一省子孙读也”。此举一出，云南一省的读书人无不感动，雍正得悉后也连连赞叹。

到了乾隆年间，鄂尔泰入军机处，为首席军机大臣，列于元老张廷玉之前，实因鄂尔泰为满人，张廷玉为汉人。以鄂尔泰为中心，也形成了满人官僚集团。乾隆朝前期，官僚们汲取了朋党相争都没好下场的经验，结成官僚集团的目的是彼此帮忙，而不是党同伐异，搞官场恶斗。满人官僚集团与汉人官僚集团之间，双方最多就嘴巴上牢骚一二而已，而不会争权夺利，撕破脸皮，大打出手。张廷玉为人向来谦冲，沉默寡言，不过每碰到木讷的鄂尔泰，嘴巴就俏皮起来。只要逮住机会，张廷玉就得调侃鄂尔泰一番，虽然搞得鄂尔泰很尴尬，但二人也未因此交恶。

鄂尔泰、张廷玉知道收敛，知道为臣之道，可皇帝还是容不下大臣们权势的丝毫张扬。坐稳江山，羽翼丰满之后，眼中容不下沙粒的乾隆，对老臣则是另一种态度了。乾隆开始再三敲打二人，警告二人不得结党营私。乾隆的敲打，表面上是制止张廷玉、鄂尔泰二人的党争，实质上却是对满汉之争的忧虑。

对清廷扶持满人亲贵，压制汉人官僚的做法，汉人知识分子一直是有怨言的，但慑于皇权的专横而不敢过于流露，对此乾隆也心知肚明。就满人亲贵而言，怎么也难以接受张廷玉配享太庙。一个汉人文官，没有任何军功，凭着操作文书就得到了配享太庙的资格，这让以武功自诩的满人轻视且不满，此种不满普遍地潜伏着。满汉双方，一个内心不满，一个久有怨言，乾隆则居中扮演了调停者的角色。乾隆忧虑的是满汉之争公开化，影响朝政，故而要时时加以敲打。

乾隆六年，左都御史刘统勋突然斗胆上疏，弹劾张廷玉一门权势太过显赫，请三年内停止所有张氏子弟升迁。刘统勋此举，确实抓住了张廷玉的尾巴。在张廷玉提携下，张氏一门登科及仕者众多，以致有“桐人之受国恩登仕籍者甲于天下”之说。不过刘统勋同时也弹劾了满人亲贵，政坛新起之秀，军机大臣讷亲，且言辞更为激烈。乾隆虽未采纳刘统勋的意见，却将其所上的奏疏出示群臣，敲打之意已在不言中了。

雍正初登基时，出于对满人亲贵的不信任，大力任用汉人，出现了田文镜、李卫、张廷玉这样的汉人重臣，满汉之别还不是很明显。乾隆时代，江山稳固之后，满汉之别突显。天下是满洲人打下来的，统治江山自然该由满洲人来唱主角，此观念横亘于乾隆脑海中，无法消弭。表面上他对汉人大臣亲信有加，加以任用，但前提却是必须保证满人亲贵在朝中占优势地位。

此种观念，在军机大臣的任用上便可看出。乾隆十年，鄂尔泰病故，怎么说也该由张廷玉领首席军机大臣，但乾隆却提拔了年纪轻轻的讷亲担任首席军机大臣。对此任用，乾隆也知道存在问题，曾自我解释道：“若以任用之先后为次序，则当日鄂尔泰即不应在张廷玉之前。”

乾隆十三年，讷亲因为金川之役中贻误战事，被遏必隆宝刀正法。乾隆又以傅恒为首席军机大臣，而在雍正朝已经担任过首席军机大臣，资历最深的张廷玉仍然无缘首席军机。张廷玉辅佐康熙、雍正、乾隆，前后五十余年，裁拟谕旨，文采赡备；处理军务，无不精当。但七十六岁高龄，辅佐皇帝，终究吃力。且被后生小子给压着，张廷玉心中终有不快，曾掷笔长叹云：“精力竭矣！”竭的，不单是精力，更是心力。

张廷玉以年迈为由，奏请返乡养老，乾隆极力挽留。乾隆挽留张廷玉的原因，一则是想让他辅佐刚入军机处的傅恒，二则张廷玉从政多年，威望极高，堪为汉官受重用的象征。留他在朝内，可以修补满汉官员之间的矛盾。

到了乾隆十四年，乾隆终于同意了张廷玉退休。依照张廷玉的资历与功绩，他的致仕怎么也是风风光光，不想却生出无限是非，总算能留条老命回家养老，而一切的祸根都源于配享太庙这个无上荣耀。

七十八岁的张廷玉，于富贵权位，已经看得很淡了。他所看重的是身后的殊荣，是历史的地位，对于配享太庙的资格自然格外在意。而外界对于他配享太庙的资格却是议论纷纷，各种流言也传到了他的耳中，让老迈的他坐卧不安。

自步入官场，张廷玉始终遵循着黄庭坚的一句格言："百战百胜，不如一忍；万言万当，不如一默。"官场之上，言多必失，文过必祸，年迈的张廷玉也开始糊涂起来。

当乾隆准许他退休时，他特意上了一个奏折。在奏折中张廷玉唠叨："恐身后不得蒙荣，外间亦有此议论。"张廷玉请乾隆做出承诺，将会遵循雍正的遗命，让自己配享太庙。唯恐乾隆空口无凭，张廷玉甚至"免冠叩首，请上一辞以为券"。

乾隆看了这个上奏勃然大怒，皇帝赏给臣子的荣耀，能不能兑现这是皇帝的事，从来没有哪个臣子敢要求皇帝以书面文本做出承诺，这是对君权的要挟。但乾隆还是忍住了这口怒气，如果他发作，正好坐实了外界流传自己不肯让张廷玉配享太庙的议论。而不让张廷玉配享太庙，却是对先皇雍正的忤逆，这又将会激起无数议论。

乾隆咽下了这口怒气，隐忍不发，他颁布了上谕，保证一定会让张廷玉配享太庙，又赐诗给张廷玉，云"先皇遗诏惟钦此，去国余恩或过之"，以让他安心。乾隆是给足了张廷玉面子，但张廷玉终究是老糊涂了。在皇帝做出了这么多让步与许诺之后，他竟然没有亲自到宫门口去谢恩，只是让儿子代自己前去谢恩。

得知张廷玉没有亲自来谢恩之后，乾隆更加生气，下令军机处拟写谕旨，让张廷玉解释清楚。谕旨还没有发下，消息立即被军机处中张廷玉的门生汪由敦偷偷地传了出来。次日一大早张廷玉亲自进宫谢罪。乾隆明白有人泄露消息给了张廷玉，随即惩戒了汪由敦，也严厉指责张廷玉：

“张廷玉之罪，不在于不亲自谢恩，而在于请朕承诺。之所以让朕承诺，乃是不信朕。”“朕待群臣，事事推心置腹，而伊转不能信，忍为要挟之求。观其如此居心，其有不得罪于天地鬼神耶！”

至此，乾隆才流露出了真实想法，即张廷玉不配享太庙。乾隆斥责道：“配享太庙的都是佐命元勋，立下赫赫战功，张廷玉有何功绩能与之比肩？鄂尔泰尚有经略苗疆的战绩，张廷玉所擅长的不过是撰写谕旨。朕平心论之，张廷玉实在不当配享太庙，其配享实为过分。”

但张廷玉配享太庙的资格，是以雍正遗诏的形式公布天下。且在某种程度上，张廷玉已成为汉族臣子与满人和睦相处的象征，削去他配享太庙的资格会让汉人大臣寒心。在惩治张廷玉时，乾隆不得不有所收敛，在夺去张廷玉爵位之后，准许他以大学士身份退休，死后仍准配享太庙。

自从政以来，张廷玉向未受过如此打击，在京中已如惊弓之鸟，只想早日返乡养老。乾隆十五年，皇长子永璜去世，初祭完之后张廷玉就急着申请返乡。对一个高龄老翁来说，早日返乡，安度晚年，无可厚非。

张廷玉到底还是年迈了，他没有揣摩乾隆此刻的心情。在所有的皇帝当中，乾隆文治武功，号为“十全老人”，何等风光。然而，无限风光的背后，乾隆却有着一肚子的苦衷无从诉说。

乾隆的家庭生活，初期还比较圆满。在登上皇位的当年，他就以秘密建储的方式，将皇后富察氏所生的永琏立为皇储。乾隆对雍正的秘密建储制度不以为然，但既然父亲定了这个规定，他又不好违背，只好先秘密建储，等待恰当的时机再宣布，以此来否定秘密建储。

永琏聪明贵重，气度不凡，祖父雍正对他极为宠爱，曾暗示将来要让他继承皇位。永琏是皇后的嫡子，登上皇位自然是名正言顺。但乾隆三年，永琏得病死去，死时不满十岁。乾隆突然丧子，悲痛欲绝。在永琏死后，乾隆取出秘密建储的匣子，公开宣布已将永琏定为皇储，并以太子的礼仪为他治丧。

永琏死后，乾隆还有几个儿子可供选择，其中皇长子永璜已成年，皇三子永璋已十几岁，其他皇子也相继出生。但在七年之中，乾隆一直没有确立皇储。乾隆九年，皇后富察氏又生下了个儿子，乾隆大喜过望，为这个儿子取名永琮，并把未来建储的希望寄托在他身上。永琮聪慧过人，乾隆对他宠爱到了极点。不料，永琮两岁时出痘去世，乾隆痛不欲生。两个儿子的相继死去，也让皇后伤心欲绝，在乾隆十三年离世。

在皇后的葬礼上，皇长子永璜、皇三子永璋没有表现得呼天抢地，号哭流涕，这让乾隆极其不满，反应与处置也极其过分。一方面，他严惩了皇子们的老师，认为他们没有教育好皇子。另一方面，乾隆咬牙切齿，对天发誓，永远不会立这两个儿子为皇储，并严厉警告二人："伊等如此不孝，朕以父子之情不杀汝等，伊等当安分度日。"

此话一出，皇子们哪里能安分度日。永璜惊悚万分，郁郁寡欢，两年之后就去世了，死时才二十三岁。

永璜死后，乾隆意识到自己对儿子太过分了，此时已追悔莫及，遂追封永璜为定亲王。就在乾隆无比沮丧时，张廷玉急火火地申请回乡养老。沉浸在丧子之痛中的乾隆顿时发作，大骂张廷玉："张廷玉曾侍朕讲读，又曾做过定亲王的老师，如此木然无情，还有人心吗？"接着又将张廷玉说的一文不值："你当官这么多年，毫无建树，不过就是一个古董陈设而已。"

张廷玉配享太庙的资格又一次被提了出来。乾隆这次搬出老爹雍正来代言："假若皇考还活着，看到你张廷玉今天的行为，也要收回成命。你张廷玉不但得罪于朕，更是得罪了皇考在天之灵！"

随后，张廷玉配享太庙资格被罢去。这还不够，乾隆又借张廷玉亲家朱荃在四川学政任内匿丧赶考、贿卖生员一事，将张廷玉家产查抄，并以没收的张廷玉家产一万五千两白银替朱荃赎罪。

回乡之后，张廷玉沉寂了六年，在乾隆二十年（1755）辞世。张廷玉离世后，乾隆可能察觉到自己对张廷玉处理得太过分了，又再次批准了张廷玉配享太庙。但乾隆嘴巴上却不肯认错，找借口道："这是先皇雍正之命，朕何忍违。"死前的张廷玉，并不知道自己能再次配享太庙，带着无限遗憾离世了。

诚如张廷玉的名句"万里长城万里空，百世英雄百世梦"所言，一切如梦，死后能入太庙又如何呢？

首席军机大臣讷亲之死

乾隆继位之后，一度将军机处改名为“总理王大臣会议”，并削减了军机处权能。不久他发现，雍正创设的军机处，对于维持统治具有不可替代的作用，遂在乾隆二年十一月二十八日重新恢复军机处，并以鄂尔泰、张廷玉、讷亲、海望、纳延泰、班第六人为军机大臣，办理一切事务。

军机处的负责人军机大臣，俗称“大军机”，又称“军机处行走”。清代官场上的“行走”，指凡以原官在不设专官的机构兼职、入值或当差，称某处“行走”，由皇帝挑选内阁中的满汉大学士、各部尚书、侍郎等三品以上亲信大臣担任。大学士、尚书、侍郎等，虽然名义上到军机处上班是兼职，但基本上都在军机处办公。

军机处初创时，军机大臣不过三人，此后逐渐增多，一般为五人，至后期扩为六七人。军机处中满汉大臣的人数并无明确规定，但在选用军机大臣时，须考虑满汉平衡。军机大臣属于任务性质，而非定制官衔，无品阶，也无俸禄。

雍正朝军机处创设之初，以允祥为首席军机大臣，为了避免亲王权势过重，后世曾限定亲王不得入军机处。实际上亲王入军机处在后世也不鲜见。据统计，在军机处存在的一百八十三年（1729—1911）里，有二十九人担任过首席军机大臣，其中有七个亲王，任职共五十二年；还有十四名是旗人，任职共九十三年；而汉人仅八位，任职共三十八年。

军机大臣名义上是共同议事，实际上由首席军机大臣做主，“军机大臣多至六七人，而权实操于领袖，新进者画诺奉行，徒拥虚名也。”

各省发来的奏折，如果皇帝发给军机处商量，则先由首席军机大臣阅览，然后再由他指定某位军机大臣翻阅，未经指定的军机大臣不得观看。军机大臣被召见时，可以各抒己见，一般由首席军机大臣首先发言，其他军机大臣发言时不大会悖逆首席军机大臣的意思。

召见时皇帝赏赐毡垫，名义上叫作“赐坐”，实际上是跪在毡垫上。每日召见时，军机大臣须长跪良久，很是辛苦，所以军机大臣之间传有秘诀，无论奏对何事，都要简明扼要，浅显明白，用几句话说清楚，不劳皇帝再问。

军机大臣要轮流在军机处值宿，以备皇帝随时召见，提供意见。召见一般每日一次或数次，商量各种军政要事。皇帝至圆明园或出巡时，除安排个别人留京办事外，其他军机大臣都要随行，随时准备接受皇帝咨询。乾隆初年，考虑到张廷玉年迈，还特意为他修建了精舍，以让他住得舒适点。

自军机处设立后，军国大事都由军机处负责。用兵时，由军机大臣决定战略方针，皇帝批准之后，再以谕旨发往前方。前方将领的请示，经由军机处讨论，奏报皇帝批准后，再发往前方执行。至于用兵时的兵马粮秣，山川地形，人文地理之类，均由军机处主持策划，这也是后世参谋本部的雏形了。

军机大臣原先只在后方出谋划策，到了乾隆年间，由于大小金川战事旷日持久，不能取得突破，乾隆便令首席军机大臣讷亲往前线统兵指挥，结果却因此造成了大清首席军机大臣之死。

讷亲是满洲镶黄旗人，祖父遏必隆是清代名将，死后佩刀被收入皇宫，名“遏必隆刀”。讷亲年轻时曾在宫内做侍卫，被雍正所熟知，认为可以重用。雍正十一年讷亲入军机处，此时不过三十余岁。乾隆登基后，初期依赖于鄂尔泰、张廷玉等老臣。但乾隆是何许人也，自然不愿受老人限制，而要培植自己的亲信。年轻勤敏、能体会“圣意”的讷亲，受到乾隆青睐，恩眷尤厚。

讷亲能被乾隆看重，自有他的可取之处。讷亲为官清廉，为了杜绝有人前来行贿，特意在宅门口养了条巨獒。讷亲出巡江南时，各省供应，极为奢华，讷亲一概回避，乾隆对此大为满意，表扬道：“伊素性谨慎，朕所深知。”

讷亲在各省整治河道，办理赈灾，整顿吏治，颇有功劳。到了乾隆十年，讷亲被授内阁保和殿大学士。保和殿大学士是清代文官中的最高尊荣，能得到保和殿大学士的寥寥无几。讷亲之后，直至清末，只有傅恒一人得过。

老臣鄂尔泰死后，讷亲成为首席军机大臣。有清一代，如果内阁首揆不兼任军机大臣，则有宰相之位，而无宰相之权。军机大臣如果不入内阁，则有宰相之权，而无宰相之位。如果二者兼得，方为仕途圆满。讷亲二者兼具，堪为圆满了。

年纪轻轻的讷亲，在军机处排名于三朝老臣张廷玉之前，满朝文武自有非议，汉人官僚更是不平。讷亲也觉得乾隆厚爱得有些过分了，上疏称自己资历浅薄，不敢排名于张廷玉之前。乾隆想想也是，就弄了个折中办法。军机处奏事时，凡满文奏折，则讷亲排名在前，凡汉文奏折，则张廷玉在前。虽在排名上玩些花枪，讷亲掌握军机处已是不争事实。

但讷亲也面临着傅恒的崛起与挑战。与讷亲相比，傅恒更年轻，更有背景，更有实力。傅恒的来历不一般，他是乾隆最钟爱的孝贤皇后的亲弟弟。乾隆十三年，孝贤皇后陪同乾隆南巡时，在德州感染风寒去世，年仅三十七岁。孝贤皇后容貌艳丽，贤淑节俭，做皇后十三年都未曾佩戴过珠翠首饰。去世后，乾隆哀恸至极，写诗云“廿载同心成逝水，两眶血泪洒东风”。

由孝贤皇后的去世，引发了“礼仪之争”，导致了牵连甚广的“剃发案”。

依照礼仪规定，皇后去世之后，京内文武官员要缟素二十七日，百日之内不得剃头。为了表达自己对皇后的追思之情，乾隆决定提高皇后葬礼的规格，亲自为皇后戴孝服丧一年。不料有礼部官员与内阁大学士指出，皇帝亲自为皇后戴孝服丧与礼制不合，葬礼上的礼仪也应遵祖制，礼部甚至放出狠话：“不可以夫妻之私情，为之增损于其间也。”

乾隆搬出了明代嘉靖皇帝为皇后服丧的先例，但礼部却坚持要求乾隆恪守祖制。祖先之制的巨大威力，乾隆也无法撼动，只好让步。

到丧事开始时，憋了一肚子火气的乾隆，发现大阿哥永璜在丧礼上举止呆滞，双目茫然，顿时大怒。除了痛骂大阿哥“昏庸”外，乾隆又将大阿哥的老师加以惩戒。在丧仪中，大臣们敷衍了事，错误频现，而乾隆在视察皇后陵寝时，又发现很多大臣偷懒未到。乾隆责令皇后的弟弟傅恒，将未到的王公、四品以上官员列表统计，分别加以处罚。

面对着祖先礼制，乾隆无可奈何，一肚子的怨气只能发泄到现世的臣子身上，此时正好“剃发案”发生。皇后去世之后，乾隆向全国官员发了通知，要求官员缟素二十七天，但谕旨中未要求一百天内不准剃头。很多官员遵照规定，二十七天之内缟素，也遵照满洲习俗不剃头。二十七天一过，缟素结束，很多官员想当然地以为也就可以剃头了。

得知各地官员开始剃头之后，乾隆下旨严加追责，将剃头的各省官员交给刑部议处，并指示军机大臣：“本朝定制，遇有国恤百日以内不剃头，倘违例立即处斩。”

锦州府知府金文淳因在二十七天后剃发，被乾隆下令交给刑部定罪。刑部尚书盛安，将金文淳判为斩候。这让乾隆恼羞成怒，认为盛安曲意徇私，沽名钓誉，视自己为“幼年无知之主”，也将盛安处死。乾隆这是将“礼”凌驾于“法”之上，以皇帝的个人私愤来裹挟整个国家，然而，面对着无上的皇权，谁又能反抗，谁又能奈何得了他呢？

因“剃发案”牵连的高官还有江南河道总督周学健、湖广总督塞楞额等人，都被赐自尽。满人塞楞额违背规制，在乾隆看来是不可原谅的，“塞楞额满洲大臣，历任督抚有年，乃如此丧心病狂”。但以“剃头”为由将他们处死，终究让路人侧目，乾隆遂以贪腐的名义将他们治罪。事后乾隆还自我吹捧，称对“剃发案”的处理是“大中至正，轻重之间，毫厘不爽”。

孝贤皇后去世后，对她的亲弟弟傅恒，乾隆自然是异常恩宠了。傅恒于乾隆七年担任御前侍卫，到了乾隆十年，二十四岁的傅恒就被任命为军机处行走，升迁之快，为前所未有。在培养讷亲的同时，乾隆也在栽培傅恒。乾隆自己说道：“当大学士鄂尔泰在时，朕培养讷亲；讷亲在时，朕培养陶成傅恒。皆几经教导，几经历练。”

当傅恒崛起之时，讷亲急切地需要证明自己，此时机会来了。乾隆十二年，西南烽火燃起，大金川土司叛乱。

金川位于四川西北部，因“临河山有金矿”而得名金川。自元、明以来，该地区一直由土司进行统治。地方上的土司世有其地、世管其民、世统其兵、世袭其职、世治其所、世受其封，执掌管辖区域内的一切大权。

土司之间，各自守卫彼此疆界，相互羁縻，彼此牵制，不致坐大。清顺治年间，小金川土司向清廷归诚，康熙年间被册封。小金川土司壮大后，为牵制其势力，雍正元年，又另授促浸土司为大金川安抚司，遂有大小金川土司之分，两金川土司不时爆发冲突。

大小金川所处区域，自然环境恶劣，资源贫乏。两金川地区民众所种植的不过是青稞、荞麦之类的植物，遇到丰收时节，土地上的产出刚好能够糊口。一旦遭遇到天灾，则颗粒无收。恶劣的自然环境，强烈的求生愿望，形成了大小金川民众尚武好战的性格。金川男子自十二岁起就开始佩刀，人多臂力，能手开强弓，擅用火药枪。遇到战事，当地人无不踊跃前往，临阵奋不顾身，以征战为乐事。

大小金川是内地联系青海、西藏、甘肃的咽喉要地，金川土司连年混战，严重威胁四川内地的安全。而自古以来就有“天下未乱蜀先乱”之说，从保证四川的安全出发，清廷也有必要对大金川用兵。此外，更深一层考虑是，大小金川若与西藏联为一气，再与困扰清廷多年的准噶尔联合，将会滋生无穷弊端。

乾隆十二年正月，大金川土司莎罗奔出兵攻打其他土司。因为此次战事距离清军要塞打箭炉较近，四川巡抚纪山派兵前往镇压，却被大金川伏击，清军损失惨重。乾隆得知前线败绩之后大为震怒，急调云贵总督张广泗为川陕总督，负责对大金川用兵。

张广泗在乾隆初年镇压过西南的苗人叛乱，乾隆以为苗藏习性相近，以张广泗统兵必能奏效。乾隆自信满满地道：“蕞尔穷番，何足当我王师。”

为了此次用兵，乾隆还特意嘱咐军机处，将所有与金川有关的情报抄录给张广泗，以便熟悉情况，早日绥靖边疆。同时乾隆声明用兵金川并非是自己好大喜功，“实因伊等声势日张，不得不劳师动众。”

在乾隆的催促下，张广泗于四月抵达四川。到达前线后，张广泗依瓢画葫芦，把他镇压苗人动乱的方法用来镇压大金川。张广泗以大金川两大要塞勒乌围、噶喇依为主目标，分兵七路围攻。

面对咄咄逼人的张广泗，大金川土司莎罗奔收缩兵力，以勒乌围、噶喇依为中心，恃天险与碉堡的坚固，与清军长期对峙。

清军深入大金川心腹地带后，方才发现进攻大金川之难。大金川地区地势险峻，来往的交通依赖于蜿蜒崎岖的栈道。行走在栈道上，脚下是大江翻滚，头顶是峭壁峻嶒。往来者都要紧贴山壁，抓紧石头，行人时常眼花目眩，稍不小心就有掉落无底山崖的危险。

就是在这种险峻的地理环境中，大小金川遍布着战碉，“贼径既险，碉楼如林”。面对着藏人坚固的碉楼，张广泗采取了各种方法，“或穴地道，以轰地雷；或挖墙孔，以施火炮；或围水道，以坐困之。”然而这些攻碉之法毫无用处，碉楼屹然不动。

金川地区的碉楼选在险要之处，以石块、泥土建成，并以麻秆而为筋。外形大多为四角、五角或八角，棱角平整如刀刃，一般高度在三十米左右，最高者可达五六十米。碉楼下粗顶细，与地面垂直，各面都开有射击孔，碉楼内存有弹药粮食。

碉楼极其坚固，清军从京师运来九节劈山大炮，用以攻碉。炮弹击中碉楼中部，屹然不动。击中碉楼顶部，不过掉落数块石头。就是偶有击穿碉楼的，防守者也可以随时修补。一个个碉楼，矗立于苍茫险峻的大山之中，缺乏有效火器的支持，纯以人力强攻，无异于蚍蜉撼树。

清军就如同一只只蚂蚁，要奋力去推倒一个个立在桌子上的玻璃瓶，而这玻璃瓶上，更有骁勇的守卫者，何其难也。除地形之险、碉楼之坚外，大金川地区民众彪悍，视死如归，且对土司拼死效忠，也是清军难以取胜的原因。大小金川地区全民皆兵，平日里在土司境内从事种地、修葺碉房、放牧牛马猪羊等工作。逢开战时，每户至少要出兵一名，自备枪支弹药和口粮到前线作战。如果家中无男丁，则出钱雇人作战效力。防守碉楼者“人心坚固，至死不移。碉尽碎而不去，炮方过而人起”。

与国运处于上升时期的大清国相比，大小金川人丁不过是沧海一粟，大金川土司管辖四千余户人家，有兵丁三千余人。小金川土司管领六千多户，有兵四千余人。负责守卫碉楼的士兵数量也不多，据清军前线抓获的金川俘虏供称，由于人丁缺乏，居家的妇女，土司家的金银匠人等也被派到前线守碉楼。但碉楼险峻，“一碉不过数十人，万夫皆阻。”

战事持续到了乾隆十二年年底，张广泗夺取制高点，俯攻碉楼的战略，因为归降清军的大金川土目恩错的叛变而告失败，粮道也被截断，前线清军损失惨重，军心动摇。五万清军，历时年余，仍不能攻克大金川。不得已之下，乾隆请出六十二岁的老将岳钟琪到前线助战，并继续增兵。

乾隆十三年，张广泗与岳钟琪商定分兵十路进剿的战略，但短期内却没取得实质性的突破。

前线战事日久，将士懈怠，军费开销日昂，乾隆也急了，准备派出首席军机大臣讷亲为经略，赴金川前线指挥战事，以求短期内能改变局势。

讷亲当时正在山东出差，被急令回京，回京师不过一日，就被派往金川。讷亲以为自己出马，亲自督战，必能轻易攻克大金川。

乾隆十三年六月，讷亲到了前线，下令三天之内，必须攻克大金川中心噶喇依碉楼。将士中有进谏者，认为短期内无法突破，被讷亲以军法从事，导致三军震动。三天血战，强攻多次，碉楼巍然耸立，清军损失惨重，总兵买国良、署总兵任举阵亡。此时讷亲方才意识到攻碉楼的艰巨，他想出了一个所谓的妙计，即清军也筑碉楼，与大金川碉楼长期对峙。

乾隆看了讷亲的奏折后，想起在前线战死的总兵任举等人，不由凄然泪下。辗转难眠，想了一夜，乾隆认为效法“番人”建碉之举，终非善策，“不如速罢之为宜”。

此后，乾隆一方面继续增兵，令八旗精锐数百人在香山练习云梯，以备攻碉；另一方面则使出撒手锏，请终南山道士用五雷法术轰击碉楼，结果可想而知。终南山道士没用，乾隆又请出章嘉胡图克图国师做法事诅咒碉楼。此后几年中，章嘉胡图克图国师业务繁忙，频繁做法事诅咒碉楼，“几未得闲暇”。在这期间，乾隆大概也学会了喇嘛们的密咒。

乾隆在后方忙着做法事诅咒，前方的大臣却闹起了窝里反。张广泗内心中瞧不起文弱的讷亲，但表面上对他还是遵从。对老上司岳钟琪，张广泗却是丝毫不给面子，对他极力排斥，也不肯分兵支援。讷亲到前线多日，战事仍无进展，也开始着急，遂在乾隆十三年闰七月，命张广泗亲自督战，全军再次发起攻击。

此次攻击，好不容易才攻下了一个小碉楼。不想刚刚拿下碉楼，十几名大金川人从山梁上呐喊着冲了下来。三千余名清军官兵看到如狼似虎的大金川兵，轰地逃散了。逃跑时，“拥挤奔回，多有伤损。”看着绵羊般的清军士兵，讷亲知道仗是没法打了，此后高挂免战牌，每日里只是向乾隆请求多发援兵。讷亲甚至悲观地认为，来年增兵之后，官兵虽多，但能否攻下大金川，就是再过两三年也很难说。

前线战事拖延，胜利遥不可及，乾隆准备将讷亲调回京师。首席军机大臣坐镇中枢，任务繁重，自然不能在外久留。乾隆也知道讷亲身体不好，“即以身体而论，伊素日体虚气弱”，不宜常驻金川这样的苦寒之地。乾隆决定在春季调讷亲回京师，另从前线将领傅尔丹、张广泗、岳钟琪三人中选一人总领军务。

春天还未到，八月间，乾隆看到前方战事拖延，心中焦躁不安，想提前召讷亲、张广泗至京，当面询问为何久攻不克。讷亲一看要调自己回京，心中大喜，竟然忘乎所以，上书乾隆请让自己立刻回来。讷亲同时在奏折中称，朝廷中有人攻讦排挤自己。此时他也知道自己在朝中地位不稳，傅恒崛起，急着回京巩固自己的地位。

乾隆一看讷亲急火火地要回来，自然是恼怒异常，指责讷亲“而乃一闻召入之旨，如获更生”。乾隆也指出，讷亲认为有人排挤自己，所以急着回京，实际上是为败绩寻找借口而已。乾隆讽刺道：“你如果有能耐取得大胜，有必要担心被排挤吗？你讷亲在军机处时暗中排挤过的人，朕没有察觉的肯定也有吧。”

讷亲仗没打胜，回京倒是积极。乾隆看在眼里，火在心里，下令将讷亲革职，暂留在军营中效力，张广泗则先行回京。到了九月，乾隆命新任首席军机大臣傅恒赴金川前线，接替讷亲指挥战事。

讷亲惹怒了乾隆，失去了恩宠，亲兄弟跟着都胆寒，于是纷纷上奏讨伐讷亲。哥哥两江总督策楞先奏称，讷亲在前线退缩乖张，辜负皇恩，请交刑部严惩。弟弟山西巡抚阿里衮上奏，请跟随傅恒前往金川前线，愿身先士卒，以弥补兄罪。乾隆看了极为满意，指示阿里衮，有此心就可以了，杀敌的事，你就不要去了。

十一月，傅恒从京师出发，前往金川。

此月讷亲上了两个奏折，让乾隆大为不满。讷亲先是上了一个奏折，洋洋洒洒数万言，但却没有提及金川前线情况，而只是将失败归咎于张广泗。随后讷亲又上了一个奏折，大谈如何处理金川善后事宜。

乾隆看了奏折后大为震怒，金川前线战事毫无突破，你就想着善后了，“其与古人所谓何不食肉糜者，又奚异乎？”乾隆本来准备金川战事终了之后，将讷亲发配到北方充军赎罪。现在一看讷亲如此糊涂，用乾隆的话来说就是“顽钝无耻”，对他是彻底失望了，遂命在金川前线的侍卫富成逮捕讷亲。

此时乾隆并未对讷亲动杀心，不想讷亲的一句话却断送了卿家性命。却说富成逮捕讷亲后，将与讷亲的谈话记录全部交给了乾隆，其中讷亲一句闲话“金川事大难，不可轻举，此言不敢入奏”，刺激了乾隆。

在乾隆看来，这句话透露了讷亲对乾隆的真实看法，即明明不能攻下大金川，你乾隆却硬要出兵，这不是盲目决策，好大喜功吗？此外，讷亲碰到前往大金川的八旗援兵时，曾发牢骚道：“此皆我罪，令如许满洲兵受苦。”这又让乾隆恼羞不已。

满洲兵被调往大金川这种苦寒之地作战，自然是满腹牢骚。对此乾隆也心知肚明，但嘴巴上却硬要说：“满洲兵闻调，无不欢欣鼓舞。讷亲以为受苦，实是嫉妒他人成功，动摇众心，罪不可逭。”

讷亲私下的这几句闲话，刺痛了乾隆。讷亲是乾隆一手提拔起来的，不想私下如此说自己，失望之余，对他自然是恼恨至极，杀意已生。

此年十二月，张广泗被杀。

张广泗被押到京师后，会审时朝中大臣都认为“罪皆不致即死”。但在乾隆亲自审问时，张广泗与乾隆当庭争辩，甚至说“但知皇上慈仁，不知皇上英武”。这让素以英武自负的乾隆情何以堪。

乾隆恼恨张广泗，连带着责怪军机大臣办案不得力，此时开始想念起傅恒的好了，“假令经略大学士傅恒在此，何至烦劳朕心若是。”乾隆铁了心要杀张广泗，军机大臣们只好遵照意思，将张广泗判了个斩立决。十二月十二八日，将张广泗斩杀。

乾隆亲自给张广泗、讷亲定性，“张广泗乃刚愎之小人，讷亲乃阴柔之小人。”杀了“刚愎小人”张广泗，自然也不能便宜了“阴柔小人”讷亲。

乾隆赐出遏必隆宝刀，命尚书舒赫德带着到前线斩杀讷亲。乾隆此举用心颇是险恶，因为这把宝刀是讷亲爷爷遏必隆用过的，由是得名。用爷爷的宝刀来斩杀孙子，大概只有作诗十万，文采过人的乾隆想的出，做的出。讷亲在解送途中知道自己必死，开始绝食，以求速死。次年正月二十九日，押解队伍行至班拦山时遏必隆宝刀送到，讷亲被当场处决。

“上既诛讷亲，知大权之不可旁落。然国无重臣，势无所倚。”此时乾隆可信任的重臣，只有傅恒了。对傅恒，乾隆是恩宠有加。乾隆皇帝特派头等侍卫达清阿、户部尚书达勒党阿等随行，在金川前线照料傅恒的饮食起居，并多次降谕令傅恒爱护身体。

虽有诸般恩宠，二十七岁的傅恒在大金川却发现日子并不好过。至前线视察时，傅恒亲眼看到的战碉就有三百余座，而“攻一碉难于攻一城”。无奈之下，傅恒上奏乾隆，认为攻碉乃下下策，短期之内根本无法取胜。

乾隆见亲信傅恒也这么说，知道硬上必然无效，可就这样班师回朝吧，面子失尽，皇帝的尊严将置于何方？又该如何向臣民解释？继续打下去，大清虽国势昌隆，恰逢盛世，却也吃不消这么多的军费开销。

乾隆十三年年底，四川布政使高越上奏称，自对大金川开战以来，两年之间的军费开销近千万两白银，如果打到明年五月，还要耗费八百七十五万两白银。乾隆看到这个奏折后大吃一惊，当时国库存银不过三千万两。一个偏僻之地的小小金川，几千名土人，竟然耗费了大清国库的三分之一，这个代价实在是高昂。皇帝的尊严也离不开金钱的支撑，再打下去，尊严将无可维系。

就在乾隆左右为难之际，大金川土司恰到好处地给了乾隆一个台阶下。乾隆十四年正月，大金川土司派人来到清军军营，称将送还被俘的清军。持续日久的战事，使大金川也已弹尽粮绝，无力再打下去了，遂主动求和。乾隆乘机下令，只要大金川投降就既往不咎。

大金川土司莎罗奔遂在二月初五日，至清军军营焚香顶经立誓，不再挑起战事。既然大金川土司给了乾隆面子，清军也就可称捷班师回朝了。临走时，带不走的军需物资，都给了大金川作为赏赐，以示皇恩浩荡。

第一次金川之役自乾隆十二年（1747）三月延续至十四年正月，前后历时三年，清廷调动各省兵力八万余众，耗银千余万两，阵亡将官计参将买国良等二十六员、游击孟臣等二十二员、土兵计三千八百八十二员。

自傅恒奔赴金川前线之后，乾隆发现军机处的效率开始下降，抱怨道："经略大学士起身以后，军机处所办事件，多不能惬意。"乾隆开始思念起傅恒了："今日召见军机大臣等，面降谕旨，伊等从清晨直办至黄昏，方行进呈。而词句中诸多不当之处，复烦朕修改至半夜。傅恒在前线主持战事时尚能操办事务，朕在此间，实在想念他。"

在金川取得名义上的胜利后，乾隆大喜，厚赏了傅恒。但傅恒在首席军机大臣的任上，却战战兢兢，如履薄冰，不敢有丝毫懈怠骄横之态。从前任张廷玉、讷亲的际遇上，傅恒清晰地知道，皇帝的如火般的恩宠，若不矜持点对待，瞬间会变成寒冰。但位极人臣之后，想要独善其身却也难了。

乾隆瀛台赐宴时，风传有两名学士为了讨好傅恒，竟然跑过来向他屈膝请安。傅恒的兄长去世后，操办丧事时，各部大小官员纷纷登门祭奠。由于车马轿舆拥挤，竟将道路堵塞，以致要步行才能入内。

乾隆重用傅恒，是因为他能干，会干，肯干，这有利于皇权，有利于统治。可看着傅恒的翅膀一天天硬了起来，乾隆也开始有点吃醋了。这吃醋，只是看着傅恒在大臣们的簇拥下，在主持军机处时如鱼得水的姿态，在心理上产生出的失落感罢了。

忧虑傅恒的权势过重，乾隆开始旁敲侧击，提醒傅恒。在内廷时，傅恒偶有小错，乾隆严词训斥，美其名曰“防微杜渐”。一日上朝，傅恒因故迟到，跌跌撞撞地跑入时，气喘吁吁。御前侍卫笑道：“相公身肥，所以喘息。”乾隆顺势开玩笑道：“不但身肥，只怕心儿也肥了。”

“心肥”的潜台词就是胆壮、权重了。此言一出，傅恒“神气不宁者数日”。

皇贵妃慧哲的弟弟，两淮盐政使高恒，因为贪腐被判斩刑。行刑之日，傅恒帮高恒求情，请看在皇贵妃的面上，饶他一命。不想乾隆说了一句话：“若皇后弟兄犯法，当如之何？”皇后之弟兄即傅恒也。傅恒闻言之下，顿时“战栗失色”，不敢再言语，高恒也被斩首。

对于乾隆“乾纲独断”的性格，傅恒洞然于心。成为军机处首席大臣后，为避免以往首席军机大臣一人入内廷见皇帝，给人专擅之感，傅恒请所有军机大臣一同晋见，此后所有军机大臣一起入见皇帝成为定制。对乾隆赏赐的黄带、四团龙补服、宝石顶、双眼花翎，他再三推辞，不敢佩戴，直到乾隆以不戴不符合礼制规定，才佩戴上。小心驶得万年船，谨慎乃是保住富贵的不二秘诀，深谙此中奥义的傅恒，小心翼翼地帮乾隆打点着江山，如此才在首席军机大臣位置上一坐二十余年。

三世恩仇终落幕：平定准噶尔

军机处的创设，源于雍正七年对准噶尔部的用兵。雍正年的战事，虽重挫了准噶尔，却未曾伤及其根基。自额尔德尼昭一战大败之后，准噶尔部与清廷达成和议，恢复贸易关系，以求恢复元气。

乾隆接位后，初期对准噶尔也以和议为主。乾隆三年，双方达成边界协议，准噶尔部与喀尔喀部也就游牧区划分了界线。面对着准噶尔这样的战斗民族，乾隆也得收起他的征服欲望，至于涉及准噶尔的事务，则交给了军机处处理。

就准噶尔人的通商请求，军机处参照俄罗斯来华贸易的习惯，议定准噶尔每四年一次前来贸易，每次贸易团队不得超过二百人。军机处在奏报乾隆时，认为准噶尔部性本狡诈，不肯安分，如果取道喀尔喀蒙古部来贸易，恐要生出是非。故而特意指示准噶尔来北京贸易，必须从内地走，而不得取道喀尔喀。

乾隆十年，有准噶尔人出逃投奔清国，并称准噶尔汗噶尔丹策零已死。消息传到京师后，有大臣主张对准噶尔用兵，乾隆则认为不应乘人之危而用兵。但乾隆也命令臣下做好准备，预防准噶尔内部动乱。

乾隆此时未对准噶尔用兵，有着几重考虑，其一，康熙、雍正两朝对准噶尔用兵，均无功而返，这不得不让他谨慎对待战事。其二，准噶尔部中持续不断的出逃者，表明其内部的分崩离析日益严重，待以时日，再做决策，更为有利。其三，大清此时正在休养生息，需要暂时维持和平。

噶尔丹策零去世后，儿子策旺多尔济那木扎勒接位，并与清廷暂时保持和平。策旺多尔济那木扎勒未经清廷许可，每年派人前往西藏，与西藏喇嘛来往密切，导致了乾隆的不满，但这尚未成为引发战事的缘由。

策旺多尔济那扎勒为人暴虐，臣下稍不顺心就被杀戮，人心尽失。策旺多尔济那扎勒有同父异母兄弟各一人，弟弟策妄达什此时尚年幼，长兄喇嘛达尔扎成了叛逆者心目中的天然领导人，期望着以他取代策旺多尔济那扎勒。

乾隆十五年，反叛者反动兵变，擒住策旺多尔济那扎勒，将他挖去双目后送往阿克苏囚禁。喇嘛达尔扎随后被拥戴为准噶尔部台吉（台吉是汉语“太子”的音译，在蒙古部中意为汗的接班人）。

喇嘛达尔扎掌权之后，将忠于策旺多尔济那扎勒的部落分赏给拥立有功的部下。有不堪被分割的萨喇尔，率部出逃投奔清廷，并得到优待。喇嘛达尔扎命令实力人物达瓦齐，出兵追杀萨喇尔。但达瓦齐并未遵命，反与萨喇尔部相处甚好，与喇嘛达尔扎的矛盾则开始激化。达瓦齐是准噶尔部名将大策凌敦多布之孙，兵强马壮，割据一方，本来就有争雄之心。

就在准噶尔部内讧不已时，一个人物走上了前台，此人来历颇为传奇。

当年准噶尔部策妄阿拉布坦为夺取西藏，引诱和硕特部拉藏汗的长子噶尔丹丹衷来伊犁与自己的女儿成亲。在谋取西藏失败后，策妄阿拉布坦杀掉噶尔丹丹衷，将女儿改嫁到辉特部。不想女儿此时已怀孕，生下了噶尔丹丹衷的遗腹子，即阿睦尔撒纳。

阿睦尔撒纳出生时，满身鲜血，当时人皆云其为复仇而来，后来果然导致了准噶尔部的覆灭。阿睦尔撒纳成人后，继承了辉特部，也加入了准

噶尔部争雄的行列。(自土尔扈特部西迁伏尔加河后，辉特部取代土尔扈特成为卫拉特四部之一)

阿睦尔撒纳虽然出身显赫，但到底不是准噶尔部人，故而他捧出噶尔丹策零的幼子策妄达什，准备拥戴他为准噶尔台吉。二人的密谋被喇嘛达尔札发觉，提前下手，杀掉了策妄达什，阿睦尔撒纳仓惶出逃，投奔达瓦齐。

在阿睦尔撒纳怂恿下，达瓦齐起兵，旋即战败，部落被分割，亲信被囚禁在伊犁，阿睦尔撒纳与达瓦齐狼狈出逃哈萨克。在喇嘛达尔扎的威胁下，哈萨克迫不得已，准备将二人交出。不想阿睦尔撒纳、达瓦齐提前得到消息，逃出哈萨克境内。俄国人对出逃到哈萨克的达瓦齐、阿睦尔撒纳倒是感兴趣，派人到哈萨克接近二人，企图将他们诱至俄国境内，作为干涉准噶尔的筹码。俄国人到达哈萨克时，达瓦齐、阿睦尔撒纳却已逃走。

阿睦尔撒纳善行险着，就在所有人以为他已山穷水尽时，他突然潜回自己的领地塔尔巴哈台，杀死顶替自己的兄长，夺回被分割的部下及游牧地。此时二人仍处于险境，喇嘛达尔扎一旦得悉阿睦尔撒纳夺回部落的消息，必调遣大军前来进攻。危急之下，阿睦尔撒纳与达瓦齐二人如输光了的赌徒，决定铤而走险，拼死一搏。二人挑选出精兵一千五百人，携带口粮，日夜兼程，由山路绕道直奔伊犁。

在内应的策应下，乾隆十七年(1752)年十一月，奇兵突入伊犁，直扑喇嘛达尔扎大帐。喇嘛达尔扎正围着火炉，拥妾饮酒，哪想到奇兵突入，当即被杀。攻下伊犁后，达瓦齐成为新的准噶尔部台吉。

达瓦齐上位后，终日饮酒，事务荒废，搞得准噶尔部鸡飞狗跳，人人哀怨。不久又有部落起来反叛，将达瓦齐赶下台。在阿睦尔撒纳的支持下，达瓦齐才重新登上台吉之位。

借着两次拥立之功，阿睦尔撒纳开始扩张势力。阿睦尔撒纳本是和硕特拉藏汗之孙，成长在辉特部，通过联姻又控制了杜尔伯特部。卫拉特四部中，阿睦尔撒纳控制了三部，自恃实力雄厚，瞧不起无能的达瓦齐。二人关系破裂，内战又起。

乾隆十八年，阿睦尔撒纳连续击败达瓦齐，眼看胜利就在眼前。不想达瓦齐得到了回部的支持，重整兵马，于乾隆十九年击败阿睦尔撒纳。阿睦尔撒纳无奈之下，率部落二万余人，于七月初八日投奔清廷。

阿睦尔撒纳与达瓦齐尚未分出胜负时，乾隆已考虑到阿睦尔撒纳要来投降，早早安排了官兵接应，至于其部众的安排，柴米油盐等事务，无不考虑妥当。对于战败后来投奔的阿睦尔撒纳，乾隆极为欢喜，草原英雄，终入吾彀中矣。

乾隆得意地对军机大臣们道，只要阿睦尔撒纳前来投诚，那么就是“朕之臣仆”，又命令前线统兵将领舒赫德，凡军事事宜都要与他商量。乾隆迫不及待地想见到阿睦尔撒纳，让他先行出发，到避暑山庄等自己。从京师到避暑山庄，沿途共六站。为了早日见到阿睦尔撒纳，乾隆命改作三站。得知乾隆要召见之后，阿睦尔撒纳连续驰马三日，飞赴热河避暑山庄。

在避暑山庄，阿睦尔撒纳见到乾隆时，行蒙古抱见礼，乾隆从容应对，并一起较量了骑射功夫。乾隆用蒙古语询问了准噶尔内乱经过，并就进军伊犁听取了阿睦尔撒纳的意见。阿睦尔撒纳就乾隆准备秋季用兵的计划提出了自己的看法。一般认为，秋高马肥，利于用兵，阿睦尔撒纳则认为，“我马肥，彼亦马肥”，不若改在春季用兵，乘其不备，对方不能远遁，可一战取胜。至用兵时，乾隆听取了阿睦尔撒纳的意见，改在春季用兵。宴席结束后，阿睦尔撒纳对乾隆极为叹服，惊叹道：“真天人也。”

从避暑山庄到京师，乾隆频繁宴请阿睦尔撒纳，二人情谊日见深厚。然而，这阿睦尔撒纳终究是山野猛虎，草原雄鹰，而不是皇帝的笼中臣仆。阿睦尔撒纳刚来降时，时任参赞大臣舒赫德就认为此人不可信任，将来必要反叛，请乾隆将其软禁，并将其部移居戈壁。不想此时乾隆迷上了阿睦尔撒纳，对舒赫德的建议大为恼火，将他降到军中做了一个骑兵。待阿睦尔撒纳复叛之后，舒赫德方复原职。

乾隆十九年十月，乾隆决定对准噶尔用兵。此次用兵的考虑，一是准噶尔部长期内耗，实力不振。二是大批准噶尔人投奔清廷，这些人对达瓦齐痛恨在心，又熟悉准噶尔地形，可用作攻击达瓦齐的前锋。三是边疆长期内乱，大批部落出逃到中国境内，造成了无数纷扰，故而需一劳永逸地解决边疆问题。

就对准噶尔用兵，乾隆召集满汉王公大臣商量。在会议上，出于康熙、雍正两朝用兵多次，仍未能解决准噶尔部的前车之鉴，多数王公大臣不主张用兵。但首席军机大臣傅恒力主用兵，认为准噶尔部经康、雍二朝未能解决，始终是心腹大患。此时适逢准噶尔内乱，又有大批准噶尔人来投奔，应抓住时机，当机立断，立刻用兵。乾隆也同意傅恒的意见，决定对准噶尔用兵。为了此次用兵，乾隆还打破了军机处不用武将的惯例，命盛京将军阿兰泰暂在军机处行走。

至于此次用兵的理由，则是达瓦齐并非噶尔丹策零的后裔。乾隆在诏书中声讨了达瓦齐辜负噶尔丹之恩，断其后嗣，夺其基业，"朕尚为不平"。其实，准噶尔的内乱与乾隆何干呢。再说，噶尔丹一系，与清皇室堪为世仇。现在乾隆挺身而出，说是要为噶尔丹策零复仇，估计乾隆自己也不信这套说辞。

乾隆二十年（1755）正月，军机处策划了对准噶尔用兵的计划：北路由定边左副将军阿睦尔撒纳带领前哨先行进剿，西路由定边右副将军萨喇尔带领前哨先行进剿。若两路合并，则由阿睦尔撒纳负责。北路以班第为主将，西路以永常为主将，带兵在后策应。此次用兵，以蒙古降兵为前锋。

二月，清军出兵，直指伊犁（伊犁本名为伊里，意为光明显达。在被纳入清王朝的版图之后，伊里被改称伊犁，意为犁庭扫穴，师行神速）。

阿睦尔撒纳带兵前行，一路上旧部不断前来投奔，其他准噶尔部看到阿睦尔撒纳得到清廷力挺，知道达瓦齐必败，也就归附了阿睦尔撒纳。此次出征，一路上长驱直入，基本上做到了兵不血刃。达瓦齐调集兵马抵抗，不想前线将领纷纷投降，清军很快进入伊犁。

乾隆对于达瓦齐极为关注，军机处也特意通知前线将领，千万不可大意，使达瓦齐脱逃。接连兵败之后，达瓦齐率领亲兵近万人退守到伊犁南部的格登山，依山扎营，准备做最后的血战。达瓦齐的最后努力，却被二十五人轻松击溃。

五月二十三日夜，清军派出以阿玉锡为首的三名军官，带领二十二名准噶尔降兵前往格登山查探山路，以备天明时进攻。不想此二十五人自恃骁勇，乘着夜色直扑达瓦齐大营，纵横决荡，来回冲击。达瓦齐军就如同一个充满了气的气球，外表庞大，实质虚弱，被锋芒一刺，立刻泄气，全军不战自溃，彼此践踏。至黎明时，有七千人向此二十五人投降。达瓦齐带了二千人逃至天山南麓时，被维吾尔部擒住解到清军大营，随后被押送至北京。

阿玉锡本是准噶尔部的一名下级军官，以骁勇而闻名，犯了事要被处以砍去手臂的酷刑，就出逃了清廷。乾隆听说他有空手夺枪的骁勇，就将他调过来担任御前侍卫。此战中，阿玉锡随军出征伊犁，立下大功。战事平息后，阿玉锡备享殊荣，被乾隆命入京进觐，列入平定准噶尔五十功臣，悬画像于紫光阁，又由郎世宁绘《阿玉锡持矛荡寇图》，作为嘉奖。今伊犁昭苏县边界线格登山上仍矗立着乾隆亲自撰文的《平定准噶尔勒铭格登山之碑》，书写了阿玉锡等人的壮举。

此战中，清军意外地拿获了一个逃窜已久的敌人，这就是原和硕特部亲王罗布藏丹津。罗布藏丹津于雍正二年在青海发动叛乱，失败后逃往伊犁。为了追索他，雍正发动了远征准噶尔的战役，却未能将罗布藏丹津拿获。不想二十六年后，雍正的儿子乾隆，将这个宿敌擒住。

达瓦齐被解送北京后，得到乾隆特赦，被封为亲王，又择宗室女许配给他为妻，后终老于京师。罗布藏丹津也被乾隆免除死罪，并赏给房屋，授其二子为侍卫，也老死于北京。

过惯了草原快马飞鹰生活的达瓦齐，在京生活百无聊赖，每日无聊时，取乐的法子就是驱赶鹅鸭到池塘中。看着鹅鸭们在小小的池塘中扑腾，达瓦齐是否生出同样无奈之感？在军机处担任章京的赵翼近距离观察了达瓦齐，并记下了达瓦齐的外貌与性格，达瓦齐“体极肥，面大于盘，腰腹十围，膻气不可近”。这达瓦齐虽长得肥胖，体味浓烈，倒也乖巧。乾隆一次木兰行猎，下马时没有座椅，站着等候时，扈从的达瓦齐捧出一堆落叶，请乾隆上坐休息，“上大笑，赏银币以宠之。”

经过康熙、雍正、乾隆三代帝王持续不断的努力，天山南北终于被纳入了天朝版图。但故事并未终结。

达尔齐覆灭之后，最大的得益者乃是阿睦尔撒纳。阿睦尔撒纳进驻伊犁后，独断专行，私用噶尔丹策零小红钤记，不用清廷所颁给的副将军印。阿睦尔撒纳派出党羽到天山南北、青海各地活动，又与西藏喇嘛勾结，预备统一蒙古各部。

平心而论，乾隆对阿睦尔撒纳不可谓不厚，授其双亲王，这是前所未有的恩宠。得悉阿睦尔撒纳有叛意后，被伤透了心的乾隆暗中布置，欲将他擒来问罪。乾隆二十年七月，乾隆对军机大臣们道：“据前方班第多次密奏，阿睦尔撒纳负恩狂悖，须密行擒拿。”

至于如何擒拿，军机大臣们给出了意见，那就是屡试不爽的鸿门宴，请君入瓮。一方面，乾隆密旨在伊犁前方的班第，提防阿睦尔撒纳；另一方面，则派喀尔喀亲王喀琳沁多尔济去迎接阿睦尔撒纳前往热河朝觐乾隆。

八月十九日，行至乌隆古河时，阿睦尔撒纳借口去查看自己的游牧地，让喀尔喀亲王先行，自己则逃逸而去。

临行前阿睦尔撒纳道：“阿某非不臣，但中国寡信。今入其境，如驱牛羊入市，大丈夫当自立事业，安肯延颈待戮？”

此话自有一定道理，牛羊的命运是入市，而草原的雄鹰如何甘于寄人篱下？阿睦尔撒纳逃出后，他的部下随即在伊犁发动叛乱。此时清军主力已撤回，留在伊犁的五百人全部战死，守将班第自杀。忠于清廷的萨喇尔带兵突围途中也被擒住，送往伊犁囚禁。

清廷随即重新封了卫拉特四部，并调动军队入天山作战。乾隆二十一年，清军攻入伊犁。乾隆对准噶尔部叛而复降，降而复叛之举极为恼怒，令前线将领对准噶尔部“必应全行剿灭，不得更流余孽”。在清军入伊犁的战役中，对各地准噶尔部进行了血腥屠杀。遇到准噶尔部民众时，清军将壮丁赶出，全数斩杀，妇孺则运入内地赏军，多死于途中，“于是厄鲁特之种类尽矣”。

阿睦尔撒纳战败后逃至哈萨克，得到哈萨克玉兹汗阿布赉的保护，此后又在各地持续发动叛乱。对于抓捕阿睦尔撒纳，乾隆极其急切，但他也十分忧虑。乾隆二十一年八月，在给军机大臣的谕旨中，他指出，暂时不宜深入哈萨克。十月，在与军机大臣们会商之后，乾隆决定从前方清军中抽调精锐，“往袭阿布赉，使贼不得安宁”。命令虽下，但深入千里，追击一人，且要与哈萨克这样的强敌作战，前线将领对此阳奉阴违，一直拖到次年，仍然未能抓获阿睦尔撒纳。

乾隆二十二年（1757），清廷下定决心，务必要将阿睦尔撒纳擒拿归案，派出精锐在边界线上四处搜捕。清廷派出使者前往哈萨克，要求阿布赉将阿睦尔撒纳交出。顶不住天朝的压力，此年七月底，阿布赉准备擒住阿睦尔撒纳，交给清政府。不想事前收取马匹时被阿睦尔撒纳看出苗头，带领侍卫八人盗马夜奔而去。

对于阿睦尔撒纳来说，此时是山穷水尽，走投无路。但他却找到了一条生路，出逃前往俄国西伯利亚。阿睦尔撒纳逃至俄国后，得到俄方的庇护与优待，被藏在一个名为库杜斯克的酒厂中。阿睦尔撒纳以为有俄国的支持，旋会再起，不想在俄国患上了天花，在九月二十一日病死。

阿睦尔撒纳死后，俄方隐瞒了他的死讯，并拒绝了清廷的追索要求。后来无法掩盖阿睦尔撒纳逃俄的事实，又伪称阿睦尔撒纳在渡过额尔齐斯河时淹死。清军组织了大量人力在额尔齐斯河上打捞尸体，自然是一无所获。次年，在清国的强硬抗议下，俄国才将阿睦尔撒纳的尸体交出。

至此，曾经称雄于草原的准噶尔部最终衰落。“凡病死者十之三，逃入俄罗斯、哈萨克者十之三，为我兵杀者十之四，数千里内遂无一人。”

乾隆对准噶尔用兵，初意是以夷制夷，利用投诚的准噶尔人击败达瓦齐，再分封卫拉特四部，各自统治原先疆域，清廷对卫拉特四部则保持宗主的地位。不料阿睦尔撒纳叛变，在伊犁的班第等人自杀，使得乾隆决意全力用兵西域，将准噶尔部铲除殆尽。

准噶尔的败亡不是由于外部原因，而是内部的自相残杀所致。康熙、雍正两朝，以举国之力，远征准噶尔尚不能成功，最终维系了一个僵持局面。至乾隆年间，由阿睦尔撒纳掀起的持续内讧，耗尽了准噶尔部的精血，再加上各种瘟疫流行病，导致曾经称雄草原的这个马上民族的衰落。天山南北的广漠土地最终被纳入了清室版图，如乾隆所言“此诚上天将全部卫拉特赐我国家耳”。

当年准噶尔部为了控制西藏，进而与清廷争夺天下，先诱骗和硕特部拉藏汗之子噶尔丹丹衷来部落和亲，后又杀拉藏汗与噶尔丹丹衷，不想准噶尔部最终也亡于噶尔丹丹衷遗腹子阿睦尔撒纳手中，诚为历史的吊诡。后世人评论道：“准噶尔之平，实启自阿睦尔撒纳忽降忽叛，兵端由此起，即疆舆由此定。”

在平定准噶尔之战中，军机处起着至关重要的作用。自决定对准噶尔开战后，每日之中，军机大臣陪伴乾隆，随时提供参考依据，从军事后勤，到前方兵力调度驻防，再到已投诚的准噶尔民众如何处理，军机处为乾隆提供意见，在乾隆拍板之后又主持运作。但此战之中，军机处在出谋划策时也存在诸多错误，如进入伊犁之后，只留下五百人驻扎伊犁，又将卫拉特四部分封，导致阿睦尔撒纳反叛，不得不再次用兵，并耗费两年抓捕阿睦尔撒纳而不得。虽然如此，天山南北，终究被清国纳入版图，曾经的最大敌人准噶尔部不再。面对着扩张了的巨大版图，乾隆当感谢他的父亲雍正，给他留下了军机处这样的巨大遗产。

赵翼的军机章京岁月

乾嘉年间，赵翼与袁枚、蒋士铨并称“江右三大家”，著作等身，被视为乾嘉年间的学术泰斗。但赵翼早年并不是很如意，屡次科举不第，只是在入军机处做了章京之后，被傅恒、刘统勋等军机大臣欣赏提拔，最后科举高中探花，得入翰林院，被当时读书人所羡慕。赵翼成名之前经历过多年的艰难岁月，而在军机处的历练，则是他人生中的最重要财富。

赵翼出生在常州府阳湖县（今属武进）。赵家祖上也曾荣耀过，算起来与宋王室还有点血缘关系，在明代也曾出过达官贵人。沧海桑田，世事巨变，至清代，赵家已开始没落。赵翼的祖父在阳湖县城谋生艰难，迫不得已，搬到阳湖乡下以农耕为生。赵翼的父亲终生也不过是名乡下穷塾师，勉强糊口。雍正五年，赵翼出生。父亲给他取名为翼，期盼着他能展翅高飞。

在贫困的生活之中，在父亲的期盼之下，赵翼发奋苦读，期待着能经科举而改变自己的命运，改变家人的命运。但厄运却在他十五岁时来临，此年父亲突然去世，留下了未嫁的姐姐和三个年幼的弟弟。为了维持家用，年轻的赵翼顶替父亲，做起了私塾先生。

穷困交迫的赵翼，成年后连老婆也娶不起，在科举上也没有什么进展，至南京参加乡试榜上无名。乾隆十四年（1749），二十三岁的赵翼北上京师，在刑部尚书刘统勋家做幕僚，闲暇时继续准备科举。

刘统勋出自山东诸城刘氏。从清顺治年间到嘉庆年间的一百八十余年中，诸城刘氏出了十一名进士、三十五名举人，考取功名者一百九十八人，出任各级官吏者百余人。刘家声势显赫，权倾一时，但刘统勋为人谦恭，对后进新人也会加以照顾。

刘统勋每次在家吃饭时都要喊上赵翼，并让儿子刘墉作陪。刘墉此时虽然未有功名，但以书法而驰名，赵翼模仿刘墉的字体，连刘统勋也不能辨别。后来赵翼回忆这段日子时，作诗云："我昔客公家，每饭共素几。得习闻绪言，披割无城垒。"

饱读诗书，文采沛然的赵翼，自然不愿意一辈子做幕僚。次年，赵翼两次冒充北方人参加科举。一口吴侬软语的他操起北方方言来，何其难也。两次冒籍科考虽告失败，赵翼却意外地得到了顺天府主考官汪由敦的赏识。汪由敦是当世大儒，为人宽厚，乐于提拔后进，就让赵翼寄居家中做塾师，得以广泛阅读汪由敦的藏书。

几番沉沦，科举场上多次失落，看着亲朋故交们一个个金榜题名，赵翼内心无比煎熬。他知道做塾师不是长久之计，遂决定改行他策，报考内阁中书，结果以第九名被录取。内阁中书是个清淡差事，没有多少实惠，对生活也无大的改善，但赵翼已没有选择。

乾隆二十年（1755），赵翼补授内阁中书。内阁中书是个最不起眼的小官，官衔为从七品，负责缮写、撰拟等文书事务。虽然贫寒，但内阁中书也被准许佩戴朝珠，这对赵翼来说是个心灵安慰了。此外，在内阁中书任上达到一定年限，经过选拔，可以转任军机章京。

在内阁中书任上一年，赵翼即被选为军机章京。赵翼能脱颖而出，被选入军机处与他的才华相关。在军机处举办的选拔考试中，贫困不堪的赵翼衣冠不整，又不熟京师官话，土包子形象一出场就引起了主考官们哄堂大笑。不想考试时，赵翼文章超群，首席军机大臣傅恒对他青睐有加，当场拍板录用了他。

军机处设立之时并无军机章京。随着事务的增多，张廷玉与鄂尔泰在军机处办事时，开始携带得力助手来帮忙处理文书。雍正十年，张廷玉带内阁中书四人，鄂尔泰带内阁中书二人，帮助处理缮写等事宜。此时章京由军机大臣自己携带。随着事务的增多，军机章京也开始增多，并从内阁中书、笔帖式中挑选精干可靠人选作为章京。

“军机章京”亦称“小军机”或“司员”，他们虽不似军机大臣那样声名显赫，标榜于史册。但他们在当时职责重大，担任撰写谕旨，整理政令、档案工作，并因其职位之重要，而在官场中获得更多的升迁机会。据邓之诚统计，清代由汉军机章京升为军机大臣者有三十三名之多。又据刘绍春统计，嘉庆朝以前入值的二百七十五名满章京中，升为从二品以上官员者有七十五名，占百分之二十七。嘉庆朝以前入值的汉章京有二百一十五名，官至二品以上者五十三名，占百分之二十五。

虽然位微，军机章京也有着许多一般官员所没有的荣耀。七品的军机章京可以带朝珠、红帽罩，穿貂褂。带朝珠是军机章京所享有的特权，自雍正七年军机处创设起，就得享此殊荣。而依照礼制，只有五品以上文官才可以挂朝珠。乾隆三十五年，军机章京准戴全红帽罩，准用红雨帽，这是三品以上大员的待遇。乾隆三十七年，又准章京穿貂褂。而依照规例，只有三品以上大员才可穿貂褂。

寒冬时分，章京们可以在衣服里穿被称为“军机坎”的衣服。“军机坎”衣襟开在右侧，衣长只及腰部，衣袖与肘部齐平。因为军机处上班，常早出晚归，夜间寒气逼人，故而章京们穿这种马褂御寒。军机章京每日里要做文书工作，所以马褂的袖口与肘部齐平，即使穿在补服里面也丝毫不妨碍写字。渐渐地这种衣服也开始流行到军机处外面，并从内穿改为外穿，成为风靡一时的马褂。

和军机大臣一样，军机章京也分满汉。五间值班房，两间为汉官，两间为满官，中间则为仆役纸匠。仆役所用为方桌，军机章京所用为长方小桌，沿窗排列，桌面皆粘蓝布，晚上点白蜡烛照明。值班房内陈设极为简单，只有桌子、椅子、炕及纸笔、砚台等物。

军机章京需要轮流值班，是为“上班”。上“班”的时间是早上八点到下午三点，共八个小时。军机处白天有十几个章京办公，晚上轮流安排人值夜班到凌晨四点。由于五更上朝，此前会有大量奏折递到军机处，早上也比较繁忙，排了两人值早班，大致从凌晨四点值到七点，每班两天。

军机章京中资格较老的称为“老班公”，资格较浅者称“小班公”。老班公执掌拟定谕旨事务，小班公则负责“随手档”事务。随手档者，每日依照时间地点，扼要登记皇帝谕旨与大臣奏折，使前后经过一目了然。至春节值班，无事时则在当日“随手档”上书“太平无事”。有事则书“太平有象”，遇到皇帝万寿节则书“万寿无疆”。

本来拟定谕旨是军机大臣的任务。军机处初创时，皇帝只召见首席军机大臣，当面传达意思，再由首席军机大臣拟定谕旨。

雍正朝时，张廷玉担任了五年首席军机大臣，他精通满汉文，记忆力又好，拟定谕旨一气呵成，毫不吃力。到了乾隆朝，由讷亲担任首席军机大臣。讷亲没有张廷玉那样的文学能力，但记忆力超强，每次乾隆单独召见后，均能将意思复述。讷亲转述意思给其他军机大臣之后，再由汪由敦来拟旨。对这个吃力不讨好的活儿，汪由敦叫苦不迭，但又不好推却。

讷亲被杀后，傅恒任首席军机大臣，他的记忆力没有讷亲好，乾隆单独接见时，有些话记不住。傅恒感到头痛，就请乾隆接见所有军机大臣，大家一起来记，但仍由汪由敦拟旨。汪由敦为了偷懒，也为了避免自己专擅的嫌疑，就将拟旨的活儿转给了军机章京。此后拟定谕旨遂成了军机章京的任务，而帮汪由敦拟谕旨的，自然是他的得意门生赵翼了。

将草拟谕旨的工作转给军机章京也是军机处发展成熟的一个标志。军机大臣每日例行公事，是协助皇帝处理军国大事。如果军机大臣每天都要忙于处理技术性的文书工作，必然会削弱其事务工作上的效率。将草拟谕旨的工作转给军机章京，一方面，既有助于提高军机章京们的积极性，给他们发挥才华的机会，以向皇帝、向军机大臣们证明自己的才能。另一方面，也有利军机大臣专一于军政事务，提高军机处的工作效能与质量。就皇帝而言，也乐于看到军机章京们起草谕旨，这样可以分权，避免军机大臣大权独揽的现象出现。

当军机大臣被皇帝召见，回到军机处后，将此次召见的主要内容向章京们转达，这就是“述旨”。然后章京们开始“批拟”，即拟定谕旨。一般情况下，军机大臣要根据皇帝口述的意思，于晚上将谕旨拟定，第二天进呈。一些军机章京由于善于缮写谕旨而飞黄腾达。如军机章京申甫，所起草的谕旨都能切中乾隆的意思，且明白流畅，洞彻机要，后来升任二品大员。军机章京孙永清，拟定谕旨，一气呵成，被刘统勋、于敏中等人所看重，后来也做到了广西巡抚。

由于对西南大小金川，西北准噶尔的频繁用兵，奏折如雪片般飞来，开始要求随时拟定述旨。要求虽高，但赵翼从事文字工作多年，做起文书工作来轻车熟路。对西北用兵的谕旨及军需事件，均由赵翼处理，片刻之间即成文章，均切中圣意。

作为一种荣耀，皇帝出行时，特意选择办事出色的军机章京随同扈从。在军机处章京任上时，赵翼三度扈从去木兰围场行猎。

木兰围场位于承德避暑山庄以北二百里，此处风景秀美，水草茂盛，鸟兽极多。康熙年间，蒙古翁牛特部特意将这块猎场献出。康熙重视武功，通过木兰行猎，可以锻炼八旗兵丁，并示不忘祖先的马上骑射功夫。雍正是个宅男，在位十三年，一次也没有木兰秋狝，借口自己“恶杀生”。乾隆深受祖父康熙影响，性喜游猎，自然要去木兰围场。乾隆先后木兰秋狝三十九次，在木兰围场一般要二十天，多则一个月。

离开京师这么长的时间，国政却不可荒废，自然要携带军机大臣与军机章京们同行。在行猎过程中，乾隆时常对军机大臣口述旨意。军机大臣转达后，赵翼就要立刻下马“批拟”，随后快马飞送至皇帝休憩之处进奏。在夜间则用铁丝灯笼做烛台照明，不小心打翻蜡烛时，常弄得一身蜡烛油。后来乾隆南巡，赵翼至宿迁迎接时，见行宫的军机房窗明几净，华裀绣毯，军机章京们安然稳坐，顾盼自雄，不觉怅然若失。

就在第三次木兰围场回来后，赵翼遭遇到了双重打击，一方面，他的妻子突然去世，另一方面，他被人构陷。

军机章京中有红黑章京之分，红章京则是其中得意者，当时有诗云：“流水是车龙是马，主人如虎仆如狐。昂然直到军机处，笑问中堂到也无。”

黑章京则是官运不通者，也有诗云：“篾篓作车驴作马，主人如鼠仆如猪。悄然溜到军机处，低问中堂到也无。”赵翼初期自然是黑章京。

赵翼的出色才能，让傅恒极为满意，想将他提拔为部曹，但赵翼之意不在部曹，而在翰林。赵翼知道自己无法应对官场的险恶，相对清闲的翰林院则更适合自己，就婉言加以谢绝。从傅恒身上，赵翼也学到了许多。傅恒虽然文采一般，但对公文何处有错，如何改定，立刻就能指出。赵翼很是惊讶，向傅恒讨教经验。傅恒笑道：“无他，但办事熟耳！”

赵翼在军机处上班时，穷困潦倒，一顶貂皮帽戴了三年，毛皆卷如刺猬。一日早晨，傅恒跑到军机章京值班房前，将赵翼喊出，从怀里摸出五十金，对赵翼道：“你买个新帽子过年吧。”

此时适逢年末，赵翼正缺钱用，就将这笔钱拿来置办年货了。次日再入军机处时，依然旧帽。傅恒看了一笑，也不再多言。

由于傅恒、汪由敦对赵翼特别看重，引起了一些人的嫉妒。在军机处开始有流言蜚语，指责他狂妄自大，不适合在军机处供职。军机处涉及的都是军国要务，特别注意保密，军机章京与各部京官极少往来。刚入军机处时，赵翼就看到一个前辈在军机处值班房前正襟危坐，训斥一名立在台阶下的部官："此机密地，非公等所宜至也。"同僚中有偶与各部官员见面时聊天者，也被训斥。

听到各种关于赵翼的流言，傅恒也很无奈，遂在乾隆二十四年让赵翼离开军机处，转入内阁供职。从军机处转出来后，赵翼继续在内阁做中书。不想过了一段日子之后，又被重新调回军机处。自从赵翼被调走后，在陪同乾隆木兰行猎时，军机章京草拟的文稿错误百出，于是傅恒名正言顺地将赵翼调回军机处帮忙。

乾隆二十六年，赵翼决定一试身手，参加科考考试。但此时参加科举却时机不对。历年科举考试中，军机章京考中的较多。去年科考的状元毕沅、榜眼诸桐屿，都是军机章京，以致当时有"历科鼎甲皆为军机处所占"之说。就在会试之前，在军机处供职的某御史因为泄密被逮捕，军机大臣及军机章京成为众矢之的。作为军机章京的赵翼如果再高中，会让军机大臣们遭受舆论的压力。傅恒私下告诉赵翼，不要指望在这一科的殿试中能取得状元。

担任阅卷官的刘统勋、刘纶都是军机大臣，且和赵翼关系密切，两人知道赵翼在文学上的能耐，但此时他们也只能避嫌，压低赵翼的名次，缓解军机处的压力。对此赵翼也有所准备，知道两人熟悉自己的字体，就在答卷时改了字体，果然瞒过了二人。卷子改出来后，前十名的试卷要被选出来递交给乾隆御览。刘纶忧虑赵翼进入一甲（前三名）会让外界非议，就再次翻阅试卷。试卷名字都被密封，刘纶也没法判断哪张卷子是赵翼的。

刘纶看来看去，怀疑第一名的试卷是赵翼的，就将试卷拿给刘统勋复查。刘统勋一看大笑道："赵翼的字迹就是烧成灰我也认识，这个卷子肯定不是他的。"这其中还有个典故，当年赵翼初入京师时，曾在刘统勋家住了一段日子，模仿他儿子刘墉的书法，练就了一手"石庵体"小楷。入军机处后，赵翼仍然使用"石庵体"，刘统勋对此赵翼的字体是再熟悉不过了。刘统勋这么一说，刘纶也就放心进呈了。

卷子拆开后，由乾隆来做最终判定。乾隆见第一名是江南赵翼，第二名是浙江胡高望，第三名是陕西王杰，第一名、第二名又是军机章京。

乾隆就召阅卷大臣过来问："本朝陕西有没有状元？"

大臣对道："本朝陕西未出过状元。"

乾隆遂将王杰的试卷与赵翼对调，让王杰做了状元，赵翼做了探花。

成绩公布的当日，一甲三人照例要出来跪谢，乾隆在龙椅上看见赵翼挂着朝珠，就问傅恒这是谁。

傅恒道："军机章京，例带数珠。"又介绍道："以前汪由敦应奉文字，皆其所拟。"

乾隆听了颔首不语。

次日乾隆在朝廷上对众大臣解释："赵翼的文章自然是好，但江浙多状元，不足为奇，本朝陕西还没有出过状元。最近在西北边陲取得战绩，给王杰第一名也不为过。"

这样，赵翼的第一名就飞掉了。实际上，乾隆取王杰为第一还有其他因素。王杰是陕西韩城人，曾在两江总督身边做过幕僚，时常撰写奏折，字体为乾隆所熟悉。这次乾隆看到卷子上字体熟悉，就仔细询问了王杰情况，知道王杰各方面都很出色后，遂给了他第一。到接见时，乾隆见王杰风度翩翩，更加喜欢了。赵翼虽然文章写的好，但乾隆说他面相苦没福气，所以赵翼一辈子没飞黄腾达，而王杰则位极人臣。

军机章京之所以在科举考试中屡屡高中，实因军机处所处理事务关系时政。在八股考试之中，经过军机处浸染多年，通达政事，熟谙公文，又具文采的军机章京们自然容易高中。此外，因军机章京长期在中枢，贴近皇室，升迁的机会也更多。

在科举场上拼搏了十年，六次参加会试之后，赵翼终于扬眉吐气。此后，他从军机处离职，进入翰林院担任编修。翰林院是个清净之地，虽然俸禄较低，但终于圆了赵翼的梦想。因为在军机处多年，处理准噶尔战事的公文较多。在翰林院，赵翼担任编撰《平定准噶尔方略》的工作。翰林院任职三年后，赵翼被考核为一等。傅恒屡次在乾隆面前推荐赵翼，但乾隆认为赵翼没有福相，一直未加以重用。

至乾隆三十一年，赵翼突然被任命为广西镇安府知府，这让赵翼措手不及。在翰林院虽然薪俸较低，但赵翼满足于编修史籍的工作，猛地换到一个不熟悉的环境中去，一时难以接受。在乾隆接见时，赵翼表示自己“吏治未娴”，不适合做外官。乾隆却认为读书人没有不能办事的，且赵翼在军机处磨练多年，颇能任事，做外官毫无问题。既然皇帝这样说了，赵翼没有别的选择，只能前往广西上任。

首席军机大臣傅恒征缅

却说赵翼到了广西，担任镇安府知府。镇安地处边陲，与安南接壤，赵翼到任后，安抚地方，与民休息，备受民众好评。远离京城，在风景秀美的镇安，赵翼过得倒也快乐。然而好景不长，乾隆三十三年，赵翼突然被命随军远征缅甸。

征缅之战，起因复杂。清乾隆年间，缅甸国王甕藉牙完成了缅甸的统一，但在中缅之间，却未划定明确的边境线。缅甸境内有中国册封的土司，以中国为宗主国，在各自统治区内拥兵自重，彼此混战。

有一位叫作宫里雁的土司，在乾隆二十七年战败后率众投奔中国，寄住在孟连地方。云贵总督吴达善知道宫里雁有个七宝鞍，乃是南明王室逃亡缅甸时遗下的宝贝，就向宫里雁索取。宫里雁认为这是祖宗传下的宝物，不肯让出，遂招致吴达善痛恨。

孟连土司刀派春，乘宫里雁前往永昌之机，向宫里雁的老婆囊占强索童女，以贿赂吴达善。囊占却不是省油的灯，表面上答应了，却在夜间纠集了一帮人马，将刀派春全家三十余人杀光，随后携众逃回缅甸。囊占逃掉了，老公宫里雁却在永昌被抓捕送到省城，对他怀恨在心的吴达善遂以“扰乱边境”罪将他杀掉。

杀掉宫里雁后，吴达善又以在华胡乱杀人为由，向缅甸索要攮占。不想攮占得知老公被杀后，就改嫁给了缅甸新国王莽纪觉的弟弟懵驳（Muedu），“故缅人以为有心羞指其淫行，益加忿恨。”到了乾隆三十年，莽纪觉病死，懵驳接位，自称“白象王”。懵驳是兄弟六人中最雄才大略者，尤精于军事。其父瓮藉牙在世时，就随父东征西讨，无战不从。有贵州兵杨清等人被缅甸俘获，后逃回中国。在缅甸时，杨清等人见过懵驳，称其：“穿白衣，头缠白布，年纪三十开外，面貌黑瘦。”

在攮占怂恿下，懵驳多次兴兵，攻陷云南多地。

此时吴达善已经调任川陕，新任云贵总督刘藻学问做得好，为官也清廉。有人送了糟鱼给他，刘藻发现鱼腹内藏有白银，就退还了白银。乾隆得知后大为嘉许，称：“如此无愧四知（天知、神知、你知、我知）。”但不是所有读书人都是诸葛亮，刘藻这个老儒根本不会打仗，连吃败仗后被降职，惊惧之下用剑抹了脖子。书生杀敌没本事，自杀也不行，刘藻拿了把裁纸刀抹脖子没成功，在床上躺了七天才死掉。

随后乾隆又以杨应琚为云贵总督。杨应琚年近七旬，老迈昏庸，在前线屡吃败仗，却谎报军情，连称告捷。被乾隆训斥后，杨应琚又出昏招，竟邀请暹罗一起出兵夹攻缅甸，被解职押回承德避暑山庄赐自尽。

接下来出马的大臣是明瑞。明瑞在对准噶尔的战事中立下大功，担任首任伊犁将军。此次乾隆将他从伊犁召回，经略征缅战事。明瑞到任后，亲自领兵深入缅甸境内作战。战争初期进展顺利，明瑞接连取胜，攻克要地木邦（今缅甸掸邦北部）。此时众将认为军器粮食不足，不宜深入，应乘胜撤兵。但明瑞负气，不听劝告，坚持深入缅甸作战。

由于援军未至，后方木邦又被缅军攻陷，乾隆三十三年春，清军在缅甸境内猛育地方陷入重重包围。缅兵占据四处山口，扎下营盘三十余座，将清军团团包围。大山之中，苍翠欲滴，可处处隐藏的都是杀机。清军一路苦战，此时弹尽粮绝，军中多是伤病士兵，有战斗力的士兵不过五千人。

面对此等被动局面，明瑞也很无奈。在清军的高级将领中，他以智勇谋略而闻名，在西域最为艰难的黑水河之战中，面对几倍于己之敌，他孤军鏖战，仍能杀出重围。可在缅甸的无边大山之中，他这样的飞鹰，最终也要折翼。万余八旗精锐，在无声无息的瘴气之中倒毙大半。而让明瑞惊讶的是，缅甸这种偏僻的番邦，已开始使用高质量的燧发火枪，而前线的清军，则被铅弹不适合膛口，火绳受潮无法使用所困。这种被称为自来火的火枪，射程更远，精确度更高，装弹更快。

被围困在猛育多日之后，明瑞决定放手一搏，拼死突围，军中马骡被斩杀，分给士兵作为三天口粮，并约定于二月十一日全军向缅军发起冲锋。

二月十一日，清军全军出击，准备突出包围，冲向宛顶。宛顶距离猛育二百里，另一路清军在攻打老官屯不成后退至此处，可以作为接应。对于清军的最后拼搏，缅军早已做好准备，一时间弹飞如雨，清军将士战死者不计其数。领队大臣扎尔丰阿中枪死，所统领的侍卫也溃散。另一名领队大臣观音宝，突围时连连发箭，每击必中，最后手中只剩下一根箭，遂策马冲向草丛，以镞刺喉死。

激战之中，明瑞右臂、胸部被鸟枪击中。明瑞自知突围无望，将发辫割下交给仆人双喜带回给乾隆，自已则自缢身亡。明瑞死后，双喜将尸体掩埋并做好记号。战至夜间，浓雾四起，不变方向，清军乘机各自逃散。军机章京傅显、冯光熊等人，在乱兵之中也狼狈逃到宛顶。

明瑞此战大败，主要是低估了缅军的战斗力。出兵时，明瑞以缅甸首都阿瓦（位于今缅甸曼德勒省）为目标，兵分两路前进，但额勒登额所统领的一路军队，行至老官屯便被缅军牵制住，不得已之下，只好退回境内，剩下明瑞孤军深入。明瑞一路进军，在战略要地木邦又分去四千人。缅甸军队抓住机会，突袭木邦，截断明瑞后方补给线。

明瑞此次所带领兵丁多系八旗精锐，战斗力较强。但缅甸兵丁熟悉地形气候，每战必占据有利地形。待清军爬山精疲力竭之后，缅兵早已经做好准备施放枪炮。作战时，缅兵均轻装上阵，身后有背夫携带米粮弹药支援，行走更为便捷。虽然清军士兵对弓箭的娴熟运用，给缅兵留下深刻印象。但此时缅甸军中已经装备了来自西方的“自来火”，即燧发枪，也有来自西方的犀利火炮。

明瑞自缢前，曾十四次催促在宛顶的额勒登额来救，虽然额勒登额距离猛育不过一日路程，却按兵不动，战后被乾隆下令凌迟处死。

就缅甸方面而言，此战取胜之后，希望与清廷罢战议和。缅甸释放了八名被俘的清军，让带信给乾隆，请罢兵议和。但缅甸口气也很强硬，认为罢兵议和有利于两国，若是清廷不肯，缅甸也不怕。同时缅甸也提出，要将波龙、卡瓦等已归附于清廷的土地及人口，归还给缅甸。在军机处翻译的缅甸来信中，缅方甚至称：“若留在你们地方，于理上不应该，恐怕后来要带兵来要这些人，你们天朝大皇帝又要见怪了。”

这些信将乾隆气得七窍生烟，大骂道：“不知天高地厚，肆口妄言，竟与犬吠无异。”而明瑞的死则让乾隆决定不惜一切代价为他复仇。乾隆三十三年，乾隆以傅恒为经略，阿桂、阿里衮为副将军，舒赫德为参赞，开始了第四次远征缅甸。傅恒、明瑞都出自满洲望族富察氏，明瑞还是傅恒的侄子。

阿里衮时任军机大臣，曾参加过西北对准噶尔的战役。舒赫德以足智多谋，冷静果敢而闻名，从军机章京做到军机大臣。此外还有海兰察、额森特、普尔普、哈国兴等勇将。在尽出名臣勇将的同时，对此次攻打缅甸，在兵力、后勤上乾隆也做了充分准备，从全国各地调集精锐兵丁约四万余人，又征调马骡六万多匹。同时筹集了八百五十万两白银，作为此次战事的经费。因为缅甸多瘴气，清廷还特意破例，在广东主动去找西洋商人，大批采购能治疗瘴气的药物阿魏（产自印度、阿富汗，又名兴渠，能治疟疾，痢疾，并杀虫）。

阿里衮、舒赫德先行前往云南，阿桂则随后出发。阿桂是满洲正黄旗，曾在西北参与战事多年，经验丰富，在担任伊犁将军时功绩显赫，一直被乾隆看重，此次也被调来参与对缅甸战事。来北京觐见时，当着乾隆与众军机大臣的面，阿桂夸下海口，必将征服缅甸。到了十一月份，在出发前往云南的途中，阿桂碰到阿里衮从云南押交北京的三名缅甸间谍。阿桂随即奏请乾隆，请将三人在北京审讯后再行释放。

乾隆看到奏折后大为震怒，因为此前舒赫德因向乾隆提出与缅甸议和而被免职。而舒赫德在京时，也曾向乾隆立下军令状，绝不会与缅甸议和。不想舒赫德到了前线后，发现征缅战役实在困难，因此改变主意，力主招降。

舒赫德的意见，在乾隆看来是“可鄙可笑”。召见军机大臣时，乾隆大骂舒赫德：“无耻，大出意料之外。”乾隆又将舒赫德的招降意见讲给军机大臣们听，众人只能附和乾隆，“无不以为怪诞”。舒赫德随后被革除职务，交部严处。

此时阿桂一说要将三人释放，在乾隆看来是要步舒赫德的后尘，故而严厉训斥：“若似此示怯，贼匪将更骄蹇”，“朕甚为愤懑。阿桂着严行申饬”。

阿桂到了前方之后，发现实际情况更为艰难。缅甸水土潮湿，瘴气弥漫，易发疟疾、痢疾等疾病，官兵感染疾病者甚多。而缅甸地势异常险峻，粮草补给困难。虽然征集了大批马骡，但在险峻之地行走数月之后，马匹大半疲惫无用。运输粮草的民夫需求数日益增多，而在此偏僻之地，根本无法征募民夫。

故而阿桂、阿里衮在前方按兵不动，待做好准备充分再行动。二人按兵不动，让乾隆震怒，以为二人胆怯不敢用兵。在谕旨中，乾隆大骂：“如若退缩株守，稽延时日。朕到时将另行派大员剿办，伊等能不厚颜耶？”由此可见，乾隆是铁了心要灭掉缅甸。

在永昌前方，赵翼遇到了军机处的前辈阿桂、阿里衮。二人也知道赵翼的才华，将所有公文笔墨事宜，一律交由赵翼处置。而赵翼对于前方战事的看法，往往与阿桂相合，二人同是军机章京出身，在前方结下了深厚的友谊。每当阿桂、阿里衮出战时，则由赵翼“守大营，护将印”，主持一切事务。

乾隆三十四年二月末，首席军机大臣傅恒带着满蒙精兵一万三千六百人从北京出发，于四月抵达永昌。阿里衮、阿桂、赵翼等前去迎接。傅恒这个宽厚老上司的到来，让赵翼无比高兴。他以为傅恒的到来，必然能早日平定缅甸，但后来军情的发展，却非如此。

傅恒到达后，前方将领主张暂时休整军队，待天气好转后再进军缅甸。但傅恒认为如果坐守，既耗费军饷，也让大军耗尽锐气，不若乘军队初到之际，用其锐气进军。经过激烈争论，最终议定在七月出兵，分两路深入缅甸作战。

此次用兵，主力由傅恒率领，深入缅甸境内，攻取缅甸重镇猛拱、猛养，直指缅甸首都阿瓦。另一路则由阿桂带领，从水路顺流而下，在缅甸水陆交错要地老官屯与缅甸军队对峙，吸引并牵制缅甸军队主力。

对于清军的再次来袭，缅甸也做了充分准备。为了与清军作战到底，缅王下令地方上土司统一到阿瓦吃咒水发誓，将死战到底，决不投降清朝。

阿桂、阿里衮于八月抵达缅甸境内蛮暮地方。此时缅甸境内大雨连绵，运输困难，军中几近断粮。阿桂在此地全力造船，并等待后方粮草，而不急于对老官屯发起进攻。

在京师的乾隆根本不解前方将士的艰难，看到阿桂的奏报后又是一通大骂：“后方运了一万石粮食，不可谓不多。如果没有粮可以就地采购，怎么能专门依靠内地运输呢？傅恒出战只带了一个月的粮出征，一路上也没有依赖内地供给，而是就地采购，军粮供给充裕。阿桂一味观望，不知是何等肺肠。”

然而，在前方的傅恒，并没有乾隆所想象的那么轻松。傅恒深刻地了解乾隆的个性，就是有天大的困难，他也不敢和乾隆说，唯恐败了乾隆的求胜的兴致。

傅恒进军之后，一路进军顺利。缅甸的战略是，主动放弃猛拱、猛养等地，引诱清军深入，同时集中兵力在战略要地老官屯（今缅甸八莫，位于克钦邦），阻止阿桂前进。

傅恒率领主力入缅之后，虽然未有大战，但携带的一个月口粮很快耗尽，士兵饥饿枵腹，再加上长期露宿于潮湿之地，军中疾病多发，全军损失惨重，疲惫不堪，毫无战力。鉴于此种窘境，傅恒只好转而前往蛮暮，与阿桂军会合。经过长途跋涉，傅恒所率领的精锐，除了分兵留守猛拱、猛养之外，最后只剩下两千人。一路上未经一战，未遇一兵，却损兵折将，傅恒名声大损，“因羞愧得病”。

十月初一，傅恒与阿桂会师后，决定对老官屯发起攻击。但此时前线主将傅恒、第一副将阿里衮，均身患重病，由阿桂主持进攻。

十月二十日，双方在水陆两路进行了第一次交战，清军取胜。取胜之后，阿桂等将领建议乘胜收兵，但阿里衮认为一定要对老官屯发起进攻，才对得起乾隆。老官屯缅军要塞防守严密，缅军以巨木围成栅栏，木头均深埋入土，遇树则横贯以为柱。栅栏之外再挖三道壕沟，沟中密布木签。清军发起攻势之后，双方交战激烈。

清军先以大炮轰击木栅栏，但木栅栏被轰击折断处，缅甸军随时修补。为了攻破木栅栏，清军又从山中寻到数百丈长的老藤，系铁钩于树藤前端，征募死士，于夜间钩住栅栏上的巨木。至天明时，清军以三千人一起奋力拖曳老藤，预备扯破木栅栏。缅军发现之后，拼死冲出，将老藤斩断。清军又制作了百余面档牌，由两人抬着一面挡牌在前行走，十几人持火把木材跟在后面，预备火攻。出击时百余面挡牌并举，如同移动的长墙，行至壕沟处，拔去竹签，越过壕沟。冲到木栅栏下，放火时突然风势掉转，反而火烧清军，此计失败退回。此后清军又挖掘地道，埋设炸药，想突破木栅栏，也告失败。

战事处于僵持状态，而清军的处境此时越发危险。由于水土不服，清军军中患病者日众，先后病死者有副将军阿里衮、水师提督叶相德、副都御史傅显、总兵吴士胜等，战死的将领更多。阿里衮临死前犹在策划战事，赵翼后来诗云："可怜病到三遗矢，犹自身冲百战场。"军中主将傅恒则"腹泻日甚"，根本无力处理军务。在攻打缅军巨木栅栏时，清军死伤甚众，军心动摇，更为严重的问题则是补给困难，缅甸军队也开始逐渐将清军包围。在此种情况下，如果继续坚持攻打老官屯，根本无法取胜，反有全军覆灭的危险。

在清军陷入困境时，缅甸统帅诺尔塔突然给了清军一条生路，决定停战议和。在缅甸高级将领会议上，所有将领都反对与清军议和，认为清军已陷入包围，"有如栅栏中的牛羊"，只是等着宰杀而已。但诺尔塔认为，中国地大物博，国力强盛，人口众多，此次击败了清军，恐怕将会彻底刺激乾隆，引来新一轮更大规模的入侵。诺尔塔认为，虽然前线清军伤亡的数字高于缅军，但从两国的人口比例来看，这点伤亡对清廷来说完全无足轻重，对缅甸来说则已是难以承受的巨大伤亡。故而力排众议，决定停战议和。

对傅恒来说，这不啻天赐良机，这与当年在大金川他处于困境时，金川土司主动提出议和一般，可以体面收兵。但傅恒这次却拒绝了缅甸的和议，他明白，乾隆的面子必须维护，而和议则万万不可。宠臣明瑞的死，三次征缅战役的失败，已让乾隆的面子扫地，只有灭掉缅甸，方能挽回他的尊严。

如果傅恒与缅甸达成和议，班师回朝，表面上乾隆可能会接受这场虚假的胜利，但对傅恒的不满一定会爆发，一切的荣华富贵、曾经的无比信任都会灰飞烟灭。权衡再三，傅恒的选择是继续作战。

清军此时已处于无可挽回的困境之中，然而首席军机大臣、前线最高指挥官傅恒却仍然主战。阿桂站了出来，坚决主张和议，他认为："气候恶劣，人多疾病，势难再进，不如就缅军现在请求，允其撤兵。"但傅恒拒绝了阿桂的建议。

换了一般人，也许早就退缩放弃了，他傅恒是首席军机大臣，姐姐是皇后，儿子是乾隆的女婿，在前线只要他说战，就得战。阿桂没有退缩，他再次站出来，说动所有的领队大臣、提督、总兵，联合签名，请傅恒就势撤兵。不知道阿桂是何等的勇气，他的行为，在某种程度上可以视作反叛，但所有的将领联合起来签名支持他，这清楚地说明了清军的困境。

除了傅恒，在前方的将士，没有一个人再想打下去了，因为这是场不可能取胜的战争。

傅恒无奈，遂命阿桂处理一切。阿桂在十一月十四日与缅军谈判，达成和议，缅甸承诺送回被俘清军，十年朝贡一次，清廷则开关互市。和议签订后，阿桂迅速撤兵，逃脱了全军覆没的危险。

果然，乾隆得知阿桂签署和议后大怒，认为如此迁就缅甸，后患无穷。但前线的撤兵已成为既成事实，缅甸也在表面上顺从清廷，将纳贡称臣，乾隆只好咽下了这口恶气。在谕旨中，乾隆还腆着脸，自我解释道，因为缅甸已认罪输诚，对其求和的请求，"姑从所请"。凭借着强大的国力，乾隆征服了强悍的准噶尔，骁勇的大小金川，然而四次出征缅甸，虽损兵折将，耗费无数，却不能将它征服，不能将酋首押到午门献俘。乾隆心中始终有股怨气，这股怨气，对宠臣傅恒没法发泄，就转而发到力主和议的阿桂头上。

乾隆三十五年，阿桂被革职留任，"办副将军事"，不久又免去阿桂两个儿子御前侍卫的职务。次年，因为阿桂反对乾隆再次出兵攻缅，免去其副将军职，作为普通士兵效力赎罪，两个儿子被发配边疆。与傅恒相比，阿桂少了份市侩，少了份精明，多了份赤诚，这诚然是将士之福。

此次征缅之战，对乾隆来说，不单单扫了他的面子，更让他最宠爱的臣子送了命。乾隆三十五年三月，乾隆驻跸天津行宫。刚从云南撤兵还京的傅恒前往拜见，此时傅恒已病入沉疴，乾隆见他面黄肌瘦，“形神顿异”，也不忍追究他撤兵之罪，命他安心调养。七月，傅恒病逝。

傅恒临终前，乾隆“每朝夕遣使存问，赐以内膳羹糜，俾佐颐养，复间数日亲临视疾，见其有增无减，轸念弥殷”。傅恒病逝后，乾隆“震悼”，亲到傅府中祭奠。乾隆也知道是入缅之战让傅恒早死，作诗云：“千载不磨入南恨，半途乃夺济川材。”

傅恒早逝后，乾隆对他的后人寄予厚望，在诗中曾道：“平生忠勇家声继，汝子吾儿定教培。”傅恒还活着的三个儿子福隆安、福康安、福长安，被乾隆当作了自己的儿子来看待，后来都出将入相。乾隆对傅恒儿子的无限恩宠，也遗下了无数八卦，云福康安系乾隆私生子之类，却不解乾隆对傅恒的感情。

傅恒死后，由尹继善接任首席军机大臣。清代父子二人都入军机处，且三代人担任内阁首揆的，只有尹继善一门。尹继善为人八面玲珑，喜好虚名，善于奉承。袁枚与他和诗时有“身如雨点村村到，心似玲珑面面通”一句。大学士史贻直听到后，大笑道：“活生生画出一个尹继善。”

对于尹继善遇事推诿，以无事为福的性格，乾隆很是恼火，曾对尹继善道：“对你已不抱希望，想将你交给刑部处理，想来你又不怕。”乾隆虽然不喜尹继善和事佬的习气，但尹继善到底是雍正一手提拔起来的人物，也是满洲贵族中难得的人才，还是要挑大梁的。尹继善担任首席军机大臣时，已老态龙钟，精神疲惫，行走迟钝。担任首席军机大臣不过一年，在乾隆三十六年去世，死前遗命将所有稿子焚毁，坟前也不要立墓碑。傅恒、尹继善两个满人大臣相继去世后，自然地便由资历最深的汉人刘统勋来接任首席军机大臣了。

两淮预提盐引案与军机处泄密

就在赵翼于缅甸前方从军时，乾隆三十三年，后方军机处也出了大事，牵连了军机章京多人。

自创设后，军机处对保密工作格外重视，如规定军机处工作人员不得与各部臣僚来往，在军机处服务的仆役均选不识字的少年担任，对公文也严加管理，不得私自带出。军机处值庐为禁地，虽王公大臣，未奉旨也不得擅入。

但军机处在人事制度上的弊端，决定了很难避免泄密。军机章京都是兼职，从各部选调得力人员进军机处，称“入值”。但军机章京仍须处理原衙门的事务。如军机章京程焘，原先是兵部主事，调入军机处后也得办理兵部事务，经常不来军机处值班。傅恒很恼火，抱怨道：“程焘经常不来上班，想必是留恋兵部吧？如果在兵部好，可不必再来军机处。”程焘听到后立刻收拾铺盖准备走人，傅恒一看他真要走，就赶紧过来将他挽留住。

对能干的军机章京，军机处时常请皇帝免去他们原衙门的事务，专心在军机处办事。如乾隆四十四年，军机章京孙永清本已升任刑部郎中，但他是军机处的得力干将，军机处特意奏请将他升衔留任，并请将他刑部的事务免去，专心办理军机处事务。

虽然军机处做了诸多保密工作，但由于与原衙门的联系，加上官场千丝万缕的人际关系，军机处根本不可能做到绝对保密。

军机处创设之后泄密事件屡屡发生，虽再三整顿也无济于事。军机处处理的事务，有很多是地方督抚也不知道的。京师、直隶、江南、浙江等地有些小官，与军机处工作人员串通，将不发抄给督抚的公文打探出，并提供给督抚以博取欢心。为此乾隆特意下谕，斥责地方督抚严加查办。

军机大臣们多年经营，编织了密如蜘蛛网般的人脉。他们的这些人脉之中，很多是巨富之家。富商们常在河边行走，难免鞋要湿掉。军机大臣们得到消息之后，自然要帮忙照顾。军机大臣裘曰修与盐商牛兆泰是亲家。牛兆泰被人控告后，裘曰修立刻修书联络地方大员，嘱咐帮忙照顾。乾隆得知后，认为"军机处行走之人，尤当以慎密防闲为要"，下令免去裘曰修军机大臣职务。

因为盐商的关系，乾隆三十三年，军机处又有多名章京泄密。

主管盐政的官员从盐商处收取贿赂，这在官场中人人皆知。可这个索取贿赂也得遵循尺度，也就是中国俗语吃相不能太难看。乾隆三十三年，尤拔世出任两淮盐政使，一时顾不上吃相，急火火地跑去找盐商要银子。盐商有钱，有钱了自然也会有点骨气，有点傲气了，因中国社会，面子第一。尤拔世猴急地过来要银子，面子无存，这让盐商们也看不上，对他嗤之以鼻。

对官商勾结，侵吞帑银的积弊，尤拔世洞然于心。勒索不到银子，尤拔世使出泼皮的招数，去找乾隆揭发。尤拔世缓步渐进，但是盐商势力庞大，一不小心，可能会将自己给扳倒。他先是上奏称盐商家资丰裕，奢靡成风，请乾隆教导盐商要节俭度日。不想乾隆看了奏折后，对军机大臣们道："盐商有钱，花自己的钱再多有什么关系？奢侈点有什么不好，可以养活好多游手好闲之徒呢。尤拔世才到两淮，不晓事体，实在是谬见。"

一计不成，又生一计。尤拔世揭发前任普福与盐商勾结，贪污受贿。乾隆遂令江苏巡抚彰宝与尤拔世联合调查，不久查出普福、高恒、卢见曾等官员，利用预提盐引的漏洞捞取私利。

“盐引”是盐商经营盐业的许可证，由户部统一印制。盐商缴纳包括税款在内的盐价之后领盐引，然后凭盐引运销盐。盐引每年定量配给各地销售的，称为“正引”，卖不完的盐引称为“余引”。在有的地方，如两淮，每年的“正引”不够，就从下一年的配额里预先提取，称为“预提盐引”。

两淮地区的“正引”，每引需要缴纳三两六钱四分，但“预提盐引”仅需一两五钱。“预提盐引”与“正引”之间的差额为二两一钱，这差价本来是要纳入国库的。

两淮预提盐引始于乾隆十一年，随着两淮地区人口激增，用盐量增加，遂在此年增加预提盐引。此后乾隆多次南巡江南，盐商沿途接待，耗费颇具，就将预提盐引余下的钱补贴给盐商。

从乾隆十一年至乾隆三十二年，两淮预提盐引共计四百九十六万六千六百二十二道，余利银总值在一千零九十二万两左右。而统计下来，用在乾隆历次出巡及购买贡品上的开销，不过四百六十万两左右，尚有六百余万两的余款。由于此笔巨款如何使用没有明文规定，盐商只要把两淮盐政使摆平，就可以自行开销。

随着案件调查的深入，查出盐商曾送给高恒十三万五千两银子，又代普福垫银购办贡物，卢见曾则接受盐商玉器古玩等贿赂。案情明朗后，乾隆对涉案人员分两类情况处理。对于盐商，他虽然极为不满，但只是让盐商将侵吞的银两吐出来了事。此笔银两数目巨大，在一千万两以上，两淮盐商被勒令分九年缴清。虽然赔出了巨额款项，但盐商们总算能保全了性命。

此案涉及的官员众多，如高恒是乾隆的小舅子。卢见曾则是当时的大学者，与大学士纪晓岚又有姻亲关系。当事人都有广泛的人脉，当案情微露端倪时，就有人给他们通风报信，以早做准备。

乾隆三十三年七月，山东巡抚富尼汉前往卢见曾德州老家查抄家产，结果查出"钱数十千，并无金银首饰，即衣物亦甚无几。"富尼汉见家产中并无金银器皿，就张榜公告，请知情者自首，随即监生李容第一个出来自首，交出卢见曾藏匿的财物。

然而，李容的自首，益发让乾隆狐疑。军机处在六月二十五日发出查抄卢见曾家产的廷寄，查办此案的谕旨也未传抄发放。卢家却先后两次提前转移家产，使乾隆不解，"伊家何以早得风声？"

乾隆知道是有人泄密了，令富尼汉严刑逼供卢见曾，"令将得自何处何人，实情供吐。"不想卢见曾倒是硬气，酷刑之下却不露口风。此时卢见曾的儿子卢瑛，孙子卢荫文正在京师应试，乾隆遂下令抓起来审讯。卢荫文被捕后，吃不住拷打，遂供出真相。

纪晓岚的女儿纪韵华嫁给了卢见曾的孙子卢荫文。纪晓岚在京内朋友众多，消息灵通，得悉开始调查卢见曾之后，派家人给卢荫文送信。但纪晓岚尚不敢明言所查的是历年预提盐引，只是在信中暗示，正在查两淮盐务中的"小菜银"。"小菜银"乃是盐商给两淮盐政衙门的陋规，"每日商人供应饭食银五十两"。"小菜银"总计下来数目也不多，不会惊动纪晓岚来通风报信，卢荫文怀疑此中必有所指。

此后不久，卢荫文与军机章京王昶聊天时，问"小菜银"何指。王昶告知并非在查"小菜银"，而是历年预提盐引案事发。卢荫文探知真相后，即于六月十四日派人回家送信，让转移家产。此外，军机章京赵文哲、徐步云，刑部司员黄骏昌等人，也均泄露了调查两淮预提盐引的消息。

此案由军机大臣刘统勋负责查办。刘统勋此年在军机处汉人大臣中排名第一，有望在未来成为首席军机大臣。纪晓岚、王昶均是刘统勋的学生，且与刘统勋的儿子刘墉是好友，赵文哲、徐步云也都是军机处的职员，可以说都是老熟人。刘统勋为官清廉，不徇私情，初入官场时虽官卑位微，却敢上书弹劾当时的军机大臣张廷玉、讷亲，奠定了他在乾隆心中的地位。对于此案，刘统勋在处理时不敢徇私，只能加以严惩。

此案牵连官员甚多，前后三任盐运使高恒、普福、卢见曾被以侵吞盐引余息，接受贿赂罪处死。纪晓岚因为泄密被发配乌鲁木齐。

军机处中，军机章京徐步云被发往伊犁，军机章京赵文哲、王昶则被发配到阿桂军中，参与缅甸战事。王昶、赵文哲都是上海人，与钱大昕等人并称“江南七子”，在军机处本前途无量，不想因为泄密被贬。

通过预提盐引案，乾隆严厉整饬了地方盐官，将两淮盐务纳入到中央控制，并进一步加强了对盐商的控制。就军机处泄密事件，乾隆一直耿耿于怀。不久乾隆再次下谕警告道：“军机章京常与官员亲友暗通消息，从前有因此而获罪者。如果再查出有徇私泄露，必严加惩治，决不宽贷。”虽然乾隆屡屡整顿，但军机处泄密事件却是层出不穷，招惹出无数是非，也埋下了诸多杀身之祸。

大小金川之战

乾隆三十六年四月，首席军机大臣尹继善病逝，由刘统勋继任。刘统勋刚上任，大小金川战事再起。

此年有军机大臣上奏称，军机处有中满汉章京四十余人，每年从户部领取银库内赏银四千两，尚不敷办公之用，请再添加五千两，乾隆大度地允许了。军机处中，军机大臣不在军机处领薪水，军机章京则领薪水。军机章京没有什么外快，收入也很微薄，有“职供文字一官清”之叹。但军机章京有特殊的荣耀，且升迁的机会也多，故而被选为军机章京者都分外珍惜这一职位。

在选拔军机章京时就要求德才兼备，入了军机处后，经过多年训练，政务熟练，世事通达，参加科举时自然比其他考生具有更多的优势。此外，军机章京的勤劳，皇帝每日都看在眼里，不时会有封赏。第一次金川战事最吃紧时，乾隆突然想起来，得奖励奖励天天加班的军机章京们了，下旨称：“办理金川军务以来，军机处行走官员，皆黾勉供职，著分别等次，交部议叙。”随后军机大臣将军机章京按照出力多少，分为三个级别，造表献上，一一予以奖励。

军机章京久处中枢，与皇帝及重臣接触的机会多。常有军机章京因为办事干练，给皇帝留下深刻印象而飞黄腾达。军机大臣在外出征战时，常常会亲自点名，将自己信任而又能干的军机章京带上从军。在前线的实际历练，与军机大臣们的同甘共苦，无疑是今后仕途中的重要资本。

早在第一次金川战事时，傅恒就点名让军机章京胡宝瑔随行，战后胡宝瑔备受称赞。舒赫德前往云南征缅时，也曾亲自点名，带了军机章京程焘随行。这程焘不是常人，曾参与过第一次金川战役、伊犁战役，“心计手画，不知饥渴，诸大臣依赖甚重。”阿桂往缅甸作战时，身边也有曾做过军机章京的赵翼，及因泄密而被贬从军的军机章京王昶、赵文哲等人。

到了乾隆三十六年，军机章京们更大的机会来了。此年大小金川的土司同时出击，攻杀其他土司，抢夺土地和人口。大小金川同时滋事，让乾隆大为震怒。第一次金川战事的耻辱尚未褪去，现在金川土司又同时来生事，乾隆决计出兵先讨伐小金川，然后再征大金川。

此战历时近五年，战争进程可分为初定小金川、再定小金川、平定大金川三个阶段。

战事开展后，乾隆照例派出军机大臣前往金川前线督战。首先派出的是军机大臣桂林，随后又调军机大臣温福前往小金川。温福受命前往金川后，曾邀请军机章京严长明随军帮忙，不想严长明坚决不肯。严长明以内阁中书入军机处，在军机章京任上七年，精于文书，为人多智，受到军机大臣们赏识。别人问他为什么不随温福从军，他却道：“此将必败，跟着他干什么？”

严长明目光如炬，温福为人刚愎自用，不听人言，后来果然兵败身死。

发动第二次金川战役时，正逢乾隆朝国力最为鼎盛之际。乾隆三十七年年初，在给温福的谕旨中，乾隆拍着胸脯道：“钱你不要担心，现在国库存银八千万，实在是太多了。朕去年给了你三百万两，将来不妨再给你添拨三百万两。”乾隆甚至道：“朕每以存积太多为嫌，天地生财，止有此数？”正是雄厚的财力，支持了耗时经年的大小金川之战。

广州知府赵翼，此时已升任贵州分巡贵西兵备道，成为正四品官员。到了贵阳衙门里，赵翼屁股还没坐热，就开始紧张忙碌起来，为大小金川战事征调物资。整个王朝都被动员起来，为金川战事输送人员、物资。乾隆是志在必得，金川这颗坚硬的小鹅卵石，在大清王朝这架巨大马车冲击之下，能支撑多久？

第一次金川战事，张广泗、讷亲等人，先是激进求胜，后又消极避战，拖延战事日久，军心动摇，最终被乾隆诛杀。换了个傅恒主持战事，也没有取得突破。最后由于大金川土司主动求和，才得了个虚假的胜利。大金川给乾隆的这记响亮耳光，二十三年后红印犹存。

温福、桂林到达金川之后，汲取了第一次金川战役的教训，稳扎稳打，逐步蚕食，慢慢攻入小金川境内。小金川土司僧格桑本以为清军懦弱，在碉楼面前会知难而退，不想清军却一路高歌直进，直捣小金川。

乾隆三十七年正月，温福、桂林分兵。温福从西路，主攻小金川门户资哩，此处碉堡坚固，小金川拼死反抗，直至三月中旬方才攻克，随后进逼小金川中心要塞美诺。桂林从南路，几番苦攻之后，逼近小金川达乌、僧格宗一带。

桂林的前锋薛琮带了三千官兵，绕道深入，以策应桂林前后夹击。不想薛琮到了预定地点，发起攻击之后，桂林并未出兵响应。薛琮反被小金川围困，鏖战七日，弹尽粮绝，援兵不至，全军覆没。桂林一度想隐瞒军情，被乾隆知道后革职发往伊犁，改由阿桂接替指挥。

阿桂接任后，调整战略，步步为营，继续进攻。此时小金川土司僧格桑已不济，遂请求议和投降。阿桂将计就计，以退出战略要地鄂克什作为投降条件。在小金川兵丁退出鄂克什后，清军迅速占领此要地，此后并未停战，反而长驱直入。

至乾隆三十七年十二月初，两路清军会师于美诺，初六日，攻克美诺。僧格桑携带家人出逃，投奔大金川土司索诺木。美诺大捷后，因为泄密被发配到云南，再往金川前线效力的军机章京王昶，因为表现出色，被特别嘉奖。

在攻占小金川之后，清军乘胜出兵，对大金川发起攻击。温福、阿桂等各领一路，分兵攻打。

但大金川地势更为显要，战碉林立，当地人骁勇善战，打仗"比小金川的人凶狠"。对于打仗，大金川人欣喜若狂。第一次金川战役时，清军耗时三年，只不过取得名义上的胜利。大金川地方大部分民众通过劫掠发了财，清军撤退时又给了大金川地区大量赏赐。胜利的滋味让大金川上了瘾，而清军绵羊般的战斗力更让他们充满自信。

在第二次金川战争爆发后，大金川的许多年轻人怀抱着打仗发财的梦想参战。虽然有经验的老人发出警告，此次与清军开战，局势不同以往。可年轻的土司索诺木与好战的年轻人哪里听得进劝告，只想早日击败清军，获取战利品。

乾隆三十八年，清军出兵大金川之后毫无进展。阿桂苦战三个月，才推进了二十余里，攻克碉楼一座。温福在木果木扎下大营后，在前线也无法突破，就学习讷亲的法子，建碉楼与大金川对峙。时间一长，温福放松了警惕，每日里设宴与将领饮酒打发时间。偶尔再放上几炮，搪塞乾隆，表明自己在奋力进攻。

在平定小金川之后，有千余名投降的小金川兵被征调到温福军中服役，在后方负责后勤。据小金川士兵阿噶尔甲供称："投降后被送到温福大营中，温将军叫我剃了头，赏我戴了白顶儿，吩咐我好好的效力。"

阿噶尔甲在清军中碰到了好多小金川兵，常聚在一起商量："我们原是小金川的人，如今跟官兵打仗，将来有何好处？不如投奔旧土司僧格桑。"

“番兵在将军（温福）营里约有一千五六百人，大家都想念旧土司，所以拼命商量干这事。”

大金川土司索格木探悉温福军中小金川兵军心不稳后，便暗中联络，说服降兵反叛。温福也疏于防范，有大金川兵穿着喇嘛服装混入温福大营，竟无人察觉。

僧格桑则潜回小金川，发起偷袭，击溃了驻守小金川的清军，击杀将领董天弼。大小金川平定后，据偷袭董天弼军营的头人供称：“夜半领兵，以鸟枪数百杆击杀之。”董天弼容貌魁奇，作战时身先士卒。在金川前线时，董天弼携带了两匹哈萨克骏马，温福看了眼红，索要多次。董天弼则称：“待平定金川之后，必将二马献给将军。”不想金川未平身先死，二马也落入了金川人的手中。

六月初，大金川士兵从清军木果木大营后方发起攻击。

清军在木果木大营附近的山梁上，布置了几千名绿营士兵作为策应。大金川发动攻击后，这几千名绿营士兵望风而逃，不战而溃。占据山梁之后，木果木大营的水道被截断，导致清军军心混乱。在大营内的小金川降兵发动，配合营外的大金川士兵，内外夹击，拥众两万的清军大营崩溃。据金川兵后来供称：“那里面有穿的体面些的，他们就害了，将衣服银两抢去了。温福的顶戴花翎，也被缴去献给了索诺木。”

在混战之中，温福中枪阵亡。军机章京赵文哲，因为两淮盐引案泄密被贬，在缅甸从军时立下功劳后，又随军参与了金川战事，不想也死于此役。

木果木之战，清军损失四千余人，丢失米一万五百余石，银五万六千六百余两，马二百零八匹，军火合银三十余万两。清军大败之后，不得不暂停进攻大金川。

木果木的溃败让乾隆大为惊愕，并认为：“总因营中无满洲兵可为倚恃，遂使绿营懦卒惊溃无存。”

木果木大营溃逃的绿营兵约四千人，被乾隆下令发配到各省，并特制了大铁枪挂在脖子上，胸口则挂上刻有“逃脱滋事，即行正法”的铁牌，每日里做苦差作为惩戒。

木果木大败时，阿桂严密防守，使大金川无懈可击，得以全师而退。温福阵亡后，乾隆以阿桂为主将，主持金川战事。阿桂失去温福的支持，奏请再拨出满洲精锐一万名，绿营一万二千名支援。木果木大败，乾隆如何能咽得下这口气，遂尽出精锐，全力支持阿桂。

前线的挫败也让乾隆心神不定，开始迷信运道。乾隆改授阿桂为“定西将军”，又快马将定西将军大印送往前方。此印乃是顺治年间福将爱星阿所用，乾隆认为此印“最为吉祥”，会给阿桂带来好运。这还不放心，乾隆又特意请相师看阿桂生辰八字，结果发现阿桂“命运现在正旺”，方才松了一口气。

乾隆对大小金川恨入骨髓，必除之而后快。在鼓励阿桂的同时，紧急从京师健锐营、火器营，吉林、黑龙江、伊犁、四川、陕西等地精选满洲兵九千五百名开赴金川，又从各地增调绿营兵一万一千名，加上已在金川前线的士兵，共计出动兵力七万四千九百人。

乾隆派人给前线的阿桂带话：“金川所需军费虽多，再拨二、三千万，国库仍然充足。朕意惟在剿灭两金川，永除后患，断不靳惜多费。”乾隆这是向阿桂保证，你在前方尽管放心打，花再多的钱也不要怕，咱们不缺钱，只要灭了金川就行。

阿桂果然是“命运正旺”，做了主将之后，带领清军迅速出动，十天之内即平定了小金川叛乱，战后将小金川的所有碉楼拆毁，当地人全数内迁。小金川之所以能快速平定，与大小金川土司间的矛盾有关。

在怂恿小金川发动叛乱赶走清军后，索诺木将僧格桑囚禁，又派人至小金川进行统治，将搜刮到的弹药、银两、马匹全数运回大金川。索诺木的做法失去了小金川人心，所以清军再次攻打小金川时，小金川人均积极帮助清军。

小金川平定后，乾隆大喜，认为这是满洲兵的功劳，“满洲劲旅奋勇绝伦，绿营兵皆得有所效法”。

此后在对大金川的进攻中，阿桂调整战术，不再正面强攻碉楼，而是采用绕至碉楼背后，压迫土司兵出碉作战的战术。每次作战，必厚积兵力，通过优势兵力，配合大炮轰击，步步为营，每得一处，推进一处，逐渐攻入大金川。

值得注意的是，此战中，不管从装备还是战斗力上，清军士兵都代表了当时清军的最高水准。在武器上，清军士兵一人所带，计火药，铅丸二百，鸟枪一杆，腰刀一把，火绳十盘，这些都不是金川土司的士兵所能比拟的。为了攻克大金川，乾隆特意命令在华西方人到前线帮助测量开炮，以提高命中率。

在清军进逼之下，大金川土司索诺木见形势不妙，遂将小金川土司僧格桑毒死，于乾隆三十九年八月，将僧格桑的尸体送到阿桂军中求降。

阿桂知晓乾隆的心意是必须铲除大金川，对土司的请降加以拒绝。大金川土司索诺木见投降无望，只有死路一条，遂拼死抵抗。索诺木把所有的金银物件集中起来烧毁，放出狠话：“我们也都烧掉，不肯便宜官兵。”

既然是死路一条了，大金川只有拼死抵抗。索诺木命令将重要头人的头发指甲取来，封在小包里，写了名字交给喇嘛。谁敢投降，或者逃走，就让喇嘛诅咒。战至乾隆四十年四月，各路清军仍然未能取得突破。

到了五月，清军终于进至大金川第一要塞勒乌围。勒乌围前临大河，后依高山，碉楼高坚，并有多处碉楼互为犄角。血战至八月十六日，阿桂分兵合攻，最终拿下了勒乌围。

攻克勒乌围之后，阿桂修书报捷。乾隆吃饭时看到了阿桂的报捷奏疏，顿时凄然泪下，多年苦战，方才攻克勒乌围。皇帝的眼泪掉入鱼羹中，乾隆命快马加鞭，将鱼羹送给阿桂，意思是朕的心是与你们在一起的。可这几滴眼泪掉入鱼羹之中的代价，却是无数将士的鲜血。自金川战事再起之后，乾隆也是日夜操劳。上海人陆锡熊此时正在军机处做章京。因为金川战事，乾隆曾深夜一连口授旨意七道，值夜班的陆锡熊立刻拟定，一气呵成，被大大表扬了一番。

至乾隆四十年年底，清军将大金川土司包围在第二要塞噶喇依中，并架起大炮，不分日夜，轮番轰击，噶喇依官寨被轰成一片废墟。大金川土司索诺木被包围后，口粮用尽。乾隆四十一年二月初四，二十五岁的大金川土司索诺木已走投无路，带了两千余人出塞投降。

索诺木投降之后，阿桂以八百里红旗捷报，不分日夜，飞驰前往北京报捷。八天之后，乾隆得闻喜讯，涕泪交集，当即将身上的黑狐狸皮马褂解下，赏赐给阿桂。军机大臣早已拟定好谕旨，待大金川平定后，立刻封阿桂诚谋英勇公，海兰察毅勇公，大小将领，皆有厚赏。

大小金川之战，乾隆凭借天朝的雄厚国力，以巨大的代价将大小金川铲平。自乾隆三十六年（1771）七月出兵，至乾隆四十一年，大小金川彻底平定，历时五年。此次战役，军费开支在六千三百万两左右。清廷先后调兵十二万五千余人，大小百余战，攻克碉楼、木城、石卡三千三百余座，总计歼灭所谓“番兵”一万九千二百人。清军阵亡计官员六百九十九人，兵丁九千七百一十三人。

战后，乾隆指示给阿桂，所有大小金川番兵，必当尽杀无赦，即使十六岁以下的男番，也都被扔入河中淹毙。大小金川的能工巧匠则被挑选出来，送往北京做工。俘获的大小金川各地男女老幼，共计两万八百余人，大部分被封赏给了帮助清军作战的土司，另有七千七百余人被充作兵弁。

此外，还有两万余民众在战争中被清军诛杀。此番杀戮，极其残酷，据金川番民道："阿将军心不好，在南路把我们的人杀了许多。在美诺萨木果木桥外卡子上，一鸟枪一个，将我们的人杀了许多。"

经过此战，大小金川从此一蹶不振。大小金川不但在人身上被拘禁，在信仰上也被彻底改变。大小金川地方本来信奉苯教。苯教是西藏地区原有的宗教，佛教传入西藏后，在藏地占据了主导地位，但金川地区却一直信奉苯教。通过苯教，金川各地民众被牢固的粘合起来。每逢战事，苯教喇嘛纷纷出动，利用巫术诅咒清军，鼓励大小金川的斗志。战后，在金川地区，清廷禁止苯教传播，将所有喇嘛庙拆除，喇嘛则全数被发配到各地喇嘛寺庙做仆役。

从对待准噶尔头领与大金川土司的态度上，也可以看出乾隆对大金川的痛恨。准噶尔部达瓦齐被擒后，乾隆仍然厚待之，封他为亲王。达瓦齐在京师乐居无聊，以赶鸭子打发时间。大金川土司索诺木投降之后，与大小头人、家属二百五十余人被解往北京。乾隆亲自审讯了索诺木，下令将索诺木以下十二人凌迟处死，家属发往伊犁，赏给准噶尔部人做奴隶。

在中世纪欧洲，北欧维京人生性好战，以为战死之后能至瓦尔哈拉神殿与诸神共享盛宴。维京人从寒冷贫瘠的北欧出发，一路劫掠，让欧洲各国胆颤。大小金川人与维京人有着诸多的共性，他们一样的好战，喜欢劫掠，不惧死亡，但大小金川人所面对的是一个大一统的王朝，它能以庞大的国力，无限的人力，再以漫长的时间，将大小金川剿杀。维京人所面对的则是分崩离析的中世纪欧洲各国，并可以通过海洋四处流动，而金川人只能困守在陆地上的碉楼里。维京人是幸运的，它留给后世的，不单单是遍布于欧洲的殖民地，更有诸多传奇故事。而大小金川人的最终命运，或是午门献俘之后走向刑场，或是被发往各地做奴隶，在乾隆的十全武功中，金川之役排名第一。

军机大臣结交太监一案

乾隆三十八年，在金川前线遭到败绩的同时，军机处也迎来了重大的人事变动。此年六月廿五日，刘纶死在军机处大臣任上。十一月十六日，首席军机大臣刘统勋也死在任上。

对于此年用兵大小金川，刘统勋主张在小金川取胜后乘胜撤兵。当清军在木果木遭遇大败之后，乾隆令留守在北京的刘统勋，飞马疾驰，一日半内奔赴承德避暑山庄，征求他的意见，是继续用兵还是撤兵。此时刘统勋却认为，日前乘胜可以撤兵，现在失败了反而不能撤兵，一定要坚持打下去，并请乾隆专任阿桂，由阿桂负责所有前线军务。在阿桂的主持下，果然取得胜绩。

到了十一月十六日，刘统勋一早坐轿前往军机处，行至东华门时病发，未及上朝便急忙回家。乾隆闻讯后，派福隆安从宫中带药前往刘府急救，到达时刘统勋已溘然长逝。刘统勋死后乾隆亲自前往刘府祭拜，不想到了刘府门前，由于刘家门太小，轿子无法通过，把轿盖掀掉才得以进去。乾隆一看刘统勋虽为一品大员，家居如此简陋，大受感动，嘉奖道："如刘统勋方不愧为真宰相，汝等宜法效之。"

刘统勋死后谥号"文正"，乾隆朝六十年，得此谥号者仅此一人。刘统勋故去后，窦东皋有挽联云："岱色苍茫众山小，天容惨淡大星沉。"一时广为传颂。但不知为何此联竟被后世附会为纪晓岚所作。

此年军机处也发生了重大人事变革，老一代的军机大臣相继故去后，乾隆命索琳、舒赫德、袁守侗、梁国治四人入军机处，并以于敏中为首席军机大臣。有意思的是，索琳、舒赫德、袁守侗三人，均系军机章京出身。

此年入军机处的梁国治，是乾隆十三年的状元，仕途与于敏中类似，先入翰林，担任“起居注官”，然后做外官。在大小金川战役时被招入军机处帮忙。梁国治与于敏中齐名，并称“于、梁”。梁国治为人谨慎，喜怒不形于色，在官场中是不倒翁。

索琳在军机处的经历最为传奇，如过山车一般在军机处大起大落。索琳早年在军机处做章京，负责满文翻译工作，逐步升官。乾隆三十年赴库仑查办商人与俄罗斯私下贸易一事，因为奏报不实被革职。到了乾隆三十三年，索琳被提拔为军机大臣，但因为上次查办商人在库仑私下贸易一事未了，被贬为军机章京。过了五年，又再被提拔为军机大臣，此后又因为库仑事件再被罢官。

袁守侗来历也很奇特，据说他三四岁时还清楚记得自己的前世，到五六岁时开始渐渐淡忘，只隐约记得自己是个贡生。在军机章京任上，袁守侗受到傅恒赏识，官越做越大，入军机处行走，最后做到了直隶总督，也算封疆大吏了。

首席军机大臣于敏中是张廷玉的门生，出生在江苏金坛，于氏家族在当地是名门望族。乾隆二年，二十四岁的于敏中考中状元，在翰林院供职七年，被调任“起居注官”。“起居注官”工作不过是记载皇帝的一言一行，但只有皇帝最欣赏的臣子才能得任。乾隆二十五年，于敏中被调入军机处，此后一直在乾隆身边出谋划策。第二次金川战役中，由于敏中负责谕旨的拟定工作，于敏中一丝不苟，俯察机要，与万里之外的武将不谋而合。在刘统勋、刘纶去世后，于敏中担任首席军机大臣自然是众望所归。

于敏中之前，历任军机大臣虽然位极人臣，无不谨慎，唯恐过于招摇，导致皇帝忌讳。讷亲虽被斩首，但在担任首席军机大臣时，为人苛严，不通人情，门庭冷落，无人过来钻营。刘统勋担任首席军机大臣时更以清廉闻名。

于敏中初入军机处时也能爱惜羽毛，注意与京内大臣保持距离。但做了首席军机大臣之后，逢迎的人多了，此时于敏中也不再掩饰，广结外吏，“凡词林文士无不奔竞其门”，“风气为之一变”。如在华的西方传教士所观察，傅恒在世时还表达过与乾隆相左的意见，而于敏中却从来不敢这么做。此时的朝臣们主要忙于书写颂词，编撰官方刊行的书籍。中枢的奢侈之风，不久就漫延到了全国，后世常认为，乾隆朝中后期的贪腐风气实源自于敏中。

担任首席军机大臣没多久，乾隆三十九年，于敏中卷入了太监高云从一案。

有清一代，对太监严加管束，顺治立铁牌于内务府，“永禁内监干预朝政”，并规定太监不得与外官结交，不得假亲戚名义购买田产。如有太监与外官勾结，干预朝政者，即行凌迟处死。乾隆对太监与外官交往一直防范极严，曾有太监赵起龙与大臣庆复的儿子来往，私下议论乾隆。乾隆得悉后，立刻将赵起隆处死。虽然乾隆严厉禁止太监与官员来往，却屡禁不止，乾隆三十九年又有太监高云从结交大员一案。

此年从五月到八月，乾隆一直驻跸承德避暑山庄。皇帝不在京师，京内的一二品大员们就定期开会，互通信息，传达政务。话说七月间，兵部侍郎高朴在开会时，耳朵尖，听到左都御史观保、户部侍郎蒋赐棨、刑部侍郎吴坛、上书房行走倪承宽等人凑在一起讨论“道府记载”。高朴就去询问这是从哪里听来的消息，观保等人就含糊着说是从内廷执笔太监那里打听到的。

“道府记载”是皇帝的私人小秘密，上面记载着各省道府官员政绩的优劣，直接关系到道府官员的升迁或奖惩。“道府记载”由执笔太监书写，属于最高机密，其内容除了皇帝及执笔太监外无人知晓。几个官员凑在一起议论“道府记载”中的内容，高朴知道机密已被泄露，立即赶去避暑山庄，向乾隆告状。

但高朴也只是听说，乾隆问他是内廷哪个太监泄露的，他也说不出名字。乾隆就询问军机大臣怎么看待此事，首席军机大臣于敏中认为此事不必当真，定是谣传。但因为此事关系重大，乾隆还是决定加以清查。不想一追查，发现“道府记载”果然泄露，泄密者是宫内写字处太监高云从。

高云从被捕后，乾隆亲自加以审问，当得知于敏中也向高云从打听过“道府记载”之后，乾隆“不胜骇异”。随着追查的深入，发现高云从不但泄露机密，与京内高官如于敏中等人交往，更与诸多各省高官往来密切，帮助谋取官职。

高云从的四弟高云惠，则被托付给了粤海关监督李文照，跟着一起到广东去捞油水。而李文照本系内务府司员，乾隆对他特别青睐，提拔他管理粤海关税务，不想竟然也与太监来往，遂下令将李文照革职解京，交给内务府大臣审讯。而高云从的另一个弟弟高云龙，此时正在山东临清跟临清知州做长随。乾隆随即严令山东巡抚徐绩，审讯临清知州，如何与太监结识。随着案件清查的深入，查出山东河道总督姚立德与高云从结交，并将高云龙推荐给了临清知州。

高云从结交诸多大员，举手间可以翻云覆雨。高云从一案让乾隆目瞪口呆，严厉责问群臣：“朕如此开诚布公以待群臣，诸臣不思以恩图报效，良心何在？”而群臣交结高云从，不外是为了探悉乾隆心意，好谋取官职，这干预了乾隆的用人权，也是对皇权的极大冒犯，故而乾隆大怒道：“岂容此等事置之不问乎？”

高云从一案让乾隆很受伤，牵涉到的都是他最信任的臣子。比如吴坛，在乾隆眼里一直是很有出息的臣子，政绩显赫。乾隆都替他安排好了仕途，先做江苏巡抚，过几年再提拔为刑部尚书，不想也被牵涉进来。

虽然震怒，但对此案，乾隆心中也很忧虑，因为高云从目前所供出的大臣，都是位高权重的大员。若再追究下去，恐怕牵涉到的大臣会更多。案发七天之后，高云从即被斩首，乾隆也明白地告诉大臣们，他不想再追究下去，“朕不屑因此遽兴大狱”。

此案发生后，牵涉的大臣如观保、蒋赐棨、吴坛、倪承宽等人，都被革职，交给军机大臣舒赫德查办。军机大臣舒赫德向来敢言，屡屡上奏，被乾隆训斥多次，此次却因为没有上奏而被乾隆一通责骂：“平日里你经常上奏，是非不断。现在入了军机处一年多，于敏中与太监结交的事情你肯定知道，却一直隐瞒不报，请你清夜自思，良心安在？”

在重要案件上，军机处能越过刑部，取得法律执行权。军机处审理案件，一是由军机大臣单独审讯，被审者押到内务府公所或步军统领衙门内接受审问。另一种则由军机大臣会同刑部审讯。此案涉及的都是当朝大员，故而交给军机大臣来处理。

舒赫德很郁闷，自己并未与高云从结交，却平白无故地被皇帝骂了一顿，只好卖力审案以求赎过了。但舒赫德审案时也很头痛，因为被审的都是一、二品大员，依照礼制，对于一、二品大员不能用刑。这四个大员也一口咬定，称未曾与高云从有过交往。舒赫德无奈，就将皮球踢给了乾隆，问他怎么处理，是不是该大刑伺候？

乾隆也很矛盾，一旦用刑，打的血肉横飞，伤了大员的体面不说，如果这四人还是一口咬定没有与太监交往，岂不是丢了自己的脸么。思前想后，乾隆给出的处理意见是，参照高云从被处决的先例，依法处理。乾隆的台词很明显，就是处死这几人。不过因为与太监交往就处死四名大臣，确实过于严苛了，必然让朝野内外大臣寒心。乾隆也明白于此，故而埋下了伏笔，就看舒赫德会不会领会了。

伏笔乃是，不久恰逢乾隆生日，照例是不能杀人的。舒赫德就会同刑部，急匆匆地将观保、蒋赐棨、吴坛、倪承宽等四人定为斩监候。舒赫德的意思很明显，也就是拖到万寿节之后，再等乾隆开恩饶四人一命。

乾隆看了舒赫德的处理意见，心中一笑，但还是板起脸来警告舒赫德："你的鬼主意，朕洞然于心。你将四人判为斩候，以待朕加恩宽恕，你以为朕不明白？朕岂是汉献帝、明神宗这样能轻易被臣下蒙蔽乎？"话虽如此，几个大臣的命还是被饶了下来。

没过几个月，蒋赐棨首先被启用，先是承袭了祖父蒋廷锡的轻车都尉，不久又加恩令在武英殿行走。吴坛次年也被启用，没几年就做到了江苏巡抚。惩罚敲打于前，恩宠启用于后，一张一弛之间，此即为君之道，乾隆洞悉于此矣。

于敏中从政多年，自然知道不该与太监往来，却做出让乾隆失望之事，本来也要被严厉敲打的。但此时正值金川战役最为激烈之时，乾隆需要于敏中来辅政，故而暂时免治其罪，革职留任。于敏中此时已是惊弓之鸟，只能卖力苦干，以求饶恕。至大小金川平定之后，乾隆表扬他："自办理军务以来，承旨书谕，夙夜殚心"，重新恢复了他的职位，并赏给双眼孔雀翎。但乾隆对于敏中还是心存芥蒂。

乾隆四十四年，六十五岁的于敏中去世，乾隆让他入了贤良祠。贤良祠是雍正所设，祭祀清开国以来满、汉大臣中勋德卓著者。不想于敏中死后，却被查出涉及诸多贪腐案。于敏中遗留下来的家产估算下来值二百万两。乾隆闻听后不由怒道："朕重用敏中几十年，一直以为他清廉，不想有这么多财产。"

查出于敏中贪污受贿，营私舞弊，乾隆虽然没有将他的子孙治罪，可怎么也得将他从贤良祠中赶出。乾隆大骂："于敏中如果活着，朕必加严惩。贤良祠岂可有不慎廉隅之人滥行列入？"到了乾隆六十年，记仇心切的乾隆将赏给于敏中后代世袭罔替的一等轻车都尉给夺去，又狠狠痛骂了于敏中一通。

铁汉舒赫德平定山东之乱

乾隆三十八年入军机处的舒赫德，说起来也是乾隆朝的资深老臣了。如果不是嘴巴大，有什么说什么，舒赫德恐怕早就是首席军机大臣了，也轮不到汉人于敏中了。

舒赫德在军机处资格最老，他是军机处创设之后的第一个军机章京，为人精明强干，对时局常有独到见解。但舒赫德锋芒毕露，不懂韬光养晦，官场人送外号“铁汉”。因为敢于发表意见，招惹了不少是非，在官场上几上几下，吃尽了苦头。

乾隆六年，京内宝泉局铸钱工匠因为工头拖欠两年工资，开始联合罢工。一些工人占据厂房，在房上投掷砖瓦抵抗。京内的铸钱工匠共有上四千余人，乾隆担心事态扩大，不知所措。舒赫德建议立刻开枪镇压，枪声一响，刁民也就散去。乾隆看奏后大为满意，着舒赫德负责处理，很快摆平了。

乾隆九年，舒赫德上了个惊世骇俗的奏折。他认为充斥于科举之中的都是空言，毫无实用，请废掉科举，另辟途径，录用有真才实学的人才。乾隆也知道科举的弊端，但一下子废除科举根本不现实，只能维持旧制，渐除积习。对于舒赫德此奏，乾隆也未加以斥责，只是说他言之太过。

第一次金川战役时，舒赫德随同傅恒远征，因功授参赞，入军机处做军机大臣。舒赫德年少时，爷爷徐元梦在浙江做官，此时汪由敦尚未发迹，在他家做私塾先生。徐元梦请人到家里来看面相，来人一看到汪由敦和舒赫德，就说这师徒二人将来都是要做宰相的。汪由敦五十五岁做到了军机大臣，学生舒赫德更厉害，三十八岁就做了军机大臣。

乾隆十七年，准噶尔部内讧时，乾隆准备用兵。舒赫德坚持用兵应该慎重，被乾隆认为懦弱胆怯，夺去官衔，随后又被宽免。此年准噶尔部阿睦尔撒纳来降，在前方的舒赫德认为此人靠不住，建议将其家属扣押作为人质。

不想乾隆看了奏折后盛怒，指责舒赫德“颠倒舛谬”，要离散别人骨肉，伤了阿睦尔撒纳的心，命侍卫封刀，快马至前线斩杀之。太子太傅来保得到消息后，赶紧来找乾隆求情，称人才难得，舒赫德虽然一时多虑，但办事谨慎，不该斩杀。

乾隆道：“侍卫已行，恐难以追回。”

来保赶紧道：“我让儿子成麟立刻去追。”

乾隆也知道自己不对，同意不杀舒赫德。来保让儿子成麟快马去追，一路急追至潼关，赶上侍卫，收回前命，救了舒赫德。事后傅恒心惊肉跳地道：“这事只有来保敢做，一百个我也不行。”

至阿睦尔撒纳叛变时，舒赫德正在前方做小兵，负责“照管阿睦尔撒纳游牧事务”。得讯后立刻组织士兵，将阿睦尔撒纳妻儿扣住。阿睦尔撒纳的儿子此时尚年幼，乾隆下令永远囚禁在狱中，至嘉庆年间方才去世。阿睦尔撒纳叛变后，舒赫德复被起用，受命平叛。

乾隆二十二年三月，舒赫德在军中一人上疏奏事，被指责放纵。到了年底，舒赫德久战无功，被罢官从军赎罪。这样罢官、启用，再罢官，再启用，舒赫德已经习惯了，他改不了的就是有话必说的毛病。乾隆知道舒赫德有能力，可是他却不会体贴皇帝，说点皇帝爱听的话，只好屡屡惩戒了。

傅恒远征缅甸时，舒赫德被任命为参赞大臣，提前赶赴云南筹划进军。

他本以为缅甸之战极为轻松，到了前线才知道困难重重，遂如实上奏，称云南山多路险，一切筹办不易，并实话实说："深入缅甸一二千里之遥，粮不能继，实无胜算可操。"

这又激怒了乾隆，大骂舒赫德"乖谬，可鄙可笑"，再次被夺去官职。

到了乾隆三十六年，土尔扈特部自俄罗斯归来，朝中均以为是伪降，唯独舒赫德认为无诈，被乾隆任命为伊犁将军，处理土尔扈特部来归之事。

来来去去，丢官复官，舒赫德已习以为常。乾隆三十八年，随着军机处老臣刘统勋、刘纶的去世，阿桂又远征大小金川，乾隆想起了遇事有犯无隐，时常忠言逆耳的"铁汉"舒赫德，再将他调入军机处。虽然舒赫德爱唠叨，可终究能帮助处理大小金川的紧急事务。

对再入军机处的舒赫德，乾隆给予了更多的宽容。舒赫德儿子舒宁在北京招惹是非，打死了两个家奴，乾隆只是将他交给舒赫德严加管束。舒宁在山东争夺煤矿，被人告发，舒赫德气急败坏，将儿子绑起来送到刑部请罪。乾隆知道了，特意下令宽免。乾隆还将本由福隆安管理的崇文门税务，转交舒赫德管理，让他也好捞点外快，补贴家用。

崇文门征税的物品主要分五大项，即衣物、食品、用物、杂贩和牲畜等。每项内又分为若干小类，凡物必征，雁过拔毛。崇文门税务是京师内最肥的差事，有"生不愿封万户侯，但愿一管崇文门"之说。但舒赫德却不想要这个差事，借口自己精神不济，请另找他人。

舒赫德再做军机大臣后，锋芒收敛了许多，再也没有被贬官。再入军机处的次年，舒赫德受命处理了一件大事。

乾隆三十九年八月二十八日夜，许多人白布缠头，携带武器，攻入寿张城内，抢劫仓库，占领城市。山东巡抚徐绩得到报告后，立刻带兵前往弹压。九月初二，徐绩路过齐河时碰到寿张逃出来的兵丁，方才知道是白莲教闹事。

这是平静了上百年的华北平原上第一次大规模民众闹事，影响极大，此次起义的领导人是王伦。

王伦是寿张人，长期习武，通过治病习武，招纳了一批徒弟，并暗中传播白莲教。白莲教宣传末日之说，信仰该教则可以得到解救。王伦的徒弟从事各种职业，都是底层社会中人，拜王伦为师，多数是出于练武的爱好。王伦的徒弟中有一名叫作乌三娘的女人，精通拳术与杂耍，实际上是王伦的情妇。王伦自己没有子女，就广结干亲，认了十八个干儿子。通过师徒关系及干亲关系，王伦扩大了自己的影响力，并与官府中的衙役交结。

王伦传播的白莲教，以弥勒转世，带领世人度过末日劫难为主要教义。在封闭的山东农村，对于民众来说，宗教具有天然的吸引力。通过信仰宗教，他们可以暂时麻醉自己，摆脱现世中的痛苦。面对天灾人祸时，通过宗教的凝结，散沙一般的个体能抱团取暖，得到帮助。而救世主转世，开创出一个新时代的宣传，又给了他们莫大的希望。经过多年宣传造势，王伦被认为是将开创出一个新时代的救世主，将要成为皇帝。

频繁南巡中的乾隆，帝王的威严与奢华，深深地刺激了王伦的野心。乾隆南巡时，曾在王伦家旁边的运河上住了三个晚上，作为围观者的王伦，当与项羽一样，生出“彼可取而代之”之心。就在此年，关于王伦是帝王的传说开始传播，各种异象与征兆也开始出现，而刀枪不入的神术也被传授给了弟子们。

王伦的行动不是密不透风，左邻右舍都开始讨论白莲教即将举兵，知县沈齐义准备抓捕王伦的消息，被衙役透露给了王伦。王伦决定立即行动，去实现自己的帝王梦。王伦倒是有点头脑，决定在八月二十八日动手，事先安排在县衙中做衙役的弟子，请其他衙役喝酒看戏。散布在各县的弟子们则得到通知，带着刀剑前往王伦家集中。

八月二十八日夜，毫无防备的寿张县城，被一群乌合之众轻松攻克。

城内的衙役正在喝酒看戏，毫无防备。王伦部下攻入县城后，衙役一部分逃跑，一部分被杀。知县沈齐义穿上整套官服，一个人庄严地坐在县衙大堂上，严厉斥责了王伦的弟子们。在拒绝加入叛乱后，沈齐义被杀。关押在监狱中的囚犯被释放出来，并自然地参加了此次闹事。城内库房中存放的银两、粮仓的粮食被洗劫一空，商铺中的钱财衣物也被抢劫。八月二十九日，王伦入城称帝，弟子们都被封了官。梵伟被封为军师，孟灿、王经隆被封为正副元帅。

王伦起兵之后，散布在乡间的民众也被裹挟着参加了此次行动。王伦并没有继续留在寿张，而是很快出城，去攻打附近的阳谷县。所有能找到的骡车、马车、牛车，都被用上，以装载银两、粮食、妇女和儿童。阳谷县城也被轻松攻下，照例洗劫了库房，抢走了银两和粮食。

随后王伦带领扩大了的队伍，离开阳谷。他的下一个目标是堂邑县。堂邑县知县陈枚因为太胖，在多个仆人的帮忙之下仍然没能骑上马，最终被擒。虽然身躯肥硕，陈枚被擒后倒是硬气，在拒绝加入叛乱的邀请之后，被拉到刑场处死。县城被攻下后，监狱中的犯人都被放出，有追随一起闹事的，有各自逃逸的。阳谷县监狱中的两名犯人，在王伦离开后自行投案。乾隆知道后表扬了二人，并特意加恩宽免。

连续攻下三个县城，让王伦极为兴奋，并充满了自信。沿途路过村庄时，壮年男子都被迫加入叛乱队伍，声势越发浩大，叛乱者人数从最初的几百人扩大到三千人。千奇百怪，形状各异的人马，扛着锄头、斧头、棍棒、刀矛之类，跟随着漫长的车队行进在山东平原上。车上装载着老人、妇女、儿童、鸡鸭、银两，车队中还有猪羊之类的家禽跟着一起行军。

九月七日上午，山东巡抚徐绩率领的军队与王伦声势浩大的车队相遇，双方开战。

然而，平素里威武过人的官兵，竟然不敌这群乌合之众，被打得四散逃跑。至于此次战败的原因，据当时人记载，徐绩是个书生，不通军事，行军时将武器集中起来放在后方的车上，士兵徒手行进，以为这样能节省体力，加快行军。待王伦领兵攻上来时，“士卒皆徒手与敌，遂至大溃。”

战败后，为了掩饰自己的失误，徐绩以写小说的笔调向乾隆奏报：“领头之人，两手持刀，疾走如飞，宛如猕猴。其余亦憨不畏死，不惧枪炮。”

此日，乾隆考虑到山东的绿营官兵庸懦无能，且与地方上联系颇多，不肯出力，遂命舒赫德以视察河工为名，急速前往山东平息战乱。除了舒赫德之外，军机大臣阿思哈、驸马拉旺多尔济也被派去临清督战。

击败徐绩之后，这支奇特的军队出现在临清城下。临清是大运河上的重要贸易城市，人口众多，经济富裕。临清有新城与旧城。新城由结实的围墙环绕，城内有银库粮仓之类，衙门也设在新城内。旧城则密布商业街道，由于年代长久，旧城的城墙已坍塌，防守薄弱。

下午，旧城被占领，随后对新城西门发起了进攻。被封为元帅的弟子，带领了约八百人，在临清城下摆开阵势。和尚梵伟，一手执剑，一手拿旗，纵马狂奔，发号施令。队伍中的女兵着各色妖艳服装，手摇白扇，载歌载舞。王伦的弟弟穿了个黄马褂，骑马猛冲，口中默念着咒语。

让守城者惊恐的是，城头上用劈山炮、子母炮、鸟枪一起轰击，势如排山倒海。但轰了半天，一个人也没有击中。攻城者在城下更加激动，奔走呼号，守城的士兵均惶恐不已，窃窃私语：“此何妖术乃尔也？”

看着城下奔走而舞，身着奇装异服的女人，执大旗，骑马狂奔的和尚，城头所有的人都实实在在的感受到了妖术的力量，无言的恐惧笼罩在城头。此时一名有经验的老兵给出了妙招：“呼妓女上城，解其亵衣，以阴对之。”

于是，一群妓女被请上城头，她们脱光了衣服，将阴部对着城下，士兵官绅们则在一旁卖力鼓励她们对着城下撒尿。沾了月经的亵物，黑狗血、黑鸡血、狗屎也用扫帚洒到城墙下，以破坏王伦属下的法术。在文人的记述中，妖术果然失效了，攻城者被枪炮击中落荒而逃。

八日、九日，王伦指挥他的弟子们又对西门发起了新的攻势，但均告失败。十日，王伦转而攻打南门，在旧城中找出来的大炮也被用来攻城。守城者则搬出了新制的鱼皮革盾，将领则穿上了犀甲，城头上一片热闹景象。此日攻城者损失惨重，大元帅王经隆与孟灿双双负伤。

战事处于僵持状态时，王伦却在旧城营造了个安乐窝。王伦占据了一个利于防守的当铺，号为“御营”。沿途劫掠的妇女，貌美者被王伦挑出，其余的则赏给了手下。一个庙宇被用作了王宫，每天王伦都要上朝，他紫衣长髯，佩无鞘剑，面南而坐，臣下则频频磕头。旧城中没有来得及逃走的人被逼迫入伙，不从者则死于刀下。为了保证给养，城内的粮食被收罗一空，集中起来分配。虽然粮食短缺，但王伦的专用厨师，每日里为他烹制可口的菜肴。王伦也派出手下到城外乡村去抢劫粮食，并征募壮丁入伙。

此时新城也开始面临问题，援军久候不至，火药快要耗尽，食物严重短缺。十二日一度曾有援军出现在临清城下，但在王伦的军队发起冲锋之后，官兵们调头狂奔，四散而逃。乾隆恨铁不成钢，在严惩带队军官的同时，也命令舒赫德待军队集中完毕之后再发起进攻。

在几次攻打临清新城未能奏效后，从十三日至十八日，王伦的军队暂时偃旗息鼓，同时派出游骑四处劫掠，以获取补给。二十日，王伦从抓获的俘虏口中得悉，乾隆派出了一千人前来围剿。王伦乐观地认为，就是再来一千人也不是他的对手。

从十三日起，舒赫德一直在德州等待各地调过来的精兵，而山东巡抚徐绩则再次调集了近三千士兵出发前往临清。河南巡抚也派出了一千七百名士兵前往临清，加上从天津、北京、保定等地抽调过来的士兵，此次作战出动了约七千五百人。王伦充满了自信，当清军的援军于二十一日出现时，他命令部下出战。但此次的战斗，他所面临的敌手，却是大清国训练有素的精锐部队。进攻无功而返，反而折损颇多。

二十三日上午，清军大队援军赶至，中午时分，舒赫德统领八旗精锐至城下布阵。王伦的手下在城外无法抗击清军的强大攻势，只能退守到旧城之中。王伦在当日的战斗中也受伤，带领手下仓皇退守旧城。此时旧城通往各处的出口已被完全切断，王伦和他的追随者们已毫无生机。旧城内的一些人开始逃跑，大元帅阎吉仁穿着大黄袍，背着一包银锭潜出城去。但这样的装束太过显眼，很快就被逮捕。

临清旧城内街道逼仄，小巷数百处，纵横交错，只能单人通行，路径复杂，处处可通。王伦的部下躲藏在各处，并与清军展开了激烈的战斗。舒赫德命令部下一边放火焚烧，一边分头突进。王伦的部下知道已无生机，拼死血战。据舒赫德奏报："贼匪情急，到处直前迎扑，复上屋抛掷砖瓦，并执红旗招呼党类，各执大刀长枪抗拒。"充满传奇色彩的乌三娘在战斗中被打死，死后她的法术仍然让清军恐怖不已，将她砍成肉泥以破掉法术。

二十六日，王伦带着亲信弟子和一群妇女儿童，躲入原任巡抚汪灏的大宅子中。曾参加过金川战役的御前头等侍卫音济图被派到临清，他的任务是搜出王伦。在汪宅里，音济图带着精锐士兵仔细搜索，以找出王伦。一片混乱之中，音济图看到一个人长得很像王伦，就和一个手下冲过去抓住他的辫子。此人就是王伦，被抓后大声呼救。梵伟和一些人跑了过来，将王伦抢了回去，并躲进了最后的据点塔楼。音济图被砍成了重伤，不久死去。

当夜王伦让梵伟带人突围，自己则留下来藏在汪氏大宅的塔楼中。清军在临清旧城严密搜捕，就是地窖水沟也被仔细寻觅，至于突围的梵伟等人，不久也一一落网。搜捕行动进行到二十九日，清军最终将王伦躲藏的塔楼包围。王伦在塔楼上自焚而死，死时身着紫袍，叛乱至此告终。王伦自焚而死，让乾隆极其愤恨。乾隆必要将敢于反抗他的敌人，以最残酷的刑罚处死。有鉴于此，乾隆特意指令在金川前线的阿桂，将金川土司索诺木逼至绝境时，要设计诱他出降，不要让他自杀死掉。

王伦之乱后，舒赫德在山东处理善后事宜。临清一带，由于双方交战激烈，居民大多逃散，战后回归家园时，粮食缺乏，舒赫德让地方官员酌量分给口粮。由于王伦一路行军时，对民房加以焚烧，很多民众无处可居，舒赫德也下令对贫穷者酌量拨给修理费用。对于极其穷困的难民，则分给四个月的口粮。受此战影响，临清附近州县收成不足，于漕米等项，也一并缓征。此外，临清一带，牛马之类多被王伦抢夺，舒赫德考虑到来年春天民众无法耕作，请动用库银，到别处买牛，转运到临清发给农民春天耕作使用。

叛乱平息之后，乾隆发谕称："此次剿匪，所有事均系舒赫德一人所办，阿思哈并无所办，殊不可解。"乾隆很是不满，驸马拉旺多尔济年纪轻，需要锻炼，听舒赫德的指挥还可以理解。可阿思哈是军机大臣，奉旨前往山东一起办事，应该分担舒赫德的责任，怎么能什么都交给舒赫德去办理呢？

舒赫德在山东，除了主持军事事务外，还承担了另一个任务，就是调查地方官员。河东河道总督姚立德牵涉进太监高云从一案。乾隆让舒赫德查看"姚立德是否奋勉图报，有无躲闪脱滑情形"。舒赫德查探后，认为姚立德办事勤勉。乾隆遂将其革职留任，以观后效。

王伦一案平息后，生擒的梵伟等人被解送北京审讯。自军机处设置之后，经过皇帝批准，大案常交由军机处承办。审案时，军机大臣也会选派一些军机章京参与。军机章京审案时的表现，也是升迁的一个考核标准。在军机处审讯时，樊伟供称，王伦还有党徒数千人，并一一写出名单。乾隆本来要按照名单抓捕，但军机章京冯应榴认为不可。冯应榴认为，这样做牵连极广，将会扩大事态，反而中了樊伟的诡计。乾隆听了他的建议，不再按名单查究。

乾隆四十二年，军机大臣舒赫德病逝，享年六十八岁。舒赫德故去的前一年，一名政坛新星冉冉升起，这就是和珅。

和珅的军机处生涯

乾隆朝前期，最受恩宠的自然属傅恒。傅恒之得宠，除了乾隆深爱着他的姐姐之外，他的才气，他的功绩，他的谨慎，他的体会上意，都是重要因素。傅恒死后，之后的刘统勋、尹继善、于敏中、阿桂，都没有达到傅恒的受宠程度。到了乾隆朝后期，和珅横空出世，恩宠无限，就是傅恒活着，也不能与之相比。

乾隆四十年十二月，以二十六岁的御前侍卫和珅为正蓝旗满洲副都统。

乾隆四十一年一月，命和珅补授户部右侍郎。

乾隆四十一年三月，命户部右侍郎和坤在军机大臣上行走。

从御前侍卫到军机大臣，和珅只用了四个月。

乾隆朝晚期，和珅备受恩宠，不可一世，这却是为何？

有故事云，雍正朝，有王妃美貌绝伦，皇四子弘历入宫时，见妃子正对着镜子梳头。弘历少年轻浮，见到如此美女，顿生调戏之心。弘历从妃子背后，用双手掩住她的眼睛，妃子不知道是弘历，大为惊恐，大内之中，怎会有如此浪荡之徒？遂以梳子向后刺，击中弘历额头。弘历狼狈而逃。次日，皇后看到弘历额头上的伤痕，加以询问。初时弘历还隐瞒不说，后来被严厉诘问，方将实情说出。

皇后听了后大怒，以为是妃子勾引弘历，立刻赐妃子自缢。弘历大惊，但徘徊再三，终究不敢说出实情。妃子自缢时，弘历以手沾朱砂，赶往妃子处，到时妃子已自缢，气息奄奄。弘历将朱砂印在妃子额头，痛哭道：“如有灵魂，二十年后，再来相聚。”

几十年后，机智敏锐的八旗子弟和珅，入宫做御前侍卫，此时他从未想过日后能位极人臣。和珅出身并不低微，他的高祖父、父亲，都曾谋得了高级军官的职位，至和珅时，家道中落，财力窘迫，但因为良好的家世背景，他获得了发展的机会。

二十岁时，和珅继承父职，做了个三等轻车都尉，过了三年被补授为三等侍卫。大概因为和珅体魄健壮，相貌堂堂，为人机警，被选中给乾隆抬轿子。给皇帝抬轿子并不是低贱的活儿，而是无上尊荣，且要求极高。首先要求出身好，必须是“八旗大员子弟”，政治上靠得住。其次，必须年轻，且长相英俊，性格果敢，身手矫捷，能应对突发事件。在皇帝身边经过锻炼之后，异日都能得到重用。

一日轿子出行时，仓促之间找不到轿盖，乾隆坐在轿子里问：“这是谁的过错呀？”

此时有人大声应道：“典守者的责任。”

乾隆很是惊讶，就看是谁回答的。一睹之下，却有似曾相识之感，但却又想不起来在哪里见过此人。回宫之后，乾隆追忆往事，突然想起和珅与当年的自缢妃子如此貌似。逝去的灵魂在此世附体了，战栗之间，乾隆急召和珅入宫。和珅跪在御座之下，乾隆无限感慨地俯视，却见和珅颈脖之间隐约似有嘞痕，由此乾隆默认和珅是当年的妃子转世，倍加宠爱。数月之间，和珅由御前侍卫升为军机大臣。

此段故事当时无人不知，但大臣们却无人敢说，怕生出杀身之祸。大清的宫廷八卦，竟然飞越了大洋，传到了欧洲。1793 年英国派出的马嘎尔尼使团到达中国，并赴热河拜见乾隆。英国人在华期间一无所获，未能达成通商贸易的目标，失望地回国了。在护送他们归国的路上，中国的大臣再也忍耐不住，尽展毒舌，兴致勃勃地给这些即将远去的英国人讲述着乾隆与和珅之间的爱情故事，并不担心这些八卦会给他们生出任何麻烦。

和珅长相英俊，堪为美男子，且诙谐幽默。《四库全书》的正总裁英廉，儿子死后留下了一个孙女，爱若至宝。孙女长大后，选择对象让英廉操碎了心。选了无数京师的名门子弟之后，英廉一眼看中的却是和珅，认为他英俊洒脱，且才华横溢，将来必能飞黄腾达。和珅这个时候正是落魄，手头拮据，派仆人刘全四处借钱。英廉也不嫌他穷，为孙女办了丰厚的嫁妆，让二人成婚。

乾隆用人特别在乎长相，能得到重用的官员不但为人机灵，熟读诗书，更要长相英俊。赵翼就因为长得不够俊帅，丢掉了即将到手的状元，年迈后赵翼还发出苦叹："到老始知非力取，三分人事七分天。"赵翼其实该满足了，想想那柳永，如此才气，黄龙榜上无名，只好牢骚着奉旨逛青楼。

乾隆朝的大员，如傅恒、王杰、于敏中、董诰、梁国治、福康安等人，无不是风度翩翩的美男子。纪晓岚虽然才华横溢，但是人长的胖，且相貌不美，一直不被重用。长得俊帅，也是和珅胜出的重要条件。乾隆用人还有地域歧视，他不喜江北人，所提拔重用的汉人大臣，十有八九，都是江南人。

人长得俊帅，和珅学问也可以。少年时代，和珅进入了八旗子弟的重点学校咸宁宫官学就读。咸宁宫官学对学生的选拔极为仔细，从众多的八旗子弟中挑出相貌英俊、品学兼优者入学。官学的教师多数是进士出身的翰林，对学生要求严格，教育全面，培养了一大批八旗才俊。和珅在咸宁宫中学习刻苦，熟读四书五经，精通蒙古文和藏文，诗词书画也有一定水平。丰富的知识面，多才多艺，这些也是和珅出人头地的内在条件。

和珅能得到乾隆的宠爱，不单单是那外貌与才华，更重要的是他有着玲珑剔透的心，能体会乾隆的意。乾隆与和珅之间，肉体有无相通，虽有各种八卦，无实据可查，但二人的灵魂之间，却是彼此交汇的。

乾隆禅位给嘉庆之后，自称太上皇，继续重用和珅。嘉庆由此也能目睹这君臣二人之间一场灵魂相通的表演。一日早朝后，乾隆召和珅至，乾隆面南而坐，嘉庆面西而坐，和珅跪在地下。乾隆闭着眼睛，似乎睡着了，但口中却不断地喃喃自语，不知所云。

过了良久，乾隆突然睁开眼，问道："这人姓名是什么？"

和珅跪在地下回答："高天德、苟文明。"

乾隆一身不吭，再次闭眼喃喃自语。良久之后，不出一语，挥手让和珅退出。

目睹此景的嘉庆大为惊愕，过了几日问和珅："前日太上皇问的是谁？你怎么知道的？"

和珅道："太上皇念的是西藏秘咒，念后被诅咒的人虽在千里之外也会死掉。奴才听太上皇念咒，知道所诅咒的必然是现在正在闹事的三省教匪头目，故而将二人名字奏上。"

和珅能揣摩到乾隆的心意，很多事情，不要皇帝开口，他就干净利落地做好了。自从挖掘出和珅后，乾隆发现自己一日也离不开他了，就将他调入军机处。军机大臣每日都要入见皇帝，这样正好，可以增加君臣二人的交流机会。

在军机大臣任上，和珅表现出色。他的记忆力绝佳，每日皇帝口授的谕旨，听一遍就能默记。各种奏折，虽然连篇累牍，仓促之间批阅，和珅也能提纲挈领，切中要害，奏对均称乾隆心意。处理政务是把好手，体贴皇帝，更是无人能与和珅相比。在作为军机大臣被召见时，若乾隆咳嗽要吐痰，和珅立刻将痰盂端上，乾隆吃瓜子吐壳，他立刻接了吃下。清人笔记里嘲讽他在乾隆面前表现的更像个家奴，可所有的军机大臣，谁不是皇帝的家奴呢？只是和珅演家奴，更加入戏，更加投入，更得皇帝欢心而已。

和珅入军机处时，首席军机大臣于敏中，交接外吏，生活奢华，使得乾隆朝前期军机处严谨的风气为之一变。于敏中因与太监高云从交往，虽未被惩戒，但也夹紧了尾巴。和珅入军机处后，对这个乾隆宠爱的新人，政坛的新星，于敏中自然要分外谦让奉承。“自于、和当权后，朝士习为奔竞，弃置正道。”

至乾隆四十四年，于敏中病故，以阿桂为首席军机大臣。阿桂是老臣，战功显赫，哪里将后生小子和珅放在眼里。阿桂不满和珅，不会表现出来。但文武大臣之中，却有一人不屑和珅，并明白地表达出来，这个人就是李侍尧。

李侍尧也是军机章京出身，个子短小，却精敏过人，凡读书皆过目不忘。在军机处值班时，被乾隆碰到，询问机要，对答如流，被夸奖为“天下奇才”。此后官运亨通，一直做到封疆大吏，历任湖广总督、两广总督、云贵总督。李侍尧依仗着自己资格老，能力强，看到和珅时也不把他当回事。据《朝鲜李朝实录》记载：“李侍尧为皇帝信任，年老位高，平日儿畜和珅。珅衔之。”《朝鲜李朝实录》中又评价和珅道：“性又阴毒，少有嫌隙，必致中伤，人皆侧目。”被李侍尧当作儿畜一般侮辱，此仇怎能不报？

才干过人之外，李侍尧得宠的原因之一，在于他每年给乾隆上贡最多，有时一年上贡八九次。所进献的贡品都是各地珍奇宝物，乾隆收取一部分之后，其余退回，这样就落到了李侍尧手中。李侍尧纳了无数宝物，惹得和珅眼红。

乾隆四十五年，贵州按察使海明入京，前去拜见和珅。和珅询问李侍尧的动静。海明就将李侍尧贪腐无度的情况告知，又说李侍尧过生日时，自己曾送了两百两黄金给他祝寿。得了李侍尧贪腐的消息后，和珅大喜，现在有机会可以报仇了。

和珅相当狡猾，他不直接去找乾隆告状，而让海明在京内到处传播李侍尧贪腐的消息。不久之后，官场上议论纷纷，风声也传到了乾隆的耳中。对于自己信任的大臣贪腐，乾隆深恶痛绝，遂让军机处召海明询问。在被军机大臣连续两次召见之后，海明才正式呈禀了李侍尧贪赃枉法的详细情况。

乾隆看到海明呈上李侍尧贪污的奏本后，当场发怒："侍尧身为大学士，历任总督，负恩婪索，朕做梦也想不到！"

乾隆询问百官，有谁愿意去查办李侍尧，不想满朝文武都知道李侍尧的能量，无人敢出来揽这事。此时和珅挺身而出，自告奋勇，表示愿意前往。乾隆遂在正月二十六日命令军机大臣和珅亲往西南，查办云贵总督李侍尧贪污一案。在乾隆朝，军机大臣所担负的使命之一，就是代表皇帝去执行法律。进入军机处之后，和珅对于此项职权倒是乐此不疲，因为借此能铲除政敌。

一路上和珅风驰电掣，恨不得一口气驰到云贵，将这个眼中钉李侍尧给拿下。到了云贵之后，查办案件却一直没有突破。李侍尧在云贵经营了几年，根基深厚，亲信众多。云贵两省的官员，大大小小，都与李侍尧有交结，谁肯站出来说我曾行贿过李侍尧？和珅忙碌了些日子，却没有找到能将李侍尧彻底扳倒的证据，遂另谋他策。

和珅是个聪明人，知道要找到李侍尧贪腐证据，就要从他的亲信入手。李侍尧的管家赵一恒，追随李多年，掌握一切情况。和珅将赵一恒秘密抓捕之后，严刑拷打，总算问出了李侍尧贪腐的实际证据。和珅查出李侍尧收过臬司汪圻、铜厂厂员素尔方阿等人贿赂万余两。同时也查出李侍尧将珠子交给属下变卖，索银五千两。

三月十八日，云贵总督李侍尧被革职拿办。云南巡抚孙士毅与李侍尧同在一城，却不据实弹劾，也被革职发往伊犁效力，其他涉案官员一律革职。

五月初七日，乾隆下旨，让各省督抚就如何处理李侍尧发表意见。此前经过审判，李侍尧被定为斩立决。各省督抚揣摩上意，回奏时都认为应该从重处罚，将李侍尧立即斩杀。唯独安徽巡抚闵鹗元认为，李侍尧历任封疆，勤干有为，不妨饶他一命。据此乾隆认为，大多数督抚在揣摩上意，唯独闵鹗元能据见直陈，遂降旨将李侍尧改为斩监候。

乾隆饶李侍尧一命，还有其他因素。在查抄李侍尧家产时，查出有黄金佛三座、珍珠葡萄一架、珊瑚树四尺者三株。依照惯例，各省大员所呈送的贡品，每九种发还三种。据此推断，李侍尧家的财物中，有五分之三属于进贡所赏还。乾隆一看这个情况，心中自然生出感慨，这李侍尧还是为朕着想的。此外，乾隆在谕旨中曾说过："李侍尧历任封疆，在总督中最为出色。"朝廷上下，如李侍尧这么能干的也没几人，就留了他一命。

扳倒李侍尧后，和珅摆出严明嘴脸，奏称云南地方由于李侍尧向下属大肆索贿，导致吏治败坏，各府州亏空严重，请加以严查。和珅为皇帝努力办事，查处贪腐官吏，自然增加了自己在皇帝心中的分量。此年乾隆亲自给和珅的儿子赐名为丰绅殷德（丰绅在满语中意为福禄），并将自己年方六岁，最为宠爱的小女儿许配给丰绅殷德，又将没收的李侍尧京内房产赏给和珅。无数恩宠加于一身，而此年的和珅不过三十一岁。

和珅以为李侍尧虽留了条命，也是老死狱中，不想李侍尧却咸鱼翻身，一年之后再次被启用。

乾隆四十六年，甘肃哲合忍耶教派动乱，乾隆命军机大臣阿桂、和珅亲去甘肃督战，又特旨命李侍尧戴罪立功，赏给三品顶戴花翎，赴甘肃处理军事。

和珅与阿桂受命同去甘肃督战，阿桂年迈多疾，且痔疮发作，行走不便。而和珅年轻力壮，行走便捷，乾隆遂催促和珅日夜兼程前进。和珅至前方后，倒也不是畏缩不前，而是亲自督战。不想开战时，清军惯例，让地方民团排在第一排，绿营排在第二排，旗兵排在最后。开战后，民团作战不力，绿营畏惧，全军溃奔，和珅带了将领用刀鞭砍打也无济于事。

战事上没有进展，总兵图钦保又阵亡，和珅不得不等待阿桂前来。数日后阿桂赶到，和珅推诿责任，认为前线将领骄横自负，不听调度，导致战败。阿桂听了和珅的说辞，只是淡淡地道："不听指挥是该杀。"

次日阿桂主持军事会议，众将林立，屏气凝息，听令调度，无人敢抗命。名将海兰察天负神力，号称用兵天授，每战皆以少击众，箭术举世无双。乾隆曾夸奖他"匹马弯弓，贼不敢视"。海兰察历来自负，目中无人，最爱和八旗权贵抬扛，但平生只服阿桂。阿桂到了前线后，海兰察自然也是乖乖听令。

老迈的阿桂，威风凛凛地坐在大帐之中调动着众将，并不忘挖苦和珅："你看众将里谁不听指挥？该杀谁呢？"

和珅憋了一肚子火，就将战败的责任推卸给海兰察，弹劾海兰察在前方收受皮毛等礼物。

乾隆看到和珅的奏折后，不怒反笑："海兰察一直能杀敌，收点皮毛御寒，何必指责他？你和珅既不能杀敌，能不收别人的礼物就算不错了。"

前方将领大多追随阿桂参加过缅甸、大小金川之战，谁会把一个后起之秀和珅放在眼里呢。乾隆也知道和珅在前方无所用处，只会生出滞碍，遂命和珅交出关防，迅速回京。此次前线蒙羞之后，和珅对阿桂是一肚子的意见，阿桂也不想搭理和珅。虽同值军机处十几年，二人却不相往来。凡蒙召见，阿桂必远离和珅，愕然独立，浑似入定。和珅得到乾隆宠幸，可阿桂怎么也是首席军机大臣，照规矩得征询他的意见。和珅主动过去搭话时，阿桂就含糊支吾一二，不知所云。

和珅也曾给阿桂下过套，想整他一下。军机章京海升与老婆不和，一次吵架之后把老婆打死了，但却谎报是"自缢身亡"。老婆的弟弟贵宁不服，闹着要上告。和珅探悉后，怂恿贵宁一口咬住阿桂袒护海升。但仅靠贵宁控告，口说无凭，和珅又找到大臣曹文埴，让他作证阿桂袒护海升。这让曹文埴为难了，夹在中间，两边都不能得罪，就以母亲年迈，需要照料为由，辞职开溜了。虽然阿桂未被扳倒，但终究还是受到牵连，被罚去一年的俸禄。

老年的阿桂，对一切都看淡了，有超然逸世之感。此种超然，就隐士来言，诚是佳话。但阿桂乃是首席军机大臣，承担国之重责，如此的超然，其实是消极的逃避责任，也造就了和珅的为所欲为。

自和珅得宠之后，满朝文武，弹劾和珅的只有一人，那就是上海人曹锡宝。乾隆五十一年，曹锡宝任御使，见和珅家人刘全家赀丰厚，衣服车马房屋皆逾越礼制，遂决定上疏弹劾。不想此事被同乡侍郎吴省钦得知，飞马告知正在热河的和珅。和珅急令刘全将家财处理干净。

至乾隆当面询问和珅时，和珅从容应对，称刘全帮助自己办理崇文门税务多年，稍有积蓄，造房十余间居住也是合情合理。乾隆对和珅的解释比较满意，也就不再追究此事，对曹锡宝也格外开恩，只是将他革职留任，并让京内臣不要排挤他。虽然乾隆这样说，但在和珅的威势之下，曹锡宝郁郁不得志，最终贫病交加，咳血而死。

和珅跌倒之后，无数关于文士傲然不屈，在和珅最红时挖苦讽刺他的轶事横空出世，这其中，自然少不了阿桂等人。然而，当和珅横行时，阿桂等人却并没有弹劾和珅，只是以超然的态度在一旁坐视。阿桂这些人是聪明的，对和珅这样的大红人，不冷不热，于若即若离之间，以一二轶事，点缀出自己的清高之骨，营造出段段文人佳话。当风云变幻，新帝登基，和珅跌倒之后，这些轶事佳话，旋即成了政治资本。此即中国的为臣之道，管他权臣当道的背后，是无数民脂民膏在被挥霍呢，保住自己的权位即可。阿桂临死时说的透彻："我年八十，可死。位将相，可死。子孙无所不足，可死。""三可死"之间，其他就可以省略了。

军机处编修《四库全书》引发的血案

除了拟定谕旨，随同军机大臣出差办事等任务之外，军机处还有其他任务，如主持撰修方略，保管档案等。乾隆十四年，为了吹嘘征战准噶尔、大金川的功绩，经张廷玉奏请，乾隆特设方略馆，由军机处兼管。方略馆总裁以军机大臣兼任，下设满汉纂修多人，除了由翰林院咨送汉纂修一人外，其余均由军机章京兼任。

此后每逢大的战争结束，都要由方略馆纂修“方略”。方略馆以军机处所保存的战事档案为基础，炫耀乾隆的武功。方略馆选择熟悉军机处档案，文采过人的军机章京负责纂修。翰林院所选修订方略的人，也有军机处背景。如赵翼，考中探花之后入翰林院，被调到方略馆担任编撰《平定准噶尔方略》。

军机处还监管内翻书房，也就是处理满汉文翻译事务。内翻书房设管理大臣一人，由满洲军机大臣兼任，办事官员抽调精通语言者担任。

修订方略、翻译文书之外，乾隆三十八年闰三月，军机处又承担了一个重要任务，这就是编修《四库全书》。乾隆以刘统勋、刘纶、于敏中、福隆安、裘曰修为办理《四库全书》正总裁，又以翰林院编修纪昀、军机章京陆锡熊为总办。

要编修《四库全书》，就要大量征集各地藏书，而征集藏书的目的，则是为了禁书，是谓“寓禁于征”。

扬州商人马裕藏书颇丰，藏书楼“丛书楼”名满江南。乾隆下令借书，并指示借书时“多多益善”。结果马裕家藏的一千三百八十五种图书中，精华七百七十六种被取出送呈四库全书馆。精华一去，马家藏书楼的地位一落千丈，从此再无影响力。

浙江鲍士恭家里藏书颇丰，藏书楼“知不足斋”以收藏宋元珍本书籍而闻名。从中被精选出六百二十六种，此后“鲍氏不再以藏书家著称”。浙江“天一阁”藏书号称天下第一，得悉乾隆编撰《四库全书》，要从全国征书之后，藏书楼主人范懋柱虽然心痛，但也乖乖地提出，要尽献藏书。“天一阁”中的精华遂被抽出，其中有四百七十三种录入《四库全书》。原先浙江民间藏书风气盛行，藏书楼为全国之冠，经过此次征书之后，一蹶不振。

在乾隆下令征书之后，各省藏书家所进献书籍“不下万余种”。江苏所进献书籍最多，达四千八百零八种，浙江有四千六百种。对于献书得力的江浙藏书家，乾隆觉得满意，下令各赏给《古今图书集成》一部作为奖励。乾隆还特意参考宁波天一阁的建筑风格，在京师修建四阁，以收藏《四库全书》。

乾隆编撰《四库全书》的目的，并不单是征书禁书，更深层的目的是为了控制思想，打击异见。在翻阅了所征的书籍后，乾隆大为失望，“并不见稍有忌讳之书”。乾隆指出，自明亡之后，民间所著野史极多，其中多有诋毁清朝者。此类书籍以江浙所藏最多，江西、广东、湖北等地也有，现在一本禁书也看不到，肯定是藏书家们私藏在了家里。乾隆严令江浙各省督抚：“于已缴藏书之家，再令传谕，如有不应存留之书，即速交出。”

乾隆正式下达禁书谕令，查缴禁书。对于皇帝的命令，各省督抚无不卖力执行。江西巡抚海成为了查出民间所藏断简遗编，下令挨家挨户通告，无论“全书、废卷”都要交出，并按照书价加倍购买。乾隆认为这个办法极好，命各省仿效实行。海成在江西查处禁书八千余部，乾隆大大地表扬了一番他：“看来查办禁书一事，惟海成最为认真。”

在乾隆看来，江浙本该查出的禁书最多，不想竟比不上江西，遂下谕叱责江浙地方督抚办事不力。

浙江巡抚三宝被批评之后，发狠下令浙江各地严查禁书。但浙江情况特殊，地方上家中收藏的明末书籍，要么被扔到角落里找不出来，要么就是男人外出耕读，家中的女人不识字，查办禁书工作没什么突破。三宝也急了，就让地方官员走群众路线，耐心诱导，仔细教育，并以查出禁书多少作为绩效考核，排好名次，按照优劣，或提拔任用，或降级处理。乾隆对三宝这个做法极为满意，下令各省推广学习。

江苏官员一看浙江察禁书做的这么好，自然不甘落后。江苏官员在查办禁书工作上绞尽脑汁，以便取得禁书工作上的突破。于是，全国第一本记载禁书名字的《违碍书目》被印刷发行，并发给各州县，依照所开书名仔细查收。随后，全国各省也向江苏学习，编制禁书书目，积极进行查书工作。

不想江西巡抚海成查办旧日禁书得力，对近年出版的书就有点疏忽了。江西读书人王锡侯曾中过举人，但在会试时多年没有进展，就退而著述。所编的字典《字贯》之中，对于康熙、雍正、乾隆三帝，均直呼其名“玄烨”“胤禛”“弘历”。此书被新昌县县民王泷南检举告发。乾隆得悉后，下令以大逆罪将王锡侯处死。王锡侯所著各项书籍及板片，各省搜罗之后直接送到军机处销毁。

受此案牵连，江西巡抚海成被革职交刑部治罪。由于《字贯》一书的出现，乾隆又将查办禁书的范围，从“旧人著作”扩大到“现在刊行”的书籍。

在查禁书的过程中，军机处扮演了不光彩的角色。军机处从全国各地抽调书籍，加以审核，拟定禁书书单。军机处所列禁书书单下放给各省督抚，按照书单查办。各省查出来的禁书都被运到军机处，由军机处派专人逐一登记，开列书单，然后再行销毁。王锡侯因《字贯》案被杀，他身前的十三种著作，被军机处列入“悖妄书目”，下令全国查禁销毁。各地的文字狱也由军机处加以审判。在军机处的审判过程中，对于这些冤案，军机大臣不敢澄清，而是依照乾隆的意思予以严惩。

禁书工作的开展，在各地带来了血雨腥风，诸多小文人无端遭殃。东台人徐述夔，因为《一柱楼诗》中的一句诗而家破人亡。徐家与地方上一个监生蔡嘉树闹矛盾，蔡就去告状，称徐的诗文悖逆。此时徐述夔及儿子徐怀祖已死，孙子徐食田被告后害怕，就抱了书去自首。蔡嘉树果然是个狠人，到官府当场摘出书中一句“明朝期振翮，一举去清都”，作为罪证。此后如皋地方又有人跑去找江苏学政刘墉，告发《一柱楼诗》大逆不道，刘墉也认为“诗语多愤激”，赶紧将书移送两江总督查办。

为了加官进爵，刘墉进行告密构陷的勾当，将丹徒县殷宝山告发。殷宝山所著《岫亭草》的《记梦》篇中，有一句写道：“若姓氏，物之红色者是。夫色之红非姓之红也，红乃朱也。”刘墉据此引申，认为殷宝山居心叵测，暗指明代皇室之姓，怀念故国。“实属叛逆，罪不容诛。”此等阴险龌龊的刘墉，在今日的电视剧中，却以正气凛然的刘罗锅形象出现。九泉之下的刘墉当笑醒乎？

徐述夔已死，乾隆下令将棺材挖出戮尸，以伸国法，孙子徐食田、徐食书、徐首发等人被斩首。此案牵连甚广，诸多官员因为查办不力被追究，为书作跋者也被牵连。为了抢功，军机大臣和珅，在乾隆五十四年单独字寄江苏巡抚闵鹗元，指令再次查缴徐述夔《一柱楼诗》，“不使只字流传”。至于殷宝山，则被下令押解到北京接受审讯，其结局不得而知。

以编撰《四库全书》为借口，附庸风雅的乾隆肆无忌惮，极尽残酷，广行文字狱。一时之间，阴云弥漫，血雨腥风，冤案四起，因为一个字，一句诗，一本书而家破人亡者数不胜数。这是文化的黑暗时代，一切思想的自由都被压制，暗无天日之中，以读书人鲜血浇灌而出的却是所谓的“乾隆盛世”。

乾隆四十三年十一月，要钳制住读书人大脑的乾隆，意犹未尽，由内阁明发上谕，令各省督抚，必须在两年内查清禁书。两年之后如果查出还有禁书，藏书者自然要从重治罪，负责承办的督抚也要被严厉追究。于是又是一轮疯狂查书禁书，又是一起起文字狱兴起。

《四库全书》的编修导致了无数的文字狱，无数的书籍被毁，此诚是人类史上黑暗无边的时代。闪烁的盛世光芒，灼人的十全武功，亦不能驱除这文化上的无边黑暗。可悲的是，大量落魄的读书人，却不解皇帝想控制大脑的心意，看到编修《四库全书》，以为自己的机会来了。傻乎乎的穷读书人，连口饭也吃不饱，却梦想着将自己心血铸成的私人著述献出，编入《四库全书》，博得皇帝青睐，进而能出将入相，一展身手，修治齐平。

山西人戎英急匆匆地跑到《四库全书》编撰处，献上自己所著《万年配天策》等书。军机大臣翻阅后，发现此书纯系无稽之谈。所幸书内并无“悖逆”语句，才活了下来。

直隶盐山地方有个五十八岁的老童生王珣，一辈子考不上科举，就著书自乐，对《四书》加以诠释。书写好了，王珣派人带书到京城找纪昀献宝。这种穷酸书生纪昀看多了，理也不理，又去献给侍郎金简，并称这是“神书”。王珣想拍马屁，认为乾隆是仁义之君，应将“夷狄”避讳，故而《论语》中的“夷狄”二字应改为“义帝”。金简一看，这可不得了，赶紧报告乾隆。随后王珣被判定编造悖逆字迹，诋毁本朝，发往新疆为奴。

这两个傻读书人还留下了命。直隶地方上的智天豹靠行医为生，勉强糊口，无望之中，决意献书乾隆，博得富贵。在乾隆往谒泰陵的路上，智天豹献上自己所著《本朝万年书》。书中大拍马屁，认为本朝国运比周朝八百年更长，乾隆将在位五十七年。乾隆看了大怒，让军机处审问，以罪大恶极罪处斩，白白送了条性命。可惜的是智天豹的预言都错了，乾隆在位六十年，而大清江山不过三百年。破落不堪的穷读书人，在皇帝眼里都是下贱的，可叹的是，读书人们却一直为皇帝而操碎了心。

在严查禁书的同时，《红楼梦》却因为和珅的推荐而开禁。《红楼梦》自成书之后，一直被视为淫秽之书，屡遭查禁，只能在地下传播。乾隆五十四年之后，《红楼梦》开始在各地流传，在江浙地区几乎无人不知。和珅弟弟和琳的亲家苏凌阿家中藏有《红楼梦》，和珅翻阅之后感觉不错，就将书中的一些所谓“碍语”删去，再进献给乾隆。乾隆阅后很是喜欢，皇帝都首肯了，自然也就没人查禁《红楼梦》了。《红楼梦》不但前八十回得到刊印，后四十回也跟着被补了出来，且是以当时最为精美的铜版雕刻活字武英殿聚珍版刻印。

然而，幸运的是一部《红楼梦》，不幸的是万千本书籍。借助编修《四库全书》之名，全国范围内的图书被彻底清查，凡是不合于满清统治的书籍都被销毁。据统计，所焚书籍，不但涉及清初的各种民间野史，连契丹、女真、蒙古、辽金元时期的书籍也被清查篡改。修书过程中，查缴禁书达三千余种，十五万多部。

乾隆四十六年十二月，第一部《四库全书》编成，文字狱也稍微放缓。乾隆也知道文字狱搞得人人自危，开始有所收敛，纠正了几起文字狱。如湖南巡抚李世杰查出《沧浪乡志》一书中有“幕天席地”“玉盏长明”“德泽恩溥”“运际升平”等语，被地方官员认为是潜藏祸心，思念前明。乾隆不得不指出，“幕天席地”“玉盏长明”是成语，“德泽恩溥”“运际升平”是颂扬之词，并不过分。又如安徽巡抚谭尚忠认为《寿浣亭诗集》中“征衣泪积燕云恨，林泉不共鸟鸣啼”等句，是厌清思明。乾隆再次指出，如果这句诗有大逆不道之心，则杜甫、孟浩然的诗也是大逆不道了。

所幸，杜甫、孟浩然，没有生在这个时代。

军机处的富察三兄弟

乾隆四十八年的军机处，军机大臣有阿桂、福隆安、梁国治、和珅、董诰、福长安、福康安。福隆安、福长安、福康安，都是已故军机大臣傅恒的儿子。一门三兄弟，同入军机处，在军机处历史上是唯一。

傅恒共生了四个儿子，分别是福灵安、福隆安、福康安、福长安。

福灵安是傅恒的长子，乾隆的侄女婿，曾跟随定边将军兆惠平定西域，因披坚执锐，冲锋陷阵而被奖赏，在对缅甸的战役中也立下功劳。但福灵安去世的早，不然应该是兄弟四人中最被重用的。

老二福隆安娶了乾隆的第四个女儿，做了皇帝的女婿，自然前途无量。乾隆二十三年，福隆安做了御前侍卫，十年之后，福隆安就爬到了从一品的兵部尚书，并在军机大臣上行走。此时他父亲傅恒任首席军机大臣，开创了父子二人同入军机处的先例。

刚入军机处，在缮写回复俄罗斯的谕旨时，福隆安将乾隆特意改正的地方忘记抄入。而此事关系外交，至为重要，乾隆不由叹气，这刚入军机处的福隆安，到底还是年轻，一切都不周到，还得朕帮他操心。此时乾隆又想起能干的“铁汉”舒赫德了，唠叨着要是舒赫德还在军机处，一切都会办的妥当。

傅恒、刘纶、刘统勋等老一辈的军机大臣相继去世后，于敏中在军机处日久，成了首席军机大臣之后，很多人依附于他。此时军机大臣之中又没有老成练达，熟悉政务之人。本来乾隆还指望女婿福隆安能制衡下于敏中，但福隆安年纪轻轻，未经历练，哪里是于敏中的对手。

乾隆三十七年，福隆安被派到金川前线处理总兵宋元俊告发桂林一案。宋元俊称统帅桂林，在军中终日饮酒，大肆挥霍。到了前线后，福隆安发现宋元俊是诬告，遂据实汇报。在金川前线，福隆安也承担了实地考察军情的任务，他发现金川前线军粮运输困难，将领阿尔泰年迈。根据福隆安的奏报，乾隆相应地做了调整。金川战事胜利后，表功时也将他算了一份，在平定金川前五十功臣中排名第六，绘像入紫光阁。福隆安一度向乾隆请战，想留在金川前线效力，锻炼一二。但此时军机大臣人手短缺，乾隆还是将他召回了京师。

凡满族亲贵，自受到皇帝青睐之后，自己可能谨慎收敛，但奴才却跟着骨头轻了，老爱给主子招惹点是非，此类事件在清代层出不穷，可以视为“奴才定律”。做大臣的，在皇帝面前是奴才；在自己的家仆面前，却是主子。弱者总是会欺凌更弱的群体，以填补此种心理空缺，于是家仆们一出了主子的门，便人五人六，胡作非为了。

乾隆三十九年，福隆安被御使李漱芳弹劾，称福隆安的家奴蓝大，喝醉了酒在金陵酒楼打架闹事。巡城官员赶到后，碍于福隆安的面子，没有处理蓝大。蓝大自恃主子背景深厚，继续在外率众游荡，逞凶打架，扰害平民。乾隆看了奏折后，下令将蓝大交刑部从重治罪。福隆安对家奴约束不严，难辞其咎，被命令检讨反省。

此次福隆安虽被弹劾，他到底是乾隆的女婿，傅恒的儿子，乾隆的身边还是有他的一席之地。福隆安继续扈从着皇帝，但他已开始面临新崛起的和珅的强大挑战。

就在此年五月，乾隆下谕称，福隆安所管事务太多，令将所有步军统领事宜交给和珅办理。步军统领又称九门提督，负责京师内的防务与治安，相当于今日的北京卫戍司令兼北京市公安局长，负责京内九座城门守卫和门禁，处理巡夜、救火、编查保甲、禁令、缉捕、断狱等，责任重大，地位显赫。步军统领的职位，硬生生地让出来给了和珅，这意味着福隆安地位开始下降。

皇帝的恩宠少了，福隆安的身体也开始衰弱，做事也不利落、不专心了，这又降低了他在皇帝心目中的地位。乾隆四十七年四月，乾隆举行祭天大典，由福隆安负责巡视。乾隆到了天坛之后，发现所悬挂的天灯只有两盏，所摆设的坐褥也不整齐。乾隆很不开心，本要将福隆安撤职，看在他患病的份上才饶了他。

福隆安的身体状况也越发糟糕，乾隆四十八年，乾隆出巡，福隆安生病不能陪同，留在京师修养。不想此年，他的家仆又给他招惹出是非。

此年福隆安的仆人富礼善，在外面打人致死，事后指使赵文达顶包。权势之家，遇到人命官司时，常重金收买穷人或亡命之徒顶替，这在清代屡见不鲜，以致成为一种产业，有个专门名词“宰白鸭”称呼此类顶包者。在刑部审问时，赵文达将所有的罪责都包揽了下来，案件相关的证人不敢指证，刑部官员也没有认真讯问。本来此事就要过关，不料首席军机大臣阿桂得悉真相后，向乾隆检举了此事。

乾隆让阿桂、和珅、福康安、刘墉四人会同刑部再审。赵文达先是坚持说是自己杀的人，被严刑刑问之后，转而承认是富礼善致人死亡。此案福隆安虽不知情，也被罚公俸十年，并交部严加议处。

乾隆四十九年，福隆安病死。据朝鲜来华使节记载，福隆安之死，与上年家人富礼善杀人顶凶案相关。乾隆得知福隆安家人胡作非为后，怒责福隆安，由此福隆安惊惶不已，身体日益衰弱，不久死去。福隆安死后，少了这个政坛敌手，“和珅宠遇愈隆，威势日加”。

傅恒的第三个儿子，就是大名鼎鼎的福康安。

乾隆三十五年，对于傅恒的三儿子福康安来说，是官运开始的年份。此年傅恒去世，乾隆曾说过“汝儿即吾儿”，傅恒的儿子都被乾隆当作儿子看待，此后扶摇直上，位极人臣。

乾隆对福康安是大力培养，十七岁时被提拔为头等侍卫。乾隆三十七年，十九岁的福康安跟随温福出征大金川。温福战死后，福康安追随阿桂，继续征战。从大金川战役起，此后福康安频繁征战，参与了平定甘肃回民起义，擒获台湾林爽文，远征廓尔喀，镇压苗疆起义。乾隆中后期的战役，福康安基本参与，且鲜少败绩，被当时人称为异数。

福康安战功赫赫，长相英俊，受到乾隆喜爱，这却让和珅心里吃醋，二人互相争宠，势不两立。在和珅的暗箭之下，福康安吃了几次亏，自然不肯罢休，寻找机会准备反扑。乾隆四十五年，云贵总督空缺。乾隆环顾亲信大臣，可以挑选的只有阿桂、和珅、福康安等人。但阿桂坐镇中枢，职务重要。和珅扈从左右，不可远去，就将福康安派去了云南。

为了调节二人矛盾，乾隆此后一直让福康安在外办理军事，和珅则留在京内处理朝政。这二人都不是省油的灯，一个在京内聚敛无数财富，一个在外豪纵无度，“时和相专擅于内，福文襄豪纵于外，天下督抚习为奢侈，因之库藏空虚，民业凋敝。”

福康安的老爹傅恒性好奢靡，衣冠器具崇尚华美。傅恒府中的园林，被军机大臣尹继善赞为“蓬岛仙境”，府内所藏宝物无不昂贵。傅恒死后，二儿子福隆安卖了些宝玩，就得银八十万两。自鸣钟、时辰表等在当时属稀罕贵重之物，而在傅恒府中却很普通，甚至仆役也每人身上挂了一块表。

这样的家庭背景，也使福康安喜好奢华。福康安每至一地，必笙歌一片。福康安喜欢穿紫色衣服，所到之处，大家均效法，称紫色为“福色”。

福康安能唱曲，于是前方将士血肉横飞，拼死鏖战，后方大营内笙歌一片，余音袅袅。

福康安名头大了，想不招惹点是非都难。福康安有个家人，与一个地痞副天保是邻居，常将福康安的排场讲述给副天保听，让他颇是羡慕嫉妒恨。听得多了，副天保觉得福康安的灵魂在自己身上附体了，想借此发财。副天保找了几十个地痞，自称是大帅福康安，从京师出发，一路行骗。

地方官们对福康安的威风早有耳闻，听说是他来了，自然得大力孝敬。副天保骗取财物无数。招摇撞骗，一路走到湖南辰州。辰州知府安泰却是福康安一手提拔起来的，听说福康安来了，自然要过去拜见主子。副天保哪里敢见安泰，就称病不出。安泰越发狐疑，这不是福康安的浮夸风格啊，就硬闯了进去。一看情势不妙，副天保赶紧一头钻入到重重被褥之中，安泰就一条条将被子拉开。最终真相出现，冒牌货副天保被擒。

福康安与和珅不和，虽然豪纵于外，但却与和珅的弟弟和琳关系融洽。和琳小和珅三岁，和珅入军机处时，他才到吏部做了个笔帖式。有和珅罩住，和琳的仕途也开始灿烂起来。与哥哥和珅一样，和琳自身也有过人之处，他肯干，能干，苦干。

乾隆五十三年，山东、河南干旱，运河水浅，漕运被严重阻碍。乾隆很是着急，就派和琳去考察漕运，尽快解决问题。和琳到了运河上，除了建议造吃水浅的船只之外，还发现湖北过来的漕船偷运了一千根巨木，阻碍了漕运河道。再查下去，和琳发现这批巨木中有八百根是福康安运来的，于是如实禀奏，乾隆知道后将福康安一顿臭骂。和琳办事利落，又有哥哥和珅帮他在乾隆耳边吹风，自然要受到重用。

乾隆五十六年，廓尔喀入侵西藏，乾隆令福康安带兵进藏，又让和琳和他同去。乾隆的考虑是，和琳心思细密，可以办理西藏政务；福康安大刀阔斧，则处理军事事务。虽然当年福康安私运巨木，阻塞漕运，被和琳查出，且与和珅交恶。但到了西藏，福康安与和琳却相处融洽。二人一军一政，配合无间，很快将西藏事务办得妥妥当当，这是二人的第一次合作。

福康安在清代堪为战功最为显赫者。乾隆也知道他的功绩，在廓尔喀战役中，乾隆一度曾许下诺言，如果福康安能攻克廓尔喀，将封赏王爵。清代非皇族而能封王者，清初孔有德、尚可喜、耿仲明、吴三桂四人，此后再无。如果福康安能封王爵，将是乾隆朝所有大臣之中最大的殊荣，足以让和珅艳羡。

不料福康安进军廓尔喀之后，廓尔喀主动提出投降。乾隆担心孤军深入，大雪封山后很难退出，也就接受了廓尔喀的投降。既然廓尔喀投降了，依照乾隆的承诺，该封福康安为王了吧。但乾隆考虑到如果封王，则傅恒一门太过荣耀，“富察氏一门太盛，于伊家亦属无益”，最终还是没有给他王爵。

乾隆六十年，和琳再次受命与福康安一起去征伐湖南苗族起义。能与福康安再次合作，和琳相当开心，作诗云：“佛说因缘缘自在，瓣香从此重金经”，认为自己和福康安有缘分。此时福康安担任云贵总督，和琳担任四川总督，二人分别出发，前往湖南。

嘉庆元年四月下旬，福康安在前线突然感到胸闷，不思饮食，但没有太在意，照常指挥作战。到了五月初，福康安开始腹泻，每日约十余次。眼看福康安身体日差，和琳极为忧虑，到各处寻觅良医，劝福康安吃药。医生到了军中之后，福康安已元气耗尽，生命垂危了。临死之前，福康安握着和琳的手，就军情嘱咐再三。

福康安病死后，乾隆悲痛万分，派驸马丰绅殷德前去祭奠。福康安灵柩回京时，乾隆亲去祭奠。福康安死后，乾隆追封他为郡王，他也是宗室以外，满人中唯一被追封郡王的大臣。和琳不久也在前方染病去世，这让和珅痛心无比。和珅兄弟二人感情极深，和琳没什么钱，又长期在外任职，家中事务都由和珅料理。和珅对和琳的子女极为关照，凡婚嫁大事，都由和珅出资一手操办。兄弟二人在驴肉胡同的旧宅，和珅也交给了和琳儿子使用。

福康安生前与和珅不和，嘉庆在整肃和珅余党时，照理说应该不会牵涉到福康安。但福康安生前豪纵过度，每次出兵，任意开销，毫无节制，时常以犒劳士兵为由，让地方官员供给军费，在当时就备受诟病，也为后人带来了麻烦。福康安病死苗疆后，他儿子德麟前去迎灵柩，沿途收受官员银两达四万两。嘉庆九年，嘉庆得知德麟敛财之举大怒，认为“实出情理之外，竟非人类所有”，德麟被加倍追缴所收银子。

福长安是傅恒的小儿子，要说能力他没有多少，但他也有自己的优势，其一是家族背景，其二就是长得帅，其三是机灵，讨人喜欢。乾隆四十五年，福长安入军机处。刚入军机处时，乾隆觉得福长安年轻，遂让老臣阿桂带他出去办案，加以锻炼。

在与和珅的接触交往中，两人惺惺相惜，和珅也开始大力支持福长安。二人连成一气，互相支援。福长安在军机处时间相当长，前后共十九年，而他的哥哥福康安在军机处只有两年。与哥哥福康安相比，福长安更会体贴圣意，更会讨好皇帝，“言不称臣，必曰奴才”。乾隆将他留在了身边做个帝奴，福康安则被派出去开拓疆域，处理戎机。

乾隆去世后，和珅跌倒，福长安跟着一起栽下。福长安将自己与和珅捆绑得太紧了。在外人看来，以他的地位，以乾隆对傅恒一家的感情，福长安完全不必依附于任何人。但福长安明白，自己没有三哥福康安那样纵横捭阖、经营千军万马的能力。抑郁而死的二哥福隆安，也让他明白，富贵荣华，万千恩宠，随时也会若黄花般凋谢。他如果安心于做一个富家公子，足可以此生无忧，奈何他生在权贵之门，不能自我选择。

作为傅恒的姐夫，乾隆觉得自己该尽更多的责任，他将傅恒未成年的儿子接入宫中抚养。福长安是兄弟四个中最小的，在宫中由乾隆亲自抚养了二十余年。福长安成年后，乾隆如何肯将他闲在一边，要让他帮自己打点江山。

福长安知道自己斤两几何，家世之外，他的能力资本等于零。然而，乾隆却又重用他。官场的险恶他自然知晓，二哥福隆安就是前车之鉴。他必须寻找一个坚强的政治上的同盟者，支持自己，扶持自己，点拨自己。此时，性格相仿，志趣相同，外表俊俏的和珅，伸出了橄榄枝，福长安自然一头扎入了和珅的怀抱。

嘉庆与福长安二人同年，都出生在乾隆二十五年（1760）。可以肯定，少年时代的嘉庆，与在宫中成长的福长安，一起玩耍，一起读书，有着很多的接触，结下了情谊。做了皇帝之后，嘉庆以为凭借着二人的关系，可以探知些许和珅的情况。嘉庆曾几次利用二人私下相处的机会，询问和珅平日作为如何。福长安则闪烁其词，顾左右而言他，并无一语不利于和珅。嘉庆心中给他记下了一笔，后来指责他包庇和珅，“甚为可恨”。

和珅跌倒的同时，福长安也跟着一起被革职擒拿，家产被抄光。和珅被赐自尽之后，如何处理福长安也为朝野上下所瞩目。福长安没什么大能力，也不是大恶之人，要说贪腐，他也只是个小蛀虫，家产只是和珅的一个零头。而更重要的是，他的父亲傅恒立下了赫赫功劳，富察氏更是与爱新觉罗氏有着千丝万缕的联系。审视再三之后，嘉庆最后还是留了他一命。

最初福长安被拟为斩立决，后改为斩监候，再被发去乾隆陵墓做供茶人。嘉庆以凌厉地毒舌，描述了为何饶福长安一命：“福长安被皇考在宫中豢养二十余年。皇考去世后，当年他所用过的器物，朕都舍不得扔掉。福长安如条小犬在宫中被养了这么多年，好比皇考的宠物，将他杀了，朕也有所不忍。”

“豢养”二字，生动地点出了嘉庆对福长安的鄙视与不屑。堂堂的军机大臣，满洲望族富察氏之后，竟然甘于做和珅的附庸，这与宠物小犬有什么区别？嘉庆对福长安的处置也极为高明。福长安做军机大臣时，每日里为乾隆端茶倒水，极为殷勤，堪为职业卖茶人。嘉庆将他打发去了裕陵，“永远充供茶拜唐阿”。

贵公子福长安，一直锦衣玉食惯了，让他去做个供茶人，他如何甘心。先是借口生了疮疖，没有去裕陵当差。后来勉强去了裕陵，没多久又借口腿有病，溜回京医治。嘉庆得悉后怒骂福长安：“实属胆大，卑鄙无耻。”随即将福长安发配前往盛京充军，儿子锡麟也被下令跟着一起同去。几番沉沦，福长安也知道自敛了，在盛京当差时比较勤勉，被嘉庆调回京师。在后半生之中，福长安小心谨慎，也得了个善终。傅恒一门，此后在政坛上未有大的作为，军机处之中也再无富察氏这样的荣耀。

第三章

守成时代的军机处

和珅的黄粱一梦

乾隆六十年，就皇帝的接班人问题，举国上下，无不议论纷纷。多年之前，乾隆曾对天发誓，如果能在位六十年，将禅位给儿子，以示不敢媲美祖父康熙在位六十一年。乾隆三十七年，乾隆正式宣布，将在八十五岁时禅让。

乾隆本来有十七个儿子，到乾隆三十八年秘密建储时，已有十个皇子去世。到了乾隆六十年，只剩下四个儿子还活着。剩下的四个儿子之中，皇八子永璇刚愎自用，不为乾隆所喜。皇十一子永瑆诗文书法皆佳，名噪一时，乾隆也很是喜欢。但永瑆好要权术，为人苛刻，且一毛不拔，自然入不了乾隆的法眼。

最小的儿子永璘，是个贪图玩乐的公子哥儿，整天微服外出鬼混，为此乾隆将他的爵位降为贝勒。永璘知道做皇帝无望，曾打趣道："这皇帝的帽子哪怕和雨水一样滴落，也不会掉一滴到我头上。只求各位兄长可怜我，将来做了皇帝后，将和珅的豪宅赐给我住，我就心满意足了。"后来嘉庆果然将和珅的豪宅，分了一半给他。

早在乾隆三十八年，皇十五子永琰已被秘密立为皇储，此后他经历了二十余年的漫长考察。在此期间，皇储是谁，无人知晓。自雍正创设秘密建储制度后，谁是皇太子无人知晓，如此避开了兄弟争斗，也避免了以太子为中心形成太子一党，威胁到皇帝本身。乾隆的保密工作做得很好，至乾隆六十年，乾隆有四个儿子还活着，但朝野内外没人知道哪个皇子已被立为皇太子。朝鲜外交使臣来华时，曾就此问题四处询问，不想朝野内外“皆缄口挥手”。由于无法猜测，甚至有人认为皇孙绵恩，也将进入未来皇帝的候选人梯队。

到了乾隆六十年，乾隆将所立的密件，展示给王公大臣阅看，确立皇十五子永琰为皇太子。此年永琰三十五岁。在九月三日正式举行确立太子仪式之前，和珅私下给永琰送去一个如意，暗示他已被立为太子。当日永琰收到玉如意时，自然是极为欢喜，不想日后这成了和珅的罪状。

嘉庆元年（1796）正月初一，八十六岁的乾隆在名义上宣告正式退休。当日举行了传位典礼，鼓乐齐鸣。在外人看来，这禅让一派和气，乾隆是真心想做太上皇了，安享清福了。但其实不然，在禅让仪式上，老皇帝坚持不肯将已陪伴自己大半生的玉玺让出。新皇帝焦虑之下，求教于刘墉。刘墉则道：“古今安有无大宝之天子？”

但这新皇帝还是羞答答，不好意思去找老皇帝直接要玉玺，就让刘墉去要。刘墉过去后，对老皇帝道：“陛下您无心于帝位，真心想禅让。可禅让而不交出玉玺，天下人知道了，该怎么评价呢？”刘墉口水了半天，才从老迈的乾隆手中将玉玺哄出，方才举行禅让大典。

玉玺让出了，可皇帝的宅子乾隆还是占着。退休之前，乾隆已经为自己建好了退休后的养老地宁寿宫，不料禅让之后，他继续赖在养心殿里，不肯移驾。儿子嘉庆也不敢请他走，只好继续住在毓庆宫。乾隆虽然退居二线了，一切待遇照常。新皇称皇帝，乾隆则称“太上皇帝”。太上皇的生日称为万万寿节，新皇帝则称为万寿节。

乾隆退休之后，与其说嘉庆要依照乾隆的心意办事，不若说嘉庆要依和珅的心意办事。没人想到和珅会有这么大的能量，但事实确是如此。

太上皇很敏感，也很自豪。他自豪，他是古来最高寿之帝王，他期待着能活过一百岁。他敏感，权力是他的禁区。虽然是太上皇，但一切还得他做主。乾隆是退而不休，禅而不让，仍掌大权，但他到底已经年迈。再雄才大略的君主，在时间这把杀猪刀面前，也要卸去他的雄风，磨去他的英明。不过乾隆毫不担心，他有个与自己灵魂相通的影子，这就是和珅。有和珅帮他打点，这江山统治起来还是不太吃力。

乾隆对和珅的信任牢不可破。如果有谁说点和珅的不是，在乾隆看来此人必是别有用心，想挑拨离间二人的亲密关系。乾隆时刻离不开和珅，不论是去圆明园，还是避暑山庄，还是秋狝木兰，和珅时刻伴随着他。太上皇的心思只有和珅能懂，太上皇一个眼神，一次喃喃自语，和珅就知道他在想什么。和珅就是乾隆的贴身棉袄，合身，暖和，舒坦，乾隆时刻离不开他，也将一切政务都放心地交给了他。

嘉庆登基后的主要政务活动，不过是参加祭祀、大阅、传胪之类的礼仪活动而已。新皇帝得时刻谦恭，不能表现出急火火想掌权的心思。嘉庆也不敢说服太上皇彻底放弃权力，他更不敢动和珅丝毫。隐忍的背后，其实他内心愤懑无比，“太上皇信之愈深，皇帝恨之愈切。太上皇愈以为功高，皇帝愈以为罪大。不除和珅则祸害无比，欲除和珅则投鼠伤器”，嘉庆所能做的就是等待。

乾隆退休后不久，朝鲜国使臣李秉模来华，前往圆明园拜见太上皇。乾隆心安理得地受礼，并坦然地宣告：“虽然归政了，大事还是朕来办。”李秉模回到朝鲜后，朝鲜国王询问太上皇与新皇帝的情况。李秉模做了番生动描述：“新皇帝侍坐太上皇，太上皇喜则亦喜，笑则亦笑。”

不但对太上皇得喜得笑，对和珅，新皇帝也得如此。嘉庆得时刻摆出笑脸，让和珅知道，朕和太上皇一样信赖你，重用你。和珅的权势，在新皇登基之后，更见嚣张。嘉庆元年，和珅调任正黄旗领侍卫内大臣，兼任镶黄旗满洲都统。嘉庆二年，又命和珅管理刑部，仍兼理户部。利用乾隆帝对自己的信任，和珅四处培植亲信。两江总督苏凌阿，两耳重听，衰迈老朽，因为是和珅弟弟和琳的姻亲，不但没有去职，反而加官进爵。曾在和珅家中教读的吴省兰、李潢、李云光等人，也开始飞黄腾达。

嘉庆二年八月，首席军机大臣阿桂死于任上。阿桂似乎洞悉生死，在此年自己的生日上，置酒作乐终日，并训诫子弟要谨慎持家，最后道："余从此长诀，今后再也不能教导你们了。"阿桂死前，嘱咐家人将所有兵书诗文书稿悉数烧毁，"无以此误后人"。

阿桂一死，和珅升任首席军机大臣，更加飞扬跋扈。

从乾隆四十一年至嘉庆四年，和珅把持军机处二十三年，以军机大臣兼步军统领二十二年，兼管户部尚书十五年。此外还负责掌管吏部、户部、刑部，并兼管户部三库，理藩院、内务府、圆明园等重要事务，他还控制了崇文门税务监督一职。军权、财政权、用人权、刑法诉讼权，所有大权，和珅一把抓，权柄之重，前所未有。

貌似两代帝王对和珅的信任，都牢不可破，而富贵荣华将永伴，功名利禄会长随。臣子中也有忠良耿介之辈，看着和珅飞扬跋扈，遂责问嘉庆，为何不将他除掉。嘉庆急了，赶紧道："和相公是朕的左右手，还要靠他办理四海事，你不可乱说。"

嘉庆还不时向和珅示以亲昵。和珅喜欢玩鼻烟壶，嘉庆亲手将他的鼻烟壶没收掉，劝告道："为了国家大事，和相公你还是把烟戒了吧，身体重要。"

当无人之时，嘉庆紧锁双眉，心中的怒火在燃烧，眼瞳中的刀光在闪烁，怒火与刀光之中的，正是这权倾朝野的和相公。

嘉庆三年，乾隆健康状况恶化。此年十一月，因为过度操心平定白莲教的事务，乾隆感染风寒，治愈后头目眩晕，此后饮食渐减，视听大不如前，老态顿增。年迈的太上皇开始迷糊，精力大不如前。昨天说过的事情，太上皇今天就忘掉了；刚刚吃过早饭，太上皇就念叨着怎么还没吃早饭，让太监再上一份；到了春天，老皇帝却带上了冬天的帽子。人虽迷糊，可太上皇却仍然放不下心，担心儿子处理不好国家大事。

嘉庆四年（1799）正月初三上午，八十九岁的乾隆作诗《望捷》，期待着平息白莲教的消息早日传来，之后突然病发，于养心殿病逝。乾隆死后，北京市面上一切如常，只是官员除掉了帽上的红络。京内舆论认为乾隆的去世，乃是百岁老人的平常事，无须惊慌。

乾隆去世后，在颁布的料理丧事王公大臣名单上，和珅列在诸王之后，众大臣之首。这是嘉庆喂给和珅的定心丸，和珅果然被迷惑了，"且自喜依任如故"。"自喜"二字，活生生地点出了和珅的心态，他对乾隆的忠心与感情，只是为了权力。太上皇死了，只要能保住权力，内心自然还是欢喜的，当然表面上的痛哭功夫还得做足。

不料到了第二天，风云突变，和珅被革去军机大臣、九门提督等官职，被下令在宫内昼夜看守殡殿，不得随意出入，实际上已处于软禁状态。对着乾隆的梓宫，不知此时的和珅作何感想。随后嘉庆又下旨指责和珅冒功领赏，寡廉鲜耻，营私肥橐，导致白莲教起义经年未能平息。这道旨一下，大局已明朗，所有王公大臣都知道这是要惩办和珅了，于是纷纷附和。

正月初五，以刘墉为首的大臣开始上奏，指责和珅的各种不法行径。

正月初八，嘉庆下旨革除和珅及福长安所有职务，下令刑部将二人逮捕收监，又下令查抄二人家产。被抓时，和珅穿了件皮袍，随身带了个鼻烟壶鼻烟包。富贵荣华，幻若浮云。被查抄家产时，和珅的家人正在吃饭。知道富贵已到尽头时，一些人惊恐的难以自制，竟然开始呕吐。

和珅突然跌倒，和孝公主多次入宫，想借着皇帝妹妹的身份，能求皇帝网开一面。但嘉庆已经下定决心，要拿和珅开刀。正月十一日，嘉庆颁布了和珅的二十条大罪。平心而论，二十条大罪中，有一些也算不上什么罪状。如和珅坐轿子出入大内这一条大罪，实因和珅患有严重的腿病，每当腿病发作时，疼痛难忍，苦不堪言。为了治腿病，和珅四处求医，烧香拜佛，但效果甚微。乾隆五十八年，英国使团中的吉伦医生帮和珅治理腿病，起到了一定效果。和珅旋赠送绸缎给吉伦医生。对于英国医生的治理方案，和珅还发表了颇有意思的言论："虽然你这方案，与中国通行之医理不同，新鲜奇突，好似从别的世界来的，却是颇有意思，颇有道理。"

嘉庆认为和珅的罪行与鳌拜、年羹尧、讷亲相比，尤其过之，为了国体起见，特意加恩赐和珅自尽。

正月十五日夜间，京师内一片繁华，火树银花，香车游骑，金吾不禁，玉漏相催。在狱中的和珅作诗两首，感怀前事，无限伤感，无限凄凉：

> "夜色明如许，嗟令困不伸。百年原是梦，廿载枉劳神。室暗难挨晓，墙高不见春。星辰环冷月，缧绁泣孤臣。对景伤前事，怀才误此身。余生料无几，空负九重仁。"
>
> "今夕是何夕，元宵又一春。可怜此月夜，分外照愁人。思与更俱永，恩随节共新。圣明幽隐烛，缧绁有孤臣。"

和珅是乾隆十五年出生，被赐自尽的此年刚好五十岁。正月十八日，和珅收到白练一条，在生命的尽头，和珅留下绝命诗云：

> "五十年来梦幻真，今日撒手谢红尘。他时水泛含龙日，认取香烟是后身。"

和珅死后，他在北京的住宅被分割，前半段被分给了嘉庆的亲弟弟永璘，后半段则给了和珅儿子丰绅殷德与和孝公主。和珅在驴肉胡同的老宅子，给了和琳儿子丰绅宜绵。永璘得了他梦寐以求的和珅的豪宅后，对房子加以改造，使之更符合王的身份。此府后世被转到了恭亲王奕訢手里，成为著名的恭王府。

因为和孝公主的关系，丰绅殷德得免不死，并被批准出京办理和珅丧事。和珅早年在蓟州修建的豪华坟茔此时已被拆毁，看墓人的房屋也被卖掉。丰绅殷德只好找了块地，将和珅草草下葬。嘉庆也额外开恩，准许丰绅殷德保留伯爵爵位，但命令他在家居住，不许外出生事。丰绅殷德本来是个安静的人，性格老成，不苟言笑，喜欢读书写诗，经历此等大变，自然心灰意冷，有看破红尘之感。

此后的岁月里，丰绅殷德在家闲居，每日看看书，练练武，对于道家法术也是分外崇信。嘉庆八年，丰绅殷德突然被仆人控告，说他每日习武，准备加害和孝公主，并且和小妾在国丧期间生下一个女儿。嘉庆查明仆人是衔恨诬告，丰绅殷德与和孝公主关系很好，根本没有练武报仇的想法。但丰绅殷德在国丧期间和小妾生下女儿，在嘉庆看来"实属丧心无耻"，遂革去他伯爵爵位，令他闭门思过。无端招惹出了是非，更让丰绅殷德颓废，终日沉迷于道家修炼术，与方士、道士频繁来往，还给自己取了个道号"天爵道人"。

然而修炼道家法术并未让他得以释怀，他如同惊弓之鸟，不知何时祸事降临，时刻处于紧张状态，身体日渐衰弱。嘉庆十五年，三十六岁时就去世了。丰绅殷德死后，和孝公主一人持家，生计艰难，无力维持家庭开销。嘉庆知晓妹妹的苦处，偶尔也伸出援手，给些经济支持，才能维持小康生活。进入道光朝后，道光对这个姑姑格外开恩，给了更多照顾，将和珅被查抄的当铺及一些土地发还，才改善了生活。

富贵荣华，变幻若梦。和珅若是知道自己的最后结局，是否会满足于在宫中做一个轿夫？丰绅殷德、和孝公主前半生无限风光，后半生无限凄凉，他们是否会后悔生于这样的家庭？

熙来攘往，皆为利益，皆为权势。被权欲富贵冲昏头脑者，在生命的最后一刻常发出哀叹，所叹者，不过求一平淡生活矣。然而，当身陷名利场时，有几人肯跳出来去过平淡的生活？

军机处的大手术

乾隆一朝，十全武功，耗费军费一亿二千万两以上，而国库年入不过三千万两左右。如同浮夸的富家公子一般，乾隆毫无节制地花费着国库，六次巡游江南，五次巡游五台，每年秋狝木兰，避暑承德，花费无数。好大喜功的乾隆耗尽了国库，留给嘉庆一个烂摊子。嘉庆当政之后，国库收入不足，人口过度膨胀，官员贪腐严重，河患频繁出现。为挽救危局，嘉庆一度打出“咸与维新”的旗帜，在内政上做了些改革。

嘉庆是个勤奋的人，他提倡“崇俭黜奢”“勤政务实”，并身体力行，以身作则。在做皇子时，嘉庆就很节俭，逢年过节，送给师傅们的礼物不过是荷包食物等简单物件，“从未有以陈设玩器相持赠者”。在收拾了和珅之后，嘉庆令各地官员停止进贡如意、玉、铜、瓷、书画、插瓶、挂屏之类的物件。在嘉庆看来，贡物都是民脂民膏，借着进贡之名，官员大肆盘剥民众。此后嘉庆又颁布了系列谕旨，严禁奢侈之风。

天尚未明，嘉庆就早早起床，在蜡烛下批阅奏章，早膳之后，每日照例召见大臣十余人。嘉庆四年的夏天，京师天气格外炎热，睿亲王淳颖为皇帝着想，怕嘉庆操劳过度，将本该递上的奏折撤下。嘉庆得悉后，下令将淳颖交给宗人府圈禁，并指示：“今后凡有奏折，均必须直达朕前，听朕批示，不得擅自撤下。”

对乾隆朝后期形成的歌功颂德、粉饰太平的官风，嘉庆也大力整顿。嘉庆四年，浙江旱灾，偶尔下了几滴雨，浙江巡抚玉德赶紧报告：“天降甘露了，粮价也下来了。”嘉庆看后斥责：“此等奏报，不可粉饰。”嘉庆五年，云南发生水灾，云南巡抚江兰报称当年收获颇丰。嘉庆立刻将他革职，并指令今后再有粉饰太平者予以严惩。

不过粉饰太平者还是陆续不断。嘉庆九年，北方蝗虫肆虐，皇宫之中，漫天飞舞的都是蝗虫，随手一抓，就能抓到十多个。不想直隶总督颜检竟然上奏称，蝗虫灾害不足为虑，蝗虫们是来吃青草的，不吃庄稼，“飞蝗不伤禾嘉，惟食青草”。嘉庆看了奏折后，是否会为官员的智商着急呢？

除了和珅这头大老虎之外，其他的贪腐小老虎，嘉庆陆续也打了不少，漕运总督富纲，索贿数万被处死，江苏山阴县令王伸汉冒领赈灾银三万两被处死，湖北道员胡齐仑在湖北贪污军费被绞死。不过嘉庆处理贪腐分子时也不公平，两淮盐政征瑞送了二十万两银子给和珅，和珅嫌少没有收，让送四十万两。再查，征瑞此前已给和珅送了一笔二十万两银子，和珅收下了。这么大的案件，征瑞只是被革职送去东陵干活儿。

嘉庆朝初期整顿吏治，起到了些效果，暂时刹住了乾隆朝晚期官吏贪腐的风气。同时嘉庆严查各省钱粮亏空，治河赈灾，体察民情，减免税收，裁减冗员，让世人顿有“咸与维新”之感。改革春风，扑面而来。

在“咸与维新”的旗帜之下，嘉庆对军机处做了一些改革，其目的是将一度松散的权力，再次紧握在皇帝手中。

清代在政治制度的设计上，以皇权大一统为主线，通过各种方式分权。而军机处的设置，不过是大一统皇权中的一个环节。皇帝要发号施令，要保证政务通达，这就需要效率。军机处的廷寄与谕旨，使皇帝能得心应手的控制。

但在这一环节也存在漏洞。漏洞在于，只有皇帝最亲信者方能入选军机处，而皇帝的信任程度，在大臣身上却是不同的。满人自然比汉人更受皇帝信赖，而在满人之中，比拼的是谁更会揣摩并奉承皇帝。与乾隆灵魂相通的和珅，举手投足之间，即能理解乾隆心意，想乾隆所想，自然备受恩宠。

此时的军机大臣，如阿桂等人，一则已经年迈，二则对乾隆也没那奉承的心。阿桂、舒赫德都顶撞过皇帝，只是皇帝需要他们的才华去办事，才进入中枢。军机处其他大臣，或是被和珅摆平，如福长安；或是懒得多事，如董诰。

和珅秉政以前，所有奏折直接送达皇帝拆阅，然后再将副本发给军机处。在权势巩固之后，和珅改变了此做法，令将奏折的副本同时送交军机处。和珅这一刀，就在皇权中切开了一个口子，这个口子中分出的权力，就是他和珅威福自擅的空间。

奏折本是在皇帝批阅之后，再发交军机处。现在同时递送皇帝与军机处，军机大臣们就可以及早就奏折的处理做好准备，并能揣摩到皇帝的心意。如是，皇帝是省心也更开心，而军机处的权势也扩大了。

而自嘉庆初年五省教乱后，乾隆日夜等待前线军情。不想和珅在军机处，将各路军营送来的军情有选择的递送，常报喜不报忧。和珅跌倒之后，延误军情被视为一大罪状，归于五省教乱经年未能平息的重要原因。

嘉庆对和珅恨到家了，曾私下询问军机大臣吴熊光，和珅可有不臣之心。吴熊光看得却是透彻，对嘉庆道："想谋反的必然要收买人心，比如王莽。和珅只顾捞钱，不顾名声，天下人都厌恶他，所以他不会谋反。"可和珅这样的蛀虫，寄生在大清帝国身上，土壤里的养分都要被他给吸干了。更重要的是，皇帝的权力如何能让他人分来分去。

有鉴于此，把握大权之后，嘉庆采取系列措施，限制军机处权势的扩张。在擒拿和珅的当日，嘉庆发布上谕，要求各部文武大臣及各省督抚，今后凡有奏折，"俱应直达朕前，俱不许另有副封关会军机处"。

此外，还警告不可将所奏之事预先告知军机大臣，并称拆阅奏折之后，嘉庆自然会和军机大臣当面会商，再交各部门办理。

过了十一天，嘉庆再次发出上谕警告称，以前和珅专擅用事，所以有投递军机处另封事件。此后各省所有抄送奏折副本都不得再递送军机处。嘉庆警告，此次整顿后如果还有重蹈前辙者，将重治其罪，绝不宽贷。嘉庆五年，在四川前线镇压五省教乱的广兴，投递奏折时另行咨文送到军机处。嘉庆知悉后，将他降为四品京官，并不得再奏事。

在制度上，嘉庆也加以完善，完善了军机处的保密及用人机制。设立军机处的初衷，一是为了效率，二是为了保密。保密工作在雍正年间，及乾隆朝早中期做的很好。但到了乾隆晚年，随着皇帝的老去，和珅的专权，军机处的保密工作开始走下风。

军机处台阶上，窗外走廊边常挤满了京内各部官员，他们以禀报公务为借口，过来探听消息。往往奏折皇帝还没有批阅，街头巷尾就已开始风传消息了。宫廷的一切，都吸引了人们的眼球，八卦消息更是人人爱听。

每日在天子身边的军机章京，自然成了人们打探消息的源头。乾隆年间曾担任过军机章京的策拔克，做了外官之后，利用在军机处的关系打探消息。在寄给军机章京的信内，策拔克甚至探询圆明园同乐园上演的是什么戏。嘉庆知道后不无愤怒："大内演戏，无干伊事，探询何为？"

嘉庆五年发布谕旨："军机处为办理枢务，承写密旨之地，首以严密为要。军机大臣传述朕旨，令章京缮写，均不应泄露。"为了加强保密工作，嘉庆特意规定，军机大臣只准在军机处处理当日所奉谕旨，不得处理其他各部的文件，其他各部官员不得到军机处去回事，满汉文武大臣不准去军机处找军机大臣聊天，军机章京办事处不准外人偷窥，军机章京不得将文书带回家办理，京中王大臣不得请军机章京代办陈奏事件。

此外，嘉庆还派御史到隆宗门军机处办公室坐镇，每天监视军机大臣和军机章京，如果有泄密事件，可以立刻上奏。同时也让军机大臣监视御史，如果御史迟到或者早退，也可以上奏报告，双方互相监视，以为保密。而在保密的功能之外，御史实际上也扮演了监视军机处的角色，以限制军机处扩张权势。

在军机章京的选任上，以往都是军机大臣挑选可靠的内阁中书、笔帖式充任，具有一定的随意性。军机处保送章京时，基本上从六部挑选，但工部保送人员被录用者最少，因为工部与军机处工作的切合度最弱。

嘉庆四年，又规定嗣后由内阁、六部从中书、笔帖式中选择人品端正，年富力强，字画端正者，交给军机大臣带领引见，再由皇帝挑选。记名人员则在军机章京有空缺时，按秩序补任。军机章京在乾隆朝尚无定额，此时正式确认满汉章京各十六人。同时规定，凡大员子弟，不得保送为军机章京。当年军机大臣引见的各部人员，有十五人被录用为章京，另有二十人按名次候补。此后每年引见的人员一般在十个左右，录用者有六、七人。

嘉庆十一年，又规定军机章京须经过考试，凡考试合格者才有资格带领引见。考试时，限时三刻交卷，字数须满三百，过时不交卷者立刻淘汰。此年考试题目是“勤政殿疏”，工部笔帖式董萼得了第一名。

嘉庆四年，因为擒拿了和珅之后，国家事务繁忙，军机处缺人，嘉庆就让成亲王永瑆入军机处帮忙。过了不久，嘉庆觉得不妥，亲王辅政，位高权重，容易滋生弊端，遂让成亲王永瑆退出军机处，并规定此后王公不得入军机处，以免专擅。

看到嘉庆大力整顿军机处，善于捕捉政治风向的御史也开始跟风。

嘉庆七年，御史王宁焯上奏，认为军机大臣权力过重，应加以限制。对此嘉庆批驳道，各省所寄信件及所拟谕旨，断然不能让很多人分工承担，交由军机处拟写发放，事有统汇，能提高效率。而军机大臣奉旨撰写谕旨，并不是将皇帝的权力转给军机大臣。“我朝令出惟行，大权从无旁落，将此奏掷还。”

嘉庆十年，御史何元烺上奏，请将军机处名称加以改变。何元烺认为，军机处所承办的都是军事事务。现在军事事务已告停，似应更改名目，以表国泰民安，天下太平。

对此奏嘉庆予以否决。嘉庆认为，自雍正年间创设以来，军机处这一名称沿用已久，所负责的谕旨及文书工作均是大事，并不是专一于军事事务。现在三省教匪叛乱已经肃清，四海升平，不改军机二字，才表示真正天下太平。

嘉庆对于军机处的系列改革，起到了拨乱反正之效，使皇权得到了加强，也使军机处在制度与法律上被确认下来。1818 年刊行的新《大清会典事例》对所有这些新的规定有详细说明，第一次从法律上承认了军机处的存在。

然而，嘉庆朝初期出现的"咸与维新"，却没有带来根本性的变化，在官吏选拔任用、官制设置、国库管理、农商政策等方面，嘉庆没有做任何实质性的变革，他只是治标，而不能治本。"咸与维新"短期能挽回些许颓势，但不能避免清廷走向衰败。

在做皇子的时代，嘉庆就已表现了他守成的倾向，在一首诗中他写道："守成继圣王，功德尽巍峨。"嘉庆四年，在扳倒和珅之后，就如何选拔人才，嘉庆指出："自当率循旧章举行。"嘉庆六年二月，嘉庆在谕旨中宣称："列圣旧章，自当恪守。"

在嘉庆十六年（1811）嘉庆所作的《守成论》中，他系统地阐述了他的守成思想。他认为："守成二字，所系至重。"之所以要守成，原因很多：其一，嘉庆认为开国君主都神武过人，大清国尤甚，祖宗所订立的规章制度完美绝伦，后世只需好好守着就是。其二，如果妄行改革，则祸福难测。唐宋以来，凡提倡改革的君主都没有好下场。在嘉庆看来，守成关系到国家的兴亡，不守成者，天必亡之，"亡国之君皆由于不肯守成也"。

《守成论》是嘉庆的执政宣言，是嘉庆一朝乃至后世皇帝的执政纲领。守成的后果是，该怎样还是怎样。既然官员任用机制不能变革，选用的多数还是庸碌之徒。当运动式的反腐结束之后，官员们照样贪污。既然不能开源节流，国库照样还是拮据。当欧洲开始工业革命时，清国还在原地踏步。

小章京的平步青云

自雍正至宣统，一百八十余年，清国大政皆出自军机处。而军机处大政又出自小章京手笔。军机章京熟悉政务，与皇帝接触机会多，升迁的机会自然也多。每个军机章京的升迁之路都充满了努力与汗水，吴熊光、戴衢亨两人，一夜之间升为军机大臣，却是得来最容易。

苏州地方有个读书人吴熊光，家中贫困，虽发奋读书，奈何黄龙榜上始终无名。无奈之下，他与赵翼一样选择了去做清贫的内阁中书。在内阁中书任上，恰逢军机处选拔军机章京，吴熊光被阿桂一眼看中，遂入了军机处。

此后，每逢阿桂外出征战，治河，阅海塘，审狱，吴熊光都陪同在他身边。阿桂是军机处老臣，久经战事，名震天下，威风凛凛，可是到了老年，却收敛起了威风，也不想与后起之秀和珅争什么。和珅忌讳阿桂，不敢当面与他碰撞，阿桂的能耐与城府，若是发作出来，未必是他和珅所能克制住的。奈何不了阿桂，就转而拿捏阿桂的亲信。吴熊光被和珅三番两次刁难，一度离开军机处，终被阿桂调回。

嘉庆二年六月二十四日夜，已退休的太上皇乾隆驻避暑山庄。当日微风拂面，虫鸣清殿，全无京内的酷暑闷热。年迈的乾隆，深深地爱上了避暑山庄，他人生中的重要时光大多是在这里度过的。

乾隆在这里主持了对准噶尔的用兵，在此接见了让他一见倾心的草原雄鹰阿睦尔撒纳。在避暑山庄，乾隆操办了他的八十大寿，并接见了万里之外来华纳贡的英吉利夷人。虽然这些夷人不肯行跪拜礼，但终究是不远万里来朝，一时难以归化，就随他去了。天下传给儿子了，可乾隆还是不放心。刚刚即位的儿子就得面对各省频起的教乱，与英吉利夷人不同，内乱方为心腹之患。

虽然年迈，他却未昏庸。深夜之中，独坐于灯下，乾隆思绪一波波地跳动着，大山大河，大风大浪，他经历了无数。执政六十年，十全武功，康熙与雍正未曾征服的准噶尔，在他的手中，被纳入了帝国的版图。骄横跋扈，凶险万分的大小金川番人，在他的持久努力之下也被剿平。本以为儿子可以做个太平皇帝，不想始一登基，各省白莲教就以排山倒海之势，遍地开花，搅动山河。这让乾隆的脸面置于何方，不剿灭之，誓不罢休。

军机大臣的一个重要任务，就是为皇帝随时提供军事意见。凡用兵涉及的一切道里远近、山川地势、一应兵马、军饷粮秣等情况，及皇帝所问及的军事事宜，军机大臣都要予以回答。对于皇帝询问的情况，军机大臣有当即作答复的，有的无法立即回答，则待查考档案材料之后回复。各省教乱让乾隆忧虑不已，此日夜间，他突然心血来潮，宣召军机大臣入内，准备询问军事事宜。

此时是嘉庆二年，首席军机大臣是阿桂，其他军机大臣还有和珅、董诰、福长安、沈初、台布等人。阿桂年已八十，老弱多病，基本不问政事。军机大臣董诰此时正在丁忧，福长安在军机处也不过是挂个名，做不了什么实事。沈初、台布等人，入军机处时日不久。此时乾隆所依赖的，自然是他的宠臣与亲家公和珅。

不想今日和珅却不在，找了两次也找不到他，老皇帝心中越发焦躁。

乾隆询问之后，只有军机章京在值班。遂将当日值班的军机章京吴熊光、戴衢亨二人唤入。二人被召见后，吴熊光对乾隆所询问事情，对答如流。乾隆顿时喜欢上了吴熊光，当即决定提拔吴熊光为军机大臣。

两个小章京退下之后，和珅赶到，见乾隆喜欢上吴熊光，且要被越级提拔为军机大臣，顿时醋意泛滥。和珅赶紧奏称吴熊光职位低微，越级提拔不符合制度。不料乾隆对此嗤之以鼻，立刻将吴熊光提拔为三品衔。

和珅越发恼火了，没想到自己的反对，竟然成了吴熊光升官的理由。恼怒之下，和珅又找出了个理由，说这吴熊光家里太穷了，饭都吃不饱，当了军机大臣也没银子置办轿子。如果还是和现在一样，骑头破驴子来军机处上班，这将置军机大臣的脸面于何方?

太上皇一听，顿时被感动的热泪盈眶，这吴熊光是人穷志坚，能走到今天真是不容易啊。乾隆一时爱心泛滥，令户部赏饭银一千两给吴熊光，好好改善下生活，再置办个轿子，不要骑驴子了。

和珅顿时被乾隆给弄懵了，只好再奏道："军机章京戴衢亨状元出身，官侍读学士，在军机处二十年了，用吴不若用戴。"

和珅这样说，也有他的道理。这个江西人戴衢亨，出身书香世家，一门显达，父叔兄四人都是翰林，号为"西江四戴"。乾隆四十一年，戴衢亨以内阁中书入军机处做章京。两年后考中了状元，授翰林院修撰。

戴衢亨当年考中状元极为引人注目。其一，当年的主考官队伍太过华丽。此年的七个主考官、同考官、阅卷官，都是状元，分别是于敏中、王杰、秦大成、金榜、陈初哲、黄轩、梁国治。其二，戴衢亨是清代最年轻的状元，考中时才二十三岁。其三，状元的得来，过程颇为曲折。本来拟定的状元是北京邵自昌，不想开卷准备填姓名籍贯时，怎么也拆不开邵自昌的卷子。乾隆等的不耐烦了，就让先拆二、三名，然后再拆邵自昌的卷子。结果还是拆不开，就将邵自昌降为二甲第一名，本为第二名的戴衢亨就成了第一。

入了翰林院，戴衢亨以为就此能扬眉吐气，一展身手了，不想没多久一盆冷水泼下，乾隆特旨让他仍然回军机处担任章京。乾隆一朝，由翰林而充军机章京者，惟戴衢亨一人。这个斯文的状元章京，随同乾隆狩猎木兰时竟然射中了鹿，乾隆作诗表扬了他一番，一度也得到了侍读学士的虚衔，但却在军机章京的位置上打转了近二十年。

戴衢亨是于敏中的得意门生，诗文书法，均效法其师，惟妙惟肖，如出一辙，被讽刺为“于门四犬”之一。乾隆内心最厌恶的，就是与太监交结且贪污无度的于敏中。看到戴衢亨一切均效法于敏中，自然对他不感冒。戴衢亨虽然相貌清癯，为人聪敏，但年轻时性格急躁。木兰围猎时，乾隆虽赐诗给他，也对他的这种性格予以批评，故而在军机章京任上徘徊了二十余年，始终未能出头。

嘉庆却知道戴衢亨的才华，帝位禅让典礼上，一切文字都出自戴衢亨之手。在当时人眼中，戴衢亨出头之日不远矣。

以履历来看，这个戴衢亨也算是无与伦比了，而桀骜不驯的吴熊光，又穷又寒酸，还没有功名。若是让他突然提拔为军机大臣，和珅觉得自己比皇帝还要丢面子。此外，和珅更深一层的考虑是，吴熊光不是自己的人，若是让他入了军机处，会对自己形成牵绊。而此时保举戴衢亨，戴必感激自己，成为自己一党。

不料乾隆白了和珅一眼，反问道：“选拔军机大臣和殿试考状元一样吗？要那么多资历干什么？”

和珅一时语塞，无词以对，只好同意吴熊光做军机大臣。不过乾隆也听从了和珅的建议，让戴衢亨也入了军机处。当日，吴熊光、戴衢亨二人加三品衔，入值军机处。

吴熊光在军机处一夜间飞黄腾达，做了军机大臣后既要仰和珅的鼻息，又要面对军机章京们的嫉妒，处处不爽，时时受限，遂决意做个外官。乾隆得知吴熊光的心思后，就问和珅有什么意见。去掉吴熊光这个眼中钉，和珅也高兴，就道："直隶布政使上有空缺，可以让吴熊光补上。"

乾隆认为让一个军机大臣出任布政使有点不妥。和珅则道："吴熊光从军机章京一跃而为三品顶戴，已是破格了，做个直隶布政使丝毫不委屈他。"

乾隆遂同意让吴熊光去直隶做布政使。吴熊光在直隶布政使任上不久，乾隆去世。

乾隆死后，山东巡抚伊江阿快马加鞭，寄信给和珅，劝和珅节哀顺变。嘉庆得悉后大为愤怒，这死的是朕的老爹，你不来安慰朕，却去安慰和珅，是何等居心。嘉庆又抬出吴熊光来作为忠臣举例。乾隆死后，吴熊光立刻上折请嘉庆不要太伤心，"敦劝朕躬，情词真切"。

在嘉庆看来，吴熊光、伊江阿都曾在军机处行走。吴熊光是汉人，伊江阿是满人，满人一家亲，照例更应体贴皇帝，不想竟"惟知有和珅一人"。大怒之下，嘉庆将伊江阿革职严惩。至于吴熊光，被嘉庆视为"有良心"，此后飞黄腾达，自然是不在话下。

戴衢亨才华出众，政务通达，也被嘉庆所信任重用。虽然戴衢亨入军机处时已四十二岁，比较起来还算年轻的。清代状元入军机处的共有七人，分别是于敏中、梁国治、王杰、戴衢亨、潘世恩、张之万、翁同龢，最年轻的就是戴衢亨，年纪最大的则是张之万，七十三岁才做到军机大臣。

乾隆留给儿子的人才储备极其丰富。嘉庆登基之后，吴熊光、戴衢亨之外，更有董诰、王杰、朱珪、刘墉、纪昀、庆桂等文名沛然的一批老臣辅政。扳倒和珅，掌握大权之后，嘉庆也继续重用着这些老臣，但问题是这些臣子中大多数已经年迈。

嘉庆朝的内阁、军机处多是老人当道，导致官场上呈现出暮气沉沉之感。朱珪入内阁担任大学士时已七十五岁，刘墉担任内阁大学士，以八十五岁高龄死在任上，纪昀则以八十四岁高龄死在任上。军机大臣王杰七十九岁，带着两袖清风退休回老家韩城。首席军机大臣庆桂，一口气干到了七十九岁才退休。庆桂之后，首席军机大臣董诰七十九岁时死于任上。军机处、内阁、六部高官，都是六十岁以上的老人。

这些老臣都大名在外，以清廉而著称，在道德上是标杆，堪为“完人”。但另一方面，他们都八面玲珑，世故圆滑，久处官场，小心谨慎。首席军机大臣庆桂，虽然庸庸碌碌，被当时人评为平庸，但操守极好，长期担任首席军机大臣。对老臣们，嘉庆是极为满意，也极为放心。老臣当道的格局，自然也就注定了政坛的保守，有个性的官员，要想在官场立足，必然要让自己磨练的平庸而圆滑。

嘉庆不介意年龄，不介意平庸，在用人上，他主张德才兼备，当不能二者兼备时，宁可用有德的平庸之人，也不愿用才华横溢的奸狡之徒。嘉庆十八年，御史建议在考录军机章京时，将试卷密封，以示慎重。但嘉庆则认为不可，如果将名字糊上，只能由文字评判优劣，而此人的人品如何则无法判断。所以嘉庆朝二十五年的历史上，未曾出现过显赫一时的，如傅恒、和珅那般的权臣，同样也鲜少勇于任事，敢于担当的大臣。

于是乎，万马齐喑的局面出现，诚如洪亮吉在给嘉庆的上书中所指出：“人才至今日销磨殆尽矣。”

军机处抓捕刘之协

嘉庆元年正月初一，乾隆禅位给嘉庆。七天之后，湖北宜都、枝江等地的白莲教起事，此后各地教徒云起响应，形成了持续九年，波澜壮阔，纵横湖北、四川、陕西、河南、甘肃五省的白莲教起事。在九年的战事中，清军阵亡提督、总兵以下军官四百余人，耗费军费上亿两。嘉庆年间五省白莲教起事，被视作清代由盛转衰的关键性事件。

明末的长期战乱，导致清朝初期四川、湖北、陕西人口锐减，四川人口削减到原先的十分之二。清代推广移民政策，大量移民涌入湖北、四川等地。移民中充斥着好勇斗狠之徒，涌入川楚后，结成党徒，从事各种不法勾当。乾隆一朝，四川、湖北的民间闹事层出不穷。动荡的社会环境，也为白莲教等各种地下宗教的传播提供了条件。

清代白莲教名目繁多，如混元、三元、闻香、收元等等，但万变不离其宗，教义中大体包含了两个主要内容，一是末日劫难，弥勒转世，二是“牛八”转世，反清复明。“牛八”暗指“朱”，即明王朝朱姓后裔。在清代的各类民间宗教中，可以看到无数“牛八”横空出世。

在白莲教传播与起事的过程中，关键人物是刘之协。刘之协如同幽灵一样，自己不走上前台，而在幕后操控，待机而起，向清廷发起挑战。

刘之协的师傅是河南人刘松。乾隆四十年，刘松及儿子刘四儿因为传教被发配甘肃，刘之协却没有被官方所重视，得以安全逃脱。此后刘之协秘密前往甘肃，与刘松商议，将混元教改名为三元教，刘四儿则自称是弥勒佛转世，要辅佐明王朝后裔“牛八”成就大事。刘之协返回安徽后，在亳州花十两银子买了个十一岁的男孩，改名王双喜儿，称他是“牛八”。

刘之协生于乾隆五年（1740），粗通文字，能够吟诗，他曾从事过棉花买卖，从事过布生意，“常年在外游荡”，在江湖上交游极广。刘之协对传教充满了热忱，在各省发展了一批得力弟子如宋之清、刘起荣、阮朋龄等人。

宋之清的传教能力极佳，很快事业兴隆，蒸蒸日上，各地教徒捐献的银两源源不断。宋之清看到传教这么赚钱，就一脚踢开了刘之协，拜了个河南人李三瞎子做师傅。宋之清宣称李三瞎子才是真弥勒转世，李三瞎子的儿子卯儿则被确认为“牛八”。宋之清另起炉灶之后，刘之协带了刘四儿和“牛八”王双喜儿，赶去襄阳与宋之清理论。宋之清看到刘四儿后，却说他不像弥勒佛，坚持李三瞎子才是真弥勒，转而要求刘四儿等人皈依到自己门下，把刘之协气了个半死。刘之协让刘四儿回去甘肃，自己则到安徽老家密谋对付宋之清。

就在教派内为了谁是真“牛八”而争吵时，官府却破获了白莲教大案，并在六省展开了抓捕行动。乾隆五十九年八月，宋之清在襄阳被抓。九月，刘松、刘四儿在甘肃被抓。刘之协此次没有那么幸运，乾隆亲自部署了对他的抓捕行动。

十月十二日，安徽巡抚陈用敷接到抓捕刘之协的谕旨后，立刻赶往太和开展抓捕行动。在太和县的抓捕行动中，刘之协亲戚与门徒，共有五十多人被捕。但刘之协本人此时却不在安徽。因为徒弟刘起荣的官司，他正在河南扶沟县接受当地官府的审问。

此前刘之协派徒弟刘起荣去河南舞阳县，给阮朋龄送二百两银子。二百两银子在当时不是一笔小数目，刘起荣携带一大笔银子赶路，被舞阳地方上的衙役当作贼给抓了起来。此时河南扶沟县地方上发生了一起失窃案，正好被偷走了二百两银子，刘起荣遂被当作嫌疑人押解到扶沟县。

在扶沟县接受审判时，刘起荣称是刘之协让他带银子去做生意用。扶沟知县遂派人到安徽太和县，将刘之协押解到扶沟县审问。据太和县衙役余洛的供词称，刘之协当时穷的没有盘缠，卖了粮食换了点钱之后才上路。此点倒可看出，刘之协对宗教事业极为热忱，个人并未利用传教敛财。

刘之协被押到扶沟县后，由扶沟县官府接收。因为刘之协许诺要给押送他的太和县衙役几百钱作为回去的盘缠，太和县衙役就陪他一起住到扶沟县南关外的一个客店里。

十月十二日，在安徽开展对刘之协抓捕的同时，刘之协在河南接受了扶沟知县刘清鼎的审讯。刘清鼎确认刘起荣与盗窃案无关，但却没有将二百两银子发回。此后刘之协又在扶沟住了三天，等着将银子发回。

十月十五日，乘知县刘清鼎出来上香之机，等的不耐烦的刘之协拦住轿子，索要被没收的二百两银子。刘清鼎大怒，要将刘之协赶走，刘之协不服，大声嚷嚷，表示自己将要去上告。刘清鼎无奈，让他在扶沟再等几天，回头就将银子发回。

就在拦住刘清鼎索要银子之后，刘之协突然消失，仿佛从人间蒸发了。

刘之协之所以突然消失，与教徒的报信有关。

在破获了白莲教传教事件之后，乾隆部署在各省展开抓捕任务。扶沟县的教徒看到河南各地在抓捕“弥勒转世”教，知道是在抓白莲教徒，赶紧到客店给刘之协报信。刘之协判断情况不妙，当机立断，立刻逃走。刘之协出逃时很是聪明，据事后被抓捕的教徒供认，刘之协选择了从水路逃跑，而官府在布置抓捕时，却判断他要从山间小路逃跑。

乾隆亲自部署的抓捕任务失败，刘之协从官府眼皮之下逃走，此时他也被认定是白莲教的核心人物。乾隆得知刘之协逃跑之后大怒，饬令各省严密抓捕，并特意嘱咐抓住刘之协之后要小心照顾，不得使他绝食饿毙，送到京内审问后再凌迟处死。

刘之协逃出河南之后，先回到安徽太和潜藏。觉得安徽地方上抓捕的太紧，刘之协又奔赴湖北襄阳，藏匿在当地白莲教头目家中。

乾隆严令各地官员追捕，不料查了一年多，怎么也找不出刘之协。乾隆是个执拗的人，他从来不肯承受任何的挫折，他有着强力的欲望，想要什么，就一定要得到，哪怕以举国的国力，发动一场旷日持久的战争来实现，他也愿意。现在他所要的，就是将刘之协抓捕，送到京师，跪在他的脚下颤抖。于是一场战争开始了。

各地的抓捕行动搞得鸡飞狗跳，衙役乘机敲诈勒索，倾家荡产者不可枚数。武昌府同知常丹葵在抓捕刘之协时，“吓诈富家无算”，穷人也逃不掉，赤贫者按户给人头钱。抓到的嫌疑犯用船送省城，每船运一二百人，在船上饿毙的立刻抛尸江中。安徽地方上为了抓刘之协，因为“轿头”与“教头”谐音，竟将几百名“轿头”抓捕。

整个清廷的地方官员都被动员起来抓捕刘之协，河南地方上的官员，养廉银也被扣去，不抓到就不发。可刘之协却杳如黄鹤，一去不返，再无踪迹。在白莲教中，刘之协起着精神领袖的作用，但他从不公开露面，在背后操控一切。很多教徒只知道“牛八”，而不知道刘之协。他所确立的“牛八”王双喜儿被发配新疆，多年之后还有许多教徒不远万里前去朝圣。

从河南扶沟逃脱之后，刘之协逃到湖北，协调各地教头，组织力量以备起事。

而清廷在各省漫天撒网的抓捕行动，直接促成了白莲教的起事，嘉庆谕旨中曾指出：“地方官办理不善，四处搜求刘之协。以致匪党无可容身，纷纷蠢动。”

各地的抓捕行动中，一个村庄抓出一个教徒，则整个村子都要受牵连，称为“贼开花”。只有给钱孝敬，方能得以幸免。武昌府同知常丹葵奉派到宜都县查办教徒。一到宜都，常丹葵就抓了数千人，又将当地的有钱人列出名单，按照名单敲诈勒索。这个常丹葵后来也没好下场，嘉庆四年，常丹葵因为在追捕刘之协时任意拷打、勒索民众，被嘉庆下旨革职解京审讯。

而依照清律，凡加入地下宗教者，都要严刑处罚，不是处死，就是流放。一些教徒在被擒拿后招供道：“教头说，当官的要追究入教的，是断断不能容的，与其拿到官府受苦，不如大家闹一场再做理会。”走投无路，恐惧威胁之下，一些地方上白莲教头目开始准备起事。

宜都地方上的富豪聂杰人曾加入白莲教，后来退出。常丹葵到宜都之后，敲诈了聂杰人多次，搞得他几近倾家荡产。此时宜都的教徒张正谟正暗中准备，私下制造火药，打造刀枪，又在山内存储粮草，联络各地教徒到宜都、枝江一带聚集。到了嘉庆元年正月，张正谟听说官府要抓他，就聚了一千多人涌到聂杰人家中，让他带头闹事。聂杰人看到人多势众，有刀又有枪，就把心一横，加入起事。

宜都闹事之后，附近枝江的教徒随即发动，起来响应。宜都、枝江教徒开始行动后，各地教徒也打起旗帜，加入起事。聂杰人起事之后，湖北巡抚惠龄派总兵官富志那领兵围剿。聂杰人、张正谟统领的到底是乌合之众，接仗之后立刻溃败。聂杰人此年已经六十八岁了，哪里有心思再玩命，就带了五个人跑到官兵阵前磕头投降。带头大哥聂杰人一走，队伍自然难带。张正谟乘雨夜偷袭，想将聂杰人给弄回来，却被官兵打得落花流水，遂退到山间据险困守。

得到聂杰人被捕的消息后，嘉庆并未特别开心，他指示军机处，尚有为首的张正谟没有抓到。军机大臣阿桂、和珅则字寄惠龄，一方面给予表彰，另一方面则要继续努力，务必擒住张正谟。

张正谟带了一万余教徒，又裹挟了民众约万余人，在山中守到六月份，瘟疫发作，粮食缺乏，被清军攻破山寨。张正谟很够意思，在被捕前将教徒名册烧毁，以保护教徒。张正谟被俘获后，军机处在审讯时追问刘之协的下落。不想张正谟供称，教内的人都只是听过刘之协的大名，但从没人见过他。

就在宜都、枝江等县起事之后不久，五省教乱中声势最为浩大的一支奇兵出现。这就是襄阳的齐王氏和姚之富。齐王氏（王聪儿）是襄阳地区白莲教领袖齐林的二老婆。齐林本是衙役，在乾隆五十九年因为教案被抓捕诛杀。十九岁的齐王氏继承了丈夫的地位，成为襄阳一带教徒首领。齐王氏武艺高超，善使双刀，出战时打扮成戏剧中樊梨花的形象，头戴双雉尾，一身软甲，奔驰冲突。

姚之富是齐林的弟子，年龄较大，经验丰富，是齐林之后襄阳地区最有影响力的教首。他始终辅佐王聪儿，运筹帷幄，是白莲教中的关键性人物。姚之富与刘之协也有着密切联系。刘之协从扶沟逃出后，一度藏在姚之富家中。白天躲藏在地窖里，晚上再出来商量起事。

见官府抓捕教徒甚急，刘之协建议齐王氏、姚之富："若不造反，也站不住了。"遂约定各地教徒在嘉庆元年三月初十辰时起义。不想枝江的聂杰人、张正谟提前行动，打乱了计划。二月份，当阳的教头杨起元也行动了，所以不到三月初十襄阳也跟着发动。

嘉庆元年六月，军机大臣和珅审讯在郧阳抓获的教首曾世兴、祁中耀时，二人供认："邪教实系刘之协是老师傅，在姚之富家中见过。刘之协为人极狡诈，不肯在贼营居住，多在附近村庄藏匿，暗出主意。"

能抓住刘之协，这可是天大的功劳，贪功心切的和珅遂单独字寄前线将领永保、恒瑞，要求务必将刘之协设法生擒，接送至京。

在审讯了姚之富的徒孙王兰之后，军机处对姚之富也有了全面了解。据王兰供认，曾拜姚之富的徒弟李长富为师，因为习教者要被抓了送官，就跟随李长富一起聚结了三千人起事。姚之富住在襄阳彭家疃，年近六十，是个驼子，面色微黑，头发半白，有两个儿子。姚之富还有四十八个徒弟，分为四十八线，起事之后，声势浩大。

刘之协的徒弟刘起荣，与刘之协一起出逃，也跟着姚之富在襄阳一起起事。嘉庆二年正月，刘起荣被擒获。军机处审讯时用夹棍严刑逼供，想问出刘之协的下落。不料刘起荣却坚称不知，道："小的今已被擒，还肯替他瞒着吗？就是夹死，小的也指不出地方。"

嘉庆二年，因为在湖北难以发展，齐王氏、姚之富出击川陕，与四川地方上的起事者会合。刘之协也离开湖北，前往河南发展教徒。

四川地方上的主要头领有徐添德、王三槐、冷天禄、苟文明等人。王三槐是四川东乡县人，平日里学习巫术，帮人治病。不想被诬告修炼白莲教，王三槐的父母妻子被抓入官府，王三槐独自出逃。达州徐添德、东乡冷天禄等人因为习教被追捕甚急，遂约了王三槐一起起事，聚集了七百多人，攻破东乡县城，杀了县官。攻破县城之后，王三槐发现父亲已死在狱中，只救出了母亲和妻子。

齐王氏、姚之富进入四川之后，四川教军领袖王三槐认为四川是四川人的地盘，故而不接纳湖北过来的人，双方没有合作。嘉庆三年，王三槐向清军投诚，被送到北京交给军机大臣审讯。

持续了几年的战事，才抓到王三槐这样的大头目，太上皇乾隆高兴坏了，给军机大臣们加官进爵。军机大臣和珅处理军机事宜，办理谕旨，日夜操劳，晋封公爵。军机大臣福长安同在军机处值班，功劳倍著，赏封侯爵。王杰、董诰此时已从军机处退休，但嘉庆初年也曾帮助办理过军事，予以奖赏。军机大臣沈处、戴衢亨、那彦成虽然刚入军机处行走，也朝夕值班，极为辛苦，特加恩交部从优议叙（吴熊光在军机处半年也就离职）。

审讯时，王三槐坚称自己只是为父母报仇，是被“官逼民反”。嘉庆看到王三槐的供词后震撼良久，一度想留他一条命。

齐王氏、姚之富从四川进入陕西，在陕西蓝田受阻，退至三岔河，准备由郧西返回湖北。各地清军都汇集在三岔河，将齐王氏、姚之富包围。齐王氏、姚之富带了三千多老弱妇幼，力敌不支，纷纷战死，清军请功时自吹道：“余党三千余众尽行歼毙。”

齐王氏、姚之富带了十几名女教军爬上绝顶悬崖，一起跳崖自尽。齐王氏（王聪儿）死时不过二十二岁，却搅动得西北天翻地覆。教军的重要领袖齐王氏、姚之富、王三槐等人死去后，教乱并未平息，反有蔓延之势。

就军事角度而言，此次战事蔓延五省，但清廷初期却没有形成有效的处理。在君权独大的情况下，军机大臣可以为皇帝处理军政，提供有效意见，并筹划一切事务。皇帝是决策者，军机处是君主意志执行者，分工明确，效率高快。

但乾隆、嘉庆并立的时间里，军机处中和珅位高权重，只想讨好乾隆，未对军国事务做出迅速反馈，这也是五省教乱蔓延日久的原因之一。和珅跌倒之后，嘉庆在给前线将领的谕旨中指出，从前军营带兵将领，都以为有和珅可依靠，并不以军事为重，往往虚报战绩，冒领军粮军饷，各种弊端，数不胜数。督抚们要讨好和珅，就让地方州县一级的官吏们孝敬。州县一级的官吏们大肆搜刮，搞得鸡犬不宁，民不聊生。督抚们捞到钱后，则去结交和珅，层层盘剥，官员们得利无数，而无穷苦累则由民众来承担。

前线高级将领，各省督抚，都有专折奏事的权利，各自表功，各自指挥。战事持续几年之后，清廷方才意识到弊端。铲除和珅之后，嘉庆命勒保为经略大臣，统一指挥五省军队，各省督抚、各路带兵大臣都受其节制，经过苦战，方才平息白莲教。在长达九年的白莲教战事之中，军机处与皇帝之间是休戚与共，须臾不可分离。嘉庆九年十一月，嘉庆感叹道："朕未明求衣，灯下办事，同此劳者，惟军机内廷数人耳。"

嘉庆二年，刘之协与齐王氏、姚之富等人分开后，来到河南宝丰、郏县两县交界处秘密传教。就在刘之协前往河南之后不久，在审讯教徒王仲芳时，和珅推测出了刘之协的下落。据王仲芳供称，刘之协去了黄河北岸，只是不肯说出地名。和珅判断，刘之协或尚在黄河河南以北一带潜匿，遂字寄河南巡抚景安，命他在河南各处秘密寻访刘之协。景安寻觅了良久，就是未探查到刘之协踪迹。

曾有被捕的教徒张建国，熬不过拷打，遂向和珅供称，曾在北京城东潘家湾地方拜见过刘之协。和珅得悉后大喜，挑选了精细的衙役，化妆到京东附近暗查，结果发现并无潘家湾地方。和珅抢功不得，只能悻悻地表示："臣和珅仍密派妥干番役，不露端倪，随时随地，留心踩缉。"

五省白莲教的战事，使得一些本该正常升官的军机章京，也继续留在军机处中办事。军机章京章煦、汪日章，本来已经提拔升官，但二人在军机处二十余年，对于剿办白莲教军事事务相当熟练，故而被继续留在军机处办事。嘉庆六年九月，嘉庆特意指出，待大功告成之日，二人就可以离开军机处，去新衙门上班。由于军政事务的繁忙，军机处的走廊上也放了一排碟子，碟子里装着各种小吃，以便军机大臣、军机章京们随时取用。

乾隆死后，嘉庆从未曾放弃过抓捕刘之协的努力，抓捕刘之协，平息白莲教起事，是萦绕在他心中的"第一等大事"。每一个被擒获的教军头目被送到军机处审问时，军机大臣们都仔细询问，以查探刘之协的下落。

老奸巨猾的刘之协，在河南偏僻乡间一藏三年，不露丝毫痕迹。刘之协躲藏在河南宝丰、郏县交界处，此地位置偏僻，官府控制薄弱，且地理环境复杂，历来都是绿林呼啸出没之处，在此容易隐匿。在宝丰、郏县活动了三年多，刘之协没被河南地方官员捕获，反而发展了众多教徒，并购置了火药刀枪等武器。

嘉庆五年，刘之协与徒弟商量之后，预备起事。宝丰境内白莲教教徒的活跃动作，被一名叫作王远志的乡绅探到，遂赶到郏县与乡绅郭久醇商量，最后决定由王远志到宝丰县向知县邱世俊告发。邱世俊随即布置衙役乡勇进行抓捕行动，宝丰的教徒被捕多人。

在刘之协的徒弟李杰主持下，嘉庆五年六月二十四日，白莲教教徒聚众攻打宝丰、郏县两县县城。河南地方上对于白莲教闹事早有准备，两县县城都聚集了大批乡勇，加固了城墙，装备了火枪。在郏县，教徒攻城不下，反被打死了十六七人，死了老公的妇女边哭边追着刘之协大骂，让还她们男人。

刘之协平日里在白莲教中是被尊崇惯了的，教中人士见到他都得尊称"爷"，跪下行礼。被几个妇女痛骂之后，刘之协老脸挂不住了，就对徒弟李杰道："我在湖北走了许多营盘，从来没见过这样不知规矩的人。如今我要上湖北去，多约些人来帮助。"刘之协让李杰挑一个路熟的人同行，李杰挑了曾做过衙役的翼大荣带路。刘之协走后，七月，各地的清军援军集中到宝丰，此时正担任河南巡抚的吴熊光亲自赶到指挥，很快扑灭了此次起事。

六月二十六日，刘之协带了冀大荣步行出发。

六月二十七日大雨，二人在郏县沙江口的观音庙住了一夜。

六月二十八日，走到叶县时，逃遁多年的刘之协被叶县知县廖寅抓获。

因为宝丰、郏县地方上白莲教闹事，叶县知县廖寅设卡盘诘过往行人。刘之协与冀大荣行至叶县北关时，冀大荣碰到一个自己相熟的兵丁朱中林。朱中林便问翼大荣这是要去哪里。翼大荣含糊答应，又故意指着刘之协道："张掌柜雇我背行李，往南边去寻生路。"

朱中林听出话中有话，便请翼大荣、刘之协去喝茶。喝茶时翼大荣寻机向朱中林告密。朱中林迅速报告廖寅，将刘之协抓住，立下了巨功。翼大荣是郏县人，加入白莲教后颇为积极，曾参加过杀人之类的行动。出卖了刘之协之后，翼大荣却伪称自己是被裹挟入教的。

清廷抓住了刘之协，也不去追究翼大荣是否曾经加入过白莲教，将冀大荣、朱中林一起赏了把总实缺。叶县知县廖寅被提拔为知府，赏花翎，所有出力的兵丁赏给一个月钱粮。所有军机大臣都记一级军功，军机章京也各有奖励。

嘉庆得到刘之协被擒获的消息之后，欣喜若狂，立刻派侍郎高杞、侍卫兴长、佛伦保，带了二百名精兵前往叶县，将刘之协押回北京。刘之协被押到北京之后，由军机大臣会同刑部审讯。酷刑之下，游走江湖，兴风作浪多年的刘之协，不得不向清廷低下了他的头颅。刘之协的供词中，前后矛盾，漏洞百出，可以看作是酷刑之下的无奈之举，此年他已经六十一岁了，哪里能扛得住酷刑。

刘之协对出卖他的冀大荣是恨之入骨，一口咬定冀大荣是白莲教得力骨干，不过清廷很大度地原谅了翼大荣。经过军机处审讯之后，六十一岁的刘之协被凌迟处死。处死刘之协后，嘉庆还特意到他老子乾隆牌位前叩拜，告慰他老子，总算帮你圆了心愿，抓住刘之协了。刘之协被擒住处死，白莲教起义却没有平息下去，嘉庆还要用整个大清的国力，来进行这场持续日久的战事。

白莲教起义是持续不断的民间宗教与正统皇权冲突的又一次爆发。中国历史上的不同阶段，有道教的兴起，佛教的隆盛，基督教、伊斯兰教的传入，它们曾或先或后、或深或浅地渗透并影响中国历史的方方面面，但只有在皇权的许可之下，它们方有生存的空间。以影响最大的佛道二教而言，面对君道至尊、皇权至上的格局，它们总是处处依附于皇权，口口声明本教“有助王化”，表示愿意接受政府的管理。这种官方认可的宗教，在统治者眼里是教化的手段，是统治的工具，而不是社会中大多数民众的精神支撑。

作为中国古代人口多数部分的下层民众，在帝王将相、神仙佛祖所俯视的茫茫人寰中，他们奔走于途、为生计而操劳，他们也有所思、也有所欲，他们有自己的精神需求，这就是民间宗教的市场。如此，民间宗教在地下似暗潮般汹涌。

民间宗教是对大一统思想的离异，是思想上的无声反抗，它是苦难与专制的共生物，这导致了它不被统治者、主流社会所承认，或者是它一度被承认而终于被排斥乃至被剿杀，这就使得民间宗教具备了非法性的特点。

从非法性所引出的，则是民间宗教行为方式上的秘密性。只有秘密了，民间宗教才能生存和发展。非法性和秘密性，决定了在一定的历史时期，当它与农民起事相契合时，便会由宗教力量转化成政治、军事力量，形成反抗现行统治秩序的潮流。从汉末五斗米道，至清代的各类白莲教起事，民间宗教如一波波涌起的巨浪，不断冲击着王朝统治的根基。

嘉庆十年的军机处内讧

在军机处之中，如何在军机大臣之间做好平衡，既不致军机大臣坐大，结成朋党，又要兼顾到各部事务，也不是容易的事。嘉庆曾特意规定，在遴选军机大臣时，要使六部都有大臣在军机处任职，也就是所谓的“军机处行走”。

总体而言，军机大臣的选任，是各方面平衡的产物，既考虑各部均衡，也得考虑满汉平衡。以嘉庆十年为例，此年在军机处行走的大臣先后有六人。首席军机大臣庆桂是文渊阁大学士，董诰是文华殿大学士，二人既入掌握实权的军机处，也入名义上的辅政机构内阁，可谓是名实具备。刘权之此年先任兵部尚书，后改任礼部尚书。军机大臣戴衢亨，先任工部尚书，再改任户部尚书。英和担任户部左侍郎。在刘权之、英和被罢职后，入军机处的托津则任吏部左侍郎。

虽然悬挂着“一堂和气”的匾额，可军机处里却不是和气一堂。嘉庆十年，刘权之、英和二人一度内讧，同时离职，军机大臣人数不够，嘉庆才让托津入军机处帮忙。

刘权之为官道路也颇坎坷，乾隆二十五年中了进士，其间一直在做闲官，到嘉庆二年才被调到吏部任职。此后鸿运高照，升到吏部尚书，也是一品大员了。吏部为六部之首，执掌官员之升迁，位高权重。在吏部任上刘权之铨选人才，也算公正。嘉庆七年，刘权之以吏部尚书入军机处行走。

刚入军机处，刘权之就因为用人问题被弹劾。军机处元老董诰告诉嘉庆，据给事中鲁兰枝参奏，刘权之不按规则，将自己的学生吴侍曾提拔任用，外界议论纷纷，不可不加以详查。嘉庆遂让董诰将鲁兰枝、吴侍曾等人唤来与刘权之当面对质，结果查明是诬告，此事也就过去了。

嘉庆九年，受吏部书吏舞弊的影响。吏部的满人尚书琳宁被革职，吏部侍郎范建丰、钱樾也被革去侍郎之职。刘权之在军机处上班后，吏部尚书一职成了兼职，书吏弄权与他关系不大，但为了避嫌，嘉庆还是将刘权之从吏部尚书改调到兵部担任尚书。

书吏弄权问题，是清代政治中的一大弊端。六部所处理的工作多数与文书相关，就雇佣了一批书吏帮忙办公。书吏们的薪资微薄，官署中又没有办公经费预算，必须捞外快补贴家用。六部书吏就利用最擅长的文书，钻制度上的漏洞，敲诈勒索官员。

书吏能耐之大，连权倾朝野的大臣也不能奈何。嘉庆元年，福康安征战回京，到户部报销军费。书吏勒索钱财，福康安大怒，我是何许人也，岂能容你敲诈。不料小书吏冷笑一声，不给钱，军费拖延你几个月，到时你一分钱拿不到，还要被惩办，福康安听了只好乖乖掏钱。在吏部，书吏们洞悉各地官员们吏治上的不足，并利用文书上的漏洞，借此敲诈，被捏住了命根子的各地官员自然也愿花钱消灾。

当时有句话叫作“堂官（尚书、侍郎）不如司官（吏部的中下级官吏），司官不如书吏”。嘉庆也洞悉此弊端，曾指出：“自大学士尚书侍郎，以至百司，皆唯诺成风，而听命于书吏。”故而在嘉庆九年，痛下决心，整顿书吏弄权。

到了嘉庆十年，刘权之以协办大学士的身份，被加封太子少保衔，可谓是位极人臣，不想此年在仕途上沉重地摔了一跤。

却说大文人纪晓岚有女儿三人，长女嫁给山东德州卢见曾之孙卢荫文。卢家因两淮盐引案而衰败，纪晓岚暗中报信，也被发配去新疆。纪晓岚的次女嫁给山东邹平县袁守诚之子袁煦，三女儿本来许配给河北献县戈源之子，不想未嫁而亡。对于二女婿，纪晓岚极为喜爱，动用人脉，帮助女婿在仕途上有所发展。

刘权之是纪晓岚的学生，有了出息后，自然不能忘记老师的好女婿，就帮忙将袁煦弄进军机处，做了章京。嘉庆十年，依照惯例，军机大臣可以保举优秀的军机章京升官。

在军机处，军机章京们的主要升迁途径是保举。保举是军机大臣根据章京们的平日表现与个人能力，分出等次，列出名单，递给皇帝，再由吏部议叙，之后军机章京们在原衙门的职衔便会提升一次。乾隆朝，军机章京的保举并未形成定制，由军机大臣不定期保举。到了嘉庆七年六月，军机处建议，如无特殊情况，每三年保举一次。经过嘉庆许可之后，遂成定制。

军机大臣会商之后，决定保举齐嘉绍、蔡炯、武尔通阿三人升为主事。这事是军机大臣一起商量好的，不想刘权之突然想起老师还有个女婿在军机处，就插了一腿，要将袁煦也列入保举名单。刘权之还找庆桂、董诰、戴衢亨做工作，称纪晓岚都是大家的老朋友，他女婿袁煦在军机处时间也蛮长了，就帮帮忙，三年一次机会，让他升升官吧。

庆桂、董诰、戴衢亨是军机处老人，世事通达，对刘权之的请求睁一只眼闭一只眼，本来此事就成了。不想新入的军机大臣英和，年轻气盛，不给刘权之面子，跳出来弹劾刘权之。

当时嘉庆住在圆明园，英和乘戴衢亨、刘权之不在，上奏请晚上秘密召见自己与庆桂、董诰三人，有要事进奏。三人入内时，庆桂、董诰并不知道英和要弹劾刘权之。在嘉庆面前，英和大肆攻击刘权之，说他才能平庸，名声极差。并请嘉庆此后不要再召见刘权之，并让刘权之退出军机处。

不料嘉庆对英和此举大为愤怒，在谕旨中指出："英和此言实为胆大狂妄，从前和珅与阿桂不和，也不敢公开说让阿桂退出军机处。英和后生新进，刚入军机处就敢如此，若不及早惩治，恐怕又是一个和珅。"

嘉庆遂下令将刘权之、英和、袁煦三人都赶出军机处，对英和的惩戒最重，被连降三级。受此牵连，本来要被提拔的三名章京也继续留在原职之上。此后，从嘉庆十年到嘉庆十六年，军机大臣只有庆桂、董诰、戴衢亨、托津四人。刘权之虽然受到处分，很快就被重新启用，担任兵部尚书，但一直未入军机处。

英和也是当时难得人才，其家族是满人中少有的书香世家，"为八旗士族之冠"。乾隆三十六年，英和父亲德保在广东担任巡抚，英和在广东出生。乾隆五十八年，英和二十三岁时考中进士。当年殿试者七十三人，加上补试者八十一人，八旗入试者只有英和一人。引见时，因为汉满分开，英和一个人站了一队，格外引人注目。

英和小时长的聪慧可爱。和珅曾看中英和，想把女儿嫁给他，不料英和的老爹德保坚决不同意这桩婚事。和珅倒台之后，嘉庆上朝时还很八卦地问英和："汝家事，朕皆深悉。唯独不知道和珅想招你做女婿这个事，你给朕说说看到底是怎么回事？"

英和就讲给嘉庆听："八岁时和珅去我家，当时我在家门口玩儿。和珅就给了我一把糖，问我几岁了，此外别无他语。等我十一岁时，和珅托人来说媒，想把女儿嫁给我。老爹德保赶紧帮我订个娃娃亲，回绝了这亲事。这事还是军机大臣阿桂后来告诉我的。"

随后英和一把鼻涕一把泪，哭诉父亲生前如何受和珅欺压，抑郁而死的悲惨故事。嘉庆听了大为感动，第二天就下旨将英和老爹赐谥号"文庄”。实际上，德保是阿桂的亲信，自然不愿意投入和珅门下。在英和的仕途上，阿桂也帮了大忙。

英和年富力强，又曾拒绝过和珅的提亲，嘉庆将他视为亲信，三十一岁时就被授总管内务府大臣。嘉庆九年，三十四岁时，英和入军机处行走，并被赏在紫禁城骑马。向来赏大臣在紫禁城骑马的殊荣，要年过六旬，官至一品，英和年纪轻轻就得此殊荣，是为非常之恩宠了。

此次英和弹劾刘权之不成，自己反被降职。但嘉庆对英和还是信任有加的，在满人之中，英和诗词文章出色，年纪又轻，嘉庆怕他重蹈和珅的覆辙，故意磨磨他的锐气，好今后更好地使用。对于嘉庆十年的连降三级，英和在年谱中一笔带过，称措辞不当，奉旨降为太仆寺卿。此后英和时常被嘉庆派出去处理案件，查看河工、审核物价，作为锻炼。过了九年，英和才被再次召回军机处。

嘉庆对英和一直是信赖有加，皇室内部的一些家事，嘉庆也交给英和去处理。嘉庆十一年，考虑到丰绅殷德比较老实，且与和孝公主感情尚好，嘉庆授他头等侍卫、伯爵衔。但丰绅殷德身体已经衰弱，过了四年就病死了。丰绅殷德死后，嘉庆派英和带领侍卫十人前去祭奠，又赏给和孝公主银五千两。丰绅殷德死后，和孝公主家中经济越发困窘，嘉庆特意赐给白银六千两，并允许和孝公主用这笔钱去放贷收息。嘉庆又将此事交给英和去处理。英和思考再三，决定将此笔钱放在长芦盐政，按照一分生息，所得利息全交给和孝公主。

卢荫溥的逆袭

当乾隆十六年，这名军机章京被破格加四品衔，在军机大臣上学习行走时，京师内官场无不吃惊。让人吃惊的另外一个原因，则是这个人的祖父曾被判处死罪，他原本显赫无匹的家族也在一夜之间黯然无光，而他竟然能咸鱼翻身，被破格提拔为军机大臣，他就是卢荫溥。

京师内官场无不瞩目于此人，他有什么样的能量，抑或是能力，让素来保守，在用人上小心翼翼，分外谨慎的嘉庆，突然不拘一格，天马行空，越级提拔？

这颗政治明星，在万马齐喑之中，不是一夜之间升起的，而是多年政坛耕耘，个人努力的结果。此人姓卢，名荫溥，字南石，山东德州人，他的祖父，在当时比他更为有名，即因为两淮盐引案而死在狱中的卢见曾。

乾隆三十三年，卢荫溥九岁之时，家中突然遭遇巨变。祖父卢见曾因为两淮盐引案入狱身死，父亲卢谦受到牵连，也被发配充军。万贯家财悉数被没收后，卢家已是穷困不堪，族人难以维持生计，纷纷离散。卢荫溥被母亲带回娘家抚养，靠着外祖父的帮助，才能继续读书。

卢见曾虽然死去了，但他的影响力与人脉却还在。当时的军机大臣，汉人文臣领袖刘统勋，与卢见曾私交甚笃，一直想寻找机会，帮他后人一把。三年之后，乾隆三十六年，刘统勋找了个机会，向乾隆讲了卢见曾治理西湖水利的功劳。乾隆此时心情大佳，也就开恩赦免了卢谦，让他从塞外回来担任广平府知府的职务。

后人常将此段历史，说成是刘统勋帮助卢见曾平反，又云卢见曾因为清廉被盐商诬告，所以蒙冤而死之类。这大概是卢氏后人，在咸鱼翻身之后，帮祖先平反的努力了。卢荫溥对此段历史也是耿耿于怀，在年谱中曾道：“祖父被后任盐政构陷，皇上严旨逮问。祖父在扬州为政时也被人衔恨，有想报复者遂乘机诬告报复，‘天下知之者’”。

对此段历史，卢氏后人一直持“被冤”一说，为此费尽周折。到了民国年间，还有卢氏后人在扬州修了个“卢公祠”，托称是盐民怀念卢见曾，自发集资修建。

然而，此案当年是刘统勋主持审判的，若是刘统勋三年之后，再来帮卢见曾鸣冤，说这是冤案，这不是自己抽自己耳光吗？此外，若刘统勋果然下定决心，哪怕牺牲自己的前途，也要帮老友鸣冤平反，那么，他的仕途定然要遭到挫折。然而，就在乾隆三十六年，刘统勋升任首席军机大臣，可见并无平反一说。所谓的刘统勋帮卢见曾洗雪冤情的说法在后世影响极深，甚至《清史稿》也采纳了这一说法，这不得不让人佩服卢氏子孙持之以恒的努力。

卢谦被再次启用之后，家境稍得改善，但再无昔日的荣光，且在官场上得更加谨慎。想当日，卢见曾是何其风光，他作诗一首，附和者竟达七千人之多，为此还编了一部三百卷的诗集。落魄文人，只要到卢见曾门中，均受到款待，并予以资助。天津地方上没有书院，卢见曾感慨之下，立刻捐赠。当然，这一切花费的都是公帑，不要他卢家自掏腰包。

往日风光不再，卢谦谦恭地在官场上逢迎着，而卢家再次崛起的希望，则被寄托在了儿子身上。在父母的殷切期待之下，卢荫溥努力读书。到底卢家的底子好，文脉深，卢荫溥的文章也是越做越好。乾隆四十六年，二十二岁的卢荫溥高中进士，他的同年中，后世广为人知的，有曹振镛、方维甸、钱棨等人。得到儿子中了的消息之后，年迈的卢谦大喜过望，侃侃长谈，竟不知疲倦。

中了进士，入了翰林，又是一番忙碌。翰林院中都是当世的才俊，背负着历史包袱的卢荫溥，在其中只能更加勤奋，更加努力，才能脱颖而出。卢荫溥的努力与勤奋，有人看在眼里，首席军机大臣阿桂此时执掌翰林院，对他是青睐有加。而更深一层的原因，则可能是交游极广的卢见曾，与阿桂也有着深厚的友情。

几年之后，翰林院考核，曹振镛与卢荫溥都得了个第三等，照例是要降级的。卢荫溥被降到户部，做了个六品的户部主事。曹振镛的父亲曹文埴是当朝大臣，所以虽同为第三等，曹振镛不降反升，被提拔为从四品的侍读学士。乾隆甚至亲口夸奖他："观其才具，尚堪造就。"

阿桂一看卢荫溥要被降级，就出来帮说情。阿桂认为卢荫溥勇于任事，降到户部做个小官有点可惜。对于用人，乾隆历来是自有心得，不苟同于他人，却道："卢荫溥勇于任事，到户部去才正好，在玩弄词藻的翰林院发挥不出他的才能。"

阿桂对卢荫溥关照有加，结为忘年之交，甚至称他是自己的"生平第一知己"。嘉庆二年，阿桂去世时，卢荫溥哀恸异常，后来与军机章京王昶、阿桂的孙子那彦成三人一起编订了阿桂的年谱。

乾隆的决定，也使卢荫溥得到了更多的历练。在户部期间，他先后到各省主持乡试，督导学政，也算是有所磨砺，有所作为。但是在乾隆一朝，卢荫溥在仕途上并未能取得进一步突破。

时间走入了嘉庆朝，暴风骤雨般地五省白莲教起义响起，击打的大清王朝风尘四起。当此之际，卢荫溥却仕途黯然，前景萧条。嘉庆四年，四十岁的卢荫溥，被保送入了军机处，做了个小章京。京师官场上有谚语云：“小官大做、热官冷做、俗官雅做、闲官忙做、男官女做。”虽是个小官，卢荫溥却气派不凡，大开大合。他气宇轩昂，议论宏畅，常与同僚激辩，无人能匹，所以称作“小官大做”。

为了处理五省白莲教之乱，卢荫溥每日里早出晚归，披星带月，不知疲倦，出谋划策，出力颇巨。因为工作卖力，嘉庆六年，嘉庆特意在乾清宫召见卢荫溥，大大表扬了他一番。此后，不管是去谒陵，还是秋狝木兰，嘉庆都要带上军机章京卢荫溥。

嘉庆八年，在白莲教教乱平息之后，卢荫溥被军机处记功两次。就在此年，他也得到了一个额外的机会。此年皇后下葬，对于皇后葬礼的礼制规模，向来并未有明确规定。卢荫溥被从军机处抽调出来，花费了整整三十个昼夜，废寝忘食，引经据典，最终敲定了葬礼的礼仪规制，并拟成草稿数百页进献。嘉庆看了之后大为满意，依照卢荫溥的规划操办了皇后的丧事。

事后，卢荫溥自然提高了自己在嘉庆心目中的地位，不久即被提升为从五品的仪制司员外郎，并继续在军机处办事。军机章京被派去外省办事时，都是作为军机大臣的随员。不想每当卢荫溥被外派时，却与军机大臣一起并派，这说明他虽然是个小章京，但在嘉庆心目中的地位已不输于军机大臣。卢荫溥外派到江浙办事时，嘉庆还念叨着：“老翰林，好学问，窃念久离。”

嘉庆十三年，卢荫溥随同军机大臣戴衢亨、长龄巡视黄河水利工程。在随行时，卢荫溥详细考察，细心检索各类文件档案，并就整顿河务、盐政提出了自己的详细见解。此年，卢荫溥被提升为正五品，继续在军机处效力。自二十三岁步入官场，二十六年的努力，四十九岁之龄，不过混到了五品，且还是军机处的一名小小章京。

当无人之时，卢荫溥定要苦笑一番。他的同年曹振镛，早在嘉庆十一年，就做到了从一品的工部尚书。同是军机章京出身的同年方维甸，也早就做到了封疆大吏。其他同年的进士，无不在官场上扬眉吐气，风生云起。

卢荫溥知道，凭借着自己的能力与勤奋，做到二品大员毫无问题，可他背着沉重的历史包袱。虽然对卢荫溥相当信任，但在用人上素来谨慎的嘉庆还是不敢一口气重用他。无人之处，一杯热酒，解除心中抑郁之后，一入军机处，卢荫溥仍一如既往的勤勉。

刚被提拔不久，卢荫溥即与军机大臣托津，一起前往江苏考察漕运改海、运河决口等事宜。卢荫溥不分日夜，迅速查办了运河上的豆腐渣工程崩塌事件，其间还在镇江审讯了金山寺和尚与人争夺田地闹出人命的案件。由于事务繁忙，此年他留在镇江过年。此后两年，卢荫溥不是陪伴嘉庆出巡，就是到各省审理重案，处理河工，极其忙碌。

嘉庆十五年，在与军机大臣托津一同前往四川泸州查办土司扰民案时，嘉庆当面嘱咐他到了四川后，秘密查探四川督抚是否存在不法情况。皇帝秘密嘱咐臣子办事，这是无上的隆恩，也是飞黄腾达的前兆。一路行到西安时，卢荫溥突然收到表彰的谕旨，“卢荫溥在军机章京上缮写谕旨，尚属妥当。经派往外省查办案件，均无贻误。著加恩交部议叙。”

嘉庆十六年，卢荫溥已五十六岁了，华发早生，却还在军机处做个小章京。虽然圣上恩宠，时常命他扈从周围，可看着自己的同年进士，一个个都已步入了一二品大员的行列，卢荫溥自当感叹命运的蹉跎。此年他又马不停蹄，奔赴各地审案，充当殿试考官。

四月，军机大臣戴衢亨去世，军机大臣有空缺，嘉庆提拔了闽浙总督方维甸。方维甸也是个传奇人物，他的父亲方观承是乾隆朝的大员，至六十岁时才生下了他。乾隆听到后也很惊喜，让抱到御前给他看看，并解下配囊赏给他。成年后方维甸入军机处做了章京，并跟着福康安征战各地。

到了嘉庆朝，一直作为封疆大吏在各省处理政事，为政练达，所以此次嘉庆调他入京。不想方维甸却坚决请辞，称母亲年迈，要在家中孝敬母亲。

方维甸要孝敬老母，这让主张“德重于才”的嘉庆极为感动，自然得批准。但军机大臣的空缺，仍然要有人来填补。环顾朝野，打量群臣，勤勉无匹的卢荫溥进入了嘉庆的视野。这个用人素称谨慎，向无破格之举的皇帝，决定破例提拔他。七月初四日，卢荫溥被加四品衔，在军机大臣上学习行走。

三十三年的宦海浮沉，十二年军机章京岁月，卢荫溥总算做到了军机大臣。

虽然嘉庆朝，也有吴熊光、戴衢亨被从军机章京上提拔为军机大臣的先例，但那是太上皇乾隆的破格行为。嘉庆一生，破格用人的案例，唯卢荫溥一人。卢荫溥在年谱中不无得意地记载：“枢廷独叨隆遇。”

在军机大臣任上，卢荫溥稳稳地坐住了，并在此后十年之中，一直坐镇军机处。嘉庆十八年，卢荫溥被提拔为二品大员。两年之间，卢荫溥从四品做到了正二品，官场无不惊叹：“盖宦途之最速者也。”然而，惊叹者未曾看到他前半生的默默努力。

隆宗门外的杀声

据当时人载，卢荫溥每年元旦入军机处值班之后，回到家中时都要虔诚地用牙牌占卜，求来年国家的命运，极为灵验。不知道嘉庆十七年，他是否预测到来年有惊天大事发生。

嘉庆十八年秋，北方暗潮涌动，民间风传“中秋八月，黄花满地”，千年末日即将来临。

此谶语中的玄机没有几个人真正了解，也未引起官府的警惕，京内照常是一片太平景象。嘉庆在七月十八日起程秋狝木兰，随后前往承德避暑山庄。留在京内军机处值班的章京们心中不无郁闷，若是能去承德，既是陪伴圣驾的无上荣耀，也能一睹途中的壮美风光。

而在京师郊外，八卦教分支的领袖林清，正忙着策划一次惊人之举。就在此月，林清前往河南道口，与河南、山东等地的八卦教领袖李文成、冯克善、于克敬、牛亮臣等人会晤。林清此行，促成了活跃在京畿的八卦教分支与八卦教联合，改组为天理教。天理教最高领袖分为三皇，由李文成任人皇，统治人间，林清、冯克善为文武圣人，辅佐大政。各方决定在九月十五日同时发动，林清攻打京畿中枢，杀入皇宫；冯克善取山东，李文成攻河南，然后共同会师直隶。

林清是何许人也，有如此逆天之胆？

林清祖籍绍兴，后移居京外大兴黄村，曾从事过各种行当，人生经历极其丰富。

十七八岁时，林清到京内药铺做学徒，三年学成，并略通医术。林清时常在外嫖娼，结果染上了性病。雇一个有性病的人，对药铺来说无异自砸招牌，所以药铺将他赶出门。林清无处可去，就在城内街道上做更夫。此时他外祖父去世，林清就顶了缺，回到黄村做书吏。没多久林清贪污河工工钱，再被开除。此后同大姐夫一起开茶馆，因为终日赌博，又被姐夫赶出门。走投无路之下，林清私自出关，跑到热河拉石头做苦力赚了些钱。拉石头赚了钱之后。林清回到黄村，每日吃喝嫖赌，不久花光积蓄。

在京师没法再混了，林清南下到苏州投奔三姐夫，经三姐夫帮忙，到衙门里做了个跟班。不想跟的官儿因为丁忧回乡，林清又失了业，就到江宁去行医。行医得来的钱，随到随花，也不是办法。思乡心切的林清一路做纤夫，拉纤回到北京。回到北京之后，林清借钱开了个鸟雀铺，却不仔细打点，照样吃喝嫖赌，将本钱花光，差点被债主捉了送官。走投无路之下，林清就在嘉庆十一年入了八卦教分支坎卦派。

林清行走江湖多年，见多识广，能说会道，入教之后，又锐意进取，在教内施行改革，促使了坎卦派的大规模发展。林清所发展的徒弟，涵盖了社会的各个阶层，有清廷官员、宫内太监、戏园老板、衙役、农民、贩夫走卒等。徒弟中以曹纶官衔最高，是四品武官。曹纶虽是四品官，却穷困潦倒，以致“衣服褴褛，不能出门当差”。

在最困难的时候，林清伸出援手，帮曹纶还掉债务，资助他生活。曹纶带了儿子曹福昌一起入了八卦教，死心塌地效忠林清。至于所发展的太监，大多数是通过钱财利诱。太监出身贫寒，入宫之后饱受凌辱，唯一的生存动力就是敛财。在皇宫中，一般无品级的底层太监每月所得不过是银二两，米一斛半。在京城中，这点钱是杯水车薪，根本不敷沾染了酗酒赌博等恶习的太监们花销。林清每月给太监发送钱财，发展了一批宫内太监入教。

八卦教头目李文成早年从事过多种行当，如泥水匠、木工之类，加入八卦教后，经过多年努力，终成教首。李文成在道口与林清等人会晤后，回到滑县，开始全力备战，“私买战马，蓄养士卒，铸造甲仗，颁分旗号”。滑县地方上早就风传李文成将起事，但慑于其威势，无人敢到官府告发。北方民间风传千年末日将至，加入白莲教即可避难，人们奔走相告：“现在白莲教要改天换地了，过了十五日，你后悔也迟了。”

林清、李文成等人的动作太大了，难免泄露风声。

九月初五，滑县知县强克捷在衙门内正无聊时，突然有一名退休老书吏求见。强克捷前次刚帮他解决了个纠纷，以为书吏此次是来感谢自己。不想老书吏到后，神情紧张，强克捷知道必有大事，赶紧迎入。老书吏在地方上多年，交结各种人物，信息灵通。得知李文成要闹事后，老书吏急来告密，作为报恩。

强克捷得知消息后大吃一惊，此前他曾得到一些邪教要闹事的消息，但没有此次这般详实。强克捷紧急报告给上峰河南巡抚与卫辉知府，却被斥责为多事。官场习俗，多一事不如少一事，各种邪教闹事的传闻，在五省白莲教起事之后已是屡见不鲜。早在嘉庆十七年春，有台湾人高妈达因“妖言惑众”在淡水被捕，审讯时供称林清等人将于明年闰八月十五日在京师起事。淡水地方官员将此事上报，被上司认为太过荒诞不经而被忽略。

强克捷是陕西韩城人，以练达在官场闻名。在上峰认为自己多事之后，强克捷自作主张，组织县内衙役前往李文成老家，将李文成及干将牛亮臣等二十四人捕获。酷刑之下，李文成等人却不露口风，强克捷无奈，遂将众人关入狱中。

九月初七日，山东教首冯克善与山西教首于克敏等人商议，认为十五日起事之期已近，断不可拖延。此时教徒已准备充分，不若直接攻打滑县，救出李文成，然后直隶、山东各地同时举义配合。

当日，天理教出动三千余人，攻进滑县。滑县中的衙役看到情势不妙，立刻溃逃。攻入滑县后，天理教教徒将李文成等人救出，又将强克捷全家及老书吏全家杀光。至于强克捷，他的下落及命运，官方与民间的记载中不一。

官方记载中的强克捷颇为英勇。天理教攻入城后，强克捷换上一身官服，昂然端坐于衙门之内，怒斥了天理教教徒之后被杀，全家殉难。事后，清廷予强克捷以厚封，入京师昭忠祠，谥忠烈。同时又尊奉他为韩城、滑县的城隍神，在韩城及滑县建祠堂祭祀，全家一起入祠享受祭祀，“一时天下皆知强公之功之伟”。

但在清代文人的记载中，天理教闹事后，强克捷跑得快极了，躲到邻县封丘一个朋友家中隐遁不出。得知一家都被杀死后，强克捷伤心欲绝，一度想自杀，被朋友给制止了。强克捷不出现，清廷以为他已死节了，就给了他最高规格的表彰。此时强克捷只有去死，才对得起皇帝，对得起给自己的封号。朋友给他做了精心准备，购置了好酒好菜好棺材为他送行。痛饮一夜之后，朋友劝强克捷可以上路了。这时强克捷却不想死了，朋友频频作揖，求他快去死吧。无奈之下，强克捷只好上吊了。

李文成滑县闹事的消息很快传到清廷中枢，军机处紧急调兵前往河南镇压。依照计划，李文成本要派出一批精干人员潜入京师，帮助林清攻打皇宫。不想滑县事泄，提前起事，所派人员也被耽搁。

虽然援兵未到，但林清仍在京外黄村宋家庄积极准备，以杀入紫禁城。

对于此次行动，林清是相当自信。此前有彗星出自西北方，光芒万丈，划破长空。此彗星在星相学上象征着王朝更替，天下易主，这更让林清增加了信心。到了嘉庆十八年，此年恰好有闰八月，历来即有“闰八月不祥”之说。天理教遂以“八月中秋，黄花落地”附会“闰八月”之说，以为千年之劫将至。

但在清廷官方公布的历书中，此年却无闰八月。在编定历书时，钦天监发现嘉庆十八年有闰八月。但如果在历书中排闰八月，则此年冬至将是十月三十日，而以前冬至都是十一月。每年清廷举行的郊祀大典，均在十一月举行。排出闰八月，必与祭祀相冲突，钦天监遂奏请将“闰八月”延后到了明年的二月。尽管如此，林清仍确定在此年的“闰八月”，即九月行动。

此次行动还有多名太监与官员作为内应。茶房太监杨进忠在宣武门外铁市铸造了数百口快刀，京内很多人知晓此事，但慑于杨进忠宫内太监的身份，也无人敢去过问。

曹纶和儿子曹福昌负责在城内策应。曹福昌探听到嘉庆将于十七日驻跸白涧行宫，当日京内王公大臣都要去迎接，京师空虚，建议林清改在十七日行动。此时“八月中秋，黄花落地”已遍传京师，林清认为如果不按时攻打，对应不上末日劫难之说，将会影响到整体起事，遂决定按时动手。

九月初十日，陈爽、陈文魁带了一百多人，化妆成小贩之类，分几路进入京师，约定十五日同时发动，攻打皇城。此几日之间，林清在城内开戏园的徒弟，将进城的教徒请去看戏，终日酣饮，言语之间，难免有所泄露，也无人过问。

九月十五日，天理教城内的教徒开始集合，准备进攻紫禁城。计划分两路，从东西分别攻入。

东华门一路由太监刘得财、刘金带路。行到东华门外时，教徒与运煤的所谓“煤黑子”争路，双方发生争执。天理教徒在冲突中露出所藏兵刃，守城官兵再糊涂也知道事情不妙，赶紧关门。陈爽带了众人急忙持刀涌上，边杀边冲，结果只冲入了陈爽、龚恕、王世有、祝真、刘进玉五人及太监刘得财、刘金。未进城的天理教徒分散开来，在城内四处藏匿。

入了东华门之后，刘得财想泄私愤，杀掉总管太监常永贵，没有按照计划直扑皇帝所住的养心殿，带了龚恕、刘进玉两人进入苍震门。龚恕、刘进玉两人进了苍震门后，先是砍倒一人。入了苍震门就是进了内廷，此处太监很多，太监虽然身体上有缺陷，拼命倒是可以。众太监一起围上，将两人击倒擒住。刘得财一看形势不妙，就跟着众太监后面大喊“抓贼”，“假意持棍打贼”，利用太监身份作掩护，得以暂时逃脱。

刘金带了陈爽等三人，走到熙和门口，与大批清军护卫相遇，结果被杀死两人，陈爽重伤被俘。

从西华门入宫的一路相对顺利，教徒打扮成贩卖柿子的贩子，将刀藏在挑担之中。到了西华门前，众人取出刀一拥而上，砍死门卫，在果房太监杨进忠和徒弟高广幅带领下，大部分人冲入皇宫。入了皇宫后，众人用白布缠了头，束了腰，由杨进忠带路，开始冲杀。

杨进忠在嘉庆十四年得了大病，被林清的徒弟治好，遂入了教，此后又发展了多名太监入教。此次林清对他许诺，如果带人杀入皇宫，事成之后封他为太监总管，可以发大财。财迷心窍的杨进忠就带了徒弟高广福一起做内应。

杨进忠与负责修补衣服的尚衣监太监结下梁子，一直伺机报复。入宫之后，杨进忠先将所有天理教徒带去尚衣监，将制衣太监全数击杀，又奔至文颖馆。文颖馆内都是弱不禁风的读书人，哪里是天理教的对手，被杀死数人。文颖馆中的工作人员陶兕芗躲入柜子，大气也不敢喘，只听天理教徒在外不停追问：“金銮殿在何所？”

在柜子里陶兕芗一声不吭，不吃不喝地躲了三天，以为外面已是末日来临，改天换地。如果不是搜索的清军发现他，估计也要饿毙于柜中。

在东华门外的护军统领杨澎增将东华门关闭后，听说有人从西华门进入，就急忙冲到隆宗门，将大门关闭。隆宗门是联系内廷与外廷枢纽，军机处值班房就在隆宗门内。

天理教一行人行至隆宗门外，却见隆宗门大门紧闭，就四处寻觅破城工具。在隆宗门外，天理教徒也有意外的收获，隆宗门外的一排箭垛上正好放着弓箭。十几个天理教徒抢到了弓箭，开始射箭。其中一箭射到隆宗门的门匾上，迄今隆宗门门匾上“宗”字旁尚存有铁箭头。

军机处的章京们当日正在办公，突听到隆宗门外杀声一片，无不惊慌失措，只求不要杀进军机处来。不想有个书呆子庆福，穿了身朝服，昂首端坐在军机处前台阶上。有人看到了就骂庆福穿成这个样子，不是找死吗？这书呆子却道：“今儿是十五日，大日子，必须正装。”军机处众人对他恨得牙痒，生怕他将天理教徒给吸引到军机处来，一把将庆福拖了进去。

天理教教徒此次入宫，目标是皇帝的住所养心殿。若是冲破隆宗门，杀到养心殿，当日则会有高价值目标可以捕获，皇二子、皇三子等人正在此处呢。陈文魁先是指挥众人撞击隆宗门，但没有撞开。随后又派人从御膳房上的矮墙爬上内右门西大墙，想攻入北边皇后居住的储秀宫。皇二子绵宁此时正在养心殿，看到对面墙上有人，一时惊惶失措。太监总管常永贵倒是冷静，建议用鸟枪将墙上的人打下。绵宁赶紧回屋取了鸟枪腰刀。清皇室重视皇子武功训练的好处也在此时显现，皇二子绵宁开枪连毙两人。陈文魁又改谋他途，再派两名天理教徒到御膳房寻路，也被太监打死。

宫内突然有此惊天巨变，京内的文武百官根本无从应对。庄亲王绵课、礼亲王昭琏、镇国公奕灏等人得讯后赶到神武门时，都踉踉跄跄，衣冠不整。此时又不知道有多少天理教徒杀入宫中，手中仅有的官兵不足百人。众人正自慌乱间，统领火器营的奕灏突然想到，该营士兵正在集结，准备前往河南滑县镇压李文成起事，紧急将火器营调入。

火器营驻扎在内城，须臾之间即赶到。火器营能这么快赶到，这还得感谢当年的军机大臣舒赫德。乾隆年间，本来预备将火器营调往外城。舒赫德坚称不可，认为一旦火器营调往外城，则内城没有精锐军队驻防，倘若有事，仓猝之间断然难以从快速抵达。乾隆遂听了舒赫德的意见，将火器营仍留驻内城。

火器营士兵一千余人到了之后，由众亲王分别统领，各持枪矛，踊跃而进。礼亲王昭琏碰到名将海兰察的儿子安成，过去轻抚其背，鼓励道："你老子是条好汉，你可要帮他争光啊！"昭琏在《啸亭杂录》一书中，夸奖安成貌美，"少年白皙，美如冠玉"。今日正好有机会，危难之际，增进一下二人感情。

不一会儿，大队清军与天理教徒在慈宁宫的伙房相遇，一马当先的庄亲王绵课先射了一箭，射中一人，其余官兵纷纷开枪，天理教徒不支后撤。庄亲王绵课带队追到隆宗门外时，天理教徒正准备放火，被火器营官兵猛攻击退。

此时各城门已关闭，几十名残余的天理教徒在宫内四处奔窜，却丝毫不畏惧。太监杨进忠看情势不妙，自己一个人逃走了。他的徒弟高广幅倒是太监中少有的有胆之徒，带了天理教徒从马道奔上城楼，在城楼上打出旗帜。迎风招展，旗帜上书"顺天保民"。众天理教徒以白布裹头缠腰，在城头上大张旗帜，白刃如雪，呼号奔走，也是清代仅有的一幕大剧。

无数清兵涌上城头，兵刃之声不绝于耳。高广幅持旗呐喊奔走时，却被镇国公奕灏一箭射中，跌下城楼，其他人或被格杀，或被俘虏。

京内大臣对于皇宫内的惊变不是很热心，有至日落后才过来探望者，甚至有在御河对岸逍遥散步旁观的，这自然激起了满族亲贵的无限愤慨。事情平息之后，嘉庆秋后算账，当日未入紫禁城与皇室共患难的大臣，如大学士刘权之、刑部尚书祖之望、礼部尚书王懿修等人，都被勒令退休。

在嘉庆朝担任了十几年首席军机大臣的庆桂，为人性格平和，在中枢数十年，规规矩矩，不敢有丝毫逾越，毫无过失。当时人认为他过于谨慎，近于迂腐。此年庆桂已八十岁了，当日坐轿子入了大内。进了大内后，恰逢事变，轿夫将庆桂扔在顺祯门。庆桂老先生昏昏沉沉地坐台阶上，也不知如何是好。有人过来告诉此事。老先生犹自不信，朦胧着老眼，从容地道："你这话从哪里听来的？怎么可能有人如此横逆？"

由于事起仓猝，内务府没有准备大批火器营官兵的食物，就由庄亲王绵课出钱到宫外街市上购买，从门缝中送入供火器营士兵充饥。平息事变之后，嘉庆特意请所有的官兵大吃了一顿，作为犒劳。

至黄昏时分，入宫的天理教徒有投御河自杀的，有藏在城堞草丛中的，有匿入假山中的。领队的李五，在一名内应太监带领下，躲藏在一个石槅之间。天黑之后，火器营官兵严守城门，以防有人外逃。半夜时，宫内的接应太监张泰，在东华门城头上伏地爬行，伺机准备出逃，被奕灏擒获。审讯之后，才知有宫中太监暗通天理教。当日夜间，一名内务府的郎中与天理教教徒偶遇，被砍中肩膀狼狈逃命。

天理教教徒张文得藏在一隐蔽之处，看到一名带着水晶顶花翎子的清军军官，拿刀杀死一名天理教徒。愤怒之下，张文得跳出来持刀将军官砍翻。张文得被擒后，审讯时硬气地道："我是习教弟子，一秉至诚，死而无怨。"

当夜，宫内到处是巡逻者，打更的木梆声整夜不绝。

十五日白天入宫的教徒七十二人，被俘、杀者有三十一人。

十六日凌晨，天初亮时，突然大雨如注，火器营士兵手中鸟枪的火绳被打湿。此时五凤楼中人声鼎沸，雷声四起，清军在雷雨之中，鸟枪无法激发，无不怨声载道。十六日清晨，宫内各处陆续抓获潜藏的天理教徒。

十六日夜间，在御书处的一处石缝中，清军又抓出教徒二十四人。为首的李五身手矫捷，拼死血斗，重伤后不久死去。十六日共俘获天理教徒二十七人，击杀十四人，至此事态平息。共有七十二名天理教徒杀入宫中，其间共击毙侍卫、太监等四十二人，击伤六十余人。

十六日，嘉庆抵达白涧行宫时，收到皇二子、皇三子的六百里加急奏报，方知宫中的此次惊天巨变。嘉庆看完奏报之后，浑身发抖，竟泪流满面。现场文武官员，也是一片慌张。此次天理教从天而降，突袭紫禁城，是历史上从来未有之举，予清廷之心理打击更是空前绝后。而天理教到底有多少力量，一时间也无从知晓，未来形势发展如何，也很难预测。有官员慌了神，奏请嘉庆立刻前往奉天，待军队调集之后再行回京。

军机大臣董诰则力主迅速回京。董诰对事态的判断较为清晰，他对嘉庆道："这不过是场小动乱，不久就有俘虏要送到。"看着嘉庆还在犹豫要不要逃去奉天，董诰急了，大哭着劝告皇帝。嘉庆无奈，遂从了董诰的意见，继续进京。军机大臣卢荫溥此时正好扈从嘉庆，也帮着出谋划策，调兵遣将，以平息事变。

嘉庆被此次事件给杀怕了，吓惊了，看起来固若金汤的清国江山，却被几个底层小民搅动的摇摇欲坠。受此巨变，嘉庆心胆俱颤。十七日，行至烟郊行宫时，嘉庆颁《遇变罪己诏》，诏书最后称"笔随泪洒"。后来，在其他诗中，对此次事件的心理冲击，嘉庆写道："齐豫骚动，阙下震惊，惟榷心挥泪，宵旰仰求上苍赦罪，此外更无可言矣。"

命运总是青睐有准备的人。康绍镛在军机处做章京，平日里留心掌故，通晓当世之事，董诰等军机大臣都将他作为左右手。康绍镛将各省的将领姓名、是否有军事经验，统兵多少等数据整理好，编成个小册子，随身带着。至林清事变时，嘉庆询问直隶周边各省将领情况，康绍镛便将小册子呈上。嘉庆由此知道他有才，可以大用，异日也做到了封疆大吏。

早在十五日，庄亲王绵课已从被俘者口中得到了主持者是林清及林清居住地等信息，紧急报告给嘉庆。

十六日，嘉庆知林清是主谋后，迅速派正担任步军统领的英和回京，督办抓捕林清。英和一路快马加鞭，中途马蹶，换马再奔，三个时辰疾驰一百四十里进京。英和入京后，先到神武门附近查看，见警备森严，秩序井然，方才放心。回京之后，英和迅速挑出精干衙役张吉、高铎、徐永功三人，连夜前往宋家庄抓捕林清。

林清从未能进入东华门的溃散教徒口中，判断此次行动难以成功，整夜未眠，绕床嗟叹。此时他若是清醒，应当立即出逃，不能留在宋家庄。但林清仍将希望寄托在曹纶、曹福昌等人身上，希望十七日能再次发动，予清廷以致命一击，故而未逃遁。

十七日黎明，张吉、高铎、徐永功三人抵达宋家庄，摸到了林清家门口。林清家大门紧闭，张吉敲了一会门。林清在床上听到敲门声，以为是滑县李文成派来的教徒到了，就穿了家居便服出来开门。林清一出门就被擒住，屋内的两名教徒也一起被擒。林清被擒后，庄内人声鼎沸，教徒纷纷涌出，要夺回林清。张吉等三人将林清押上马车就往北京急赶。林清的手下一路急追，追到南苑门。马车入城，城门轰然闭上，留下一路烟尘，追者方才绝望返回。据英和记载，张吉等人入京后犹惊魂未定，讲述前后经过时结结巴巴，不知所云。

英和抓捕林清有功，嘉庆一直记在心里。英和五十岁时，儿子官也做大了，入朝时嘉庆竟然对他说："你老爹今年五十岁，我记得他是四月十四日生日。"让英和感动得又是老泪纵横。到了生日当天，嘉庆又特意赐给礼物。英和的儿子奎照极有出息，道光年间也做到了军机大臣，让英和着实得意了一把。

十八日，被俘的陈爽将宫内接应的太监供出。除了五名太监直接参与此次行动之外，尚有九名太监加入天理教，都被英和一一擒拿。

十九日，嘉庆回京，王公大臣到朝阳门迎驾。嘉庆入宫后，即下罪己诏，王公大臣齐集于乾清门跪读，呜咽声、痛哭声，声震宫廷。

至二十三日，嘉庆亲自审问林清及太监刘得财、刘金等人。刘得财、刘金先入，看着这两名太监，嘉庆愤恨不已，问道："你们在宫内，朕对你们有什么过分的地方？竟然敢谋反！"

两名太监究竟没什么胆色，跪在地下连求主子饶命。嘉庆却幽默了一下："你们跟着林清了，我哪里是你们的主子。"

林清受审时，丝毫不惧，面对嘉庆，只说自己的行动是为了应对末日之劫数，"今事不成，弃却臭皮囊，以应劫数"。林清甚至言道，此次行动未能应上末日之劫，"将来另有起事之人"。

审讯完毕之后，所有被俘者照例是以最残酷的凌迟处死。

曹纶、曹福昌父子不久也被抓捕。曹福昌很是硬气，不想牵连太多人，行刑时对刽子手道："我是可交之人，至死不卖友以求生也。"

京师巨变平息之后，所有的焦点都集中到了河南滑县。早在九月十五日之前，已有大批清军被抽调前往滑县镇压。九月十五日事变之后，嘉庆又改调亲信那彦成前往独占，同时派出健锐、火器二营士兵二千名前往镇压。嘉庆又抽调了名将杨遇春前去滑县。

杨遇春是乾嘉年间的名将，曾参加过平息苗疆、台湾等战役，智勇双全，备受清廷赏识。嘉庆初年，在平息五省教乱中立下大功。五省教乱之后，杨遇春收编了一批骁勇善战之士，均技勇熟练，身经百战，毫不畏死。

那彦成抵达卫辉之后，并不急于出击，而是等待各省援军汇集。嘉庆急于求成，在谕旨中大骂那彦成："李文成株守滑县，机不可失。朕日夜焦虑，寝食俱废，望汝速剿大逆。不想汝到卫辉迟疑不进，逗留观望。大失朕望，具何肺肠，忍心病狂，天良何在？今日之旨，是汝生死关头，信与不信，凭汝自议。汝若再有迟疑，朕永不见汝之面矣。”

皇帝的狠话放了出来，本以为那彦成会提兵速进了。不想那彦成回奏称：“教军数万，我军数千。攻之有余，围之不足。”

嘉庆看了之后，连骂都提不起精神了，批复：“看汝造化，无可训示。”

待兵力集中后，那彦成、杨遇春先对被天理教占领的道口发起攻势。大炮轰鸣之下，道口城破，清军涌入。天理教徒守道口的有一万五千人，阵亡者过万，余部撤退到滑县。道口之战中，天理教头目、武林高手冯克善“独骑白马，持大刀奔山东去”，以联络山东的天理教徒。

此时天理教只剩下滑县一个据点，困守孤城。十一月初一，桃园的天理教头目刘国明带八百人冲入城内，经过商量之后，决定由刘国明用轻车将双腿受伤的李文成带出城，前往山东。天理教主力由李文成之妻及牛亮臣等人率领，留在滑县固守待援。

清军围攻滑县，架起大炮轰击，不想滑县城是土城，炮弹轰入后没有效果。清军改挖隧道，又被发现，狼狈逃回。滑县虽然被围，但守城的天理教徒却丝毫不惧，李文成妻子张氏亲自指挥防守，一度还带领人马出城偷袭。

冯克善从道口奔出之后，清廷在各地布置抓捕。十一月十九日，冯克善行抵直隶献县三角村时，被知县张翔抓获。抓捕时，慑于冯克善武艺高强，在冯克善叛变的徒弟安排下，设下酒席，屋内密布桌凳，并在桌上放了热粥，酒中暗放迷药。冯克善到了之后，先是将他的兵器藏起，又用热粥泼在他身上，随后伏兵四起，格斗良久，方才擒住。

李文成逃出滑县后，在各处受阻，根本无法突破封锁前往山东，遂占据太行山下险要据点司寨。十一月十九日，在冯克善被擒的同时，清军设下埋伏，引诱李文成军出司寨交战，结果三千余人，阵亡约二千四五百人。被俘的二百人全数被清军于阵前处死，极其残酷。李文成残部退守司寨。

次日，清军主力发起攻击。司寨地势险要。清军顶着如雨般的枪石攻入司寨，将天理教徒赶下寨墙。寨内街道逼窄，短兵相接之后，天理教徒退守民房。寨内有民房二百几十间，皆是砖石砌成，又有碉楼七八处，坚不可摧。清军见强攻伤亡太多，遂改用火攻，在大火之中，天理教徒逃出被擒者有二百余人。李文成带领残部退守于碉楼内。

清军围住碉楼后，有天理教徒呐喊着："我是刘国明。"持刀跃出，接连砍翻两名清军，方被清兵开枪击毙。

见天理教徒拚死反抗，清军就在碉楼下吆喝："擒李文成来献者有赏。李文成只要出来投降，其余人均免死。"

李文成从楼上站出道："李文成在此，只管用枪来打，断不出降。"

清军本意是生擒住李文成，好献给嘉庆请功，见诱降无望，遂全力攻楼。李文成与几十名追随者拥抱在一起，于碉楼上点火自焚。

李文成由于在滑县时受刑，腿部有伤，并贴有膏药，用棉布包裹。据此清军找出李文成尸体，随即在山东、直隶、河南各地展示。在搜索时，清军寻出旗帜一面，上书"大明天顺李真主"。

十二月初十，各路清军会齐滑县城外五门，同时发起攻击。清军久攻不下，遂点燃埋在城下地道中的火药，将南门、西门轰塌，随后冲入城内。

城破之后，李文成的妻子张氏带了天理教徒进行巷战，不敌之后一家闭门自杀。天理教徒在城内各处与清军激战，"巷战良久，有贼手执大斧，官兵砍其头，僵立不扑，犹作迎敌状"。清军损失惨重，遂放火焚烧全城。至次日中午，才将所有天理教据点烧毁。纵横直隶、河南、山东三省的天理教起事，在四十天之后终告平息。此战中，天理教教军战死一万七八千人，被烧死者七八千人。

负责围剿的那彦成在奏折中详细描述了李文成及天理教徒血战到最后的场景，是为悲壮绝伦。在中国历史上，从来不缺反抗，不缺热血之辈。

然以区区几十人之力，杀入皇宫，直击中枢，天理教却是唯一。

天理教主要骨干冯克善、牛亮臣等人，经过一个多月的审讯之后，于嘉庆十九年被凌迟处死。京师的民众，又可以目睹一场血肉横飞的酷刑盛宴。然而，正如天理教所宣称的那样，千年末世之劫在华北降临。林清事件之后，此年华北平原上瘟疫流行，民众死者过半，此后又有持续多年的各种灾荒。

此年年底，恍若惊弓之鸟的嘉庆，突然下了一道奇怪的禁令，不准民间贩印小说，禁止民间杂剧上演。嘉庆认为，小说杂剧之中充满好勇斗狠的内容，无知小民看了受其感染，为害尤甚，务必认真禁止。

林清事变是清代由盛转衰的征兆，“是役为有清一代兴亡关键”，它也是中国古代史上王朝更替规律发作的标志。

不断的王朝更替，仿佛是中国历史跳不过去的宿命。而导致王朝更替的农民起义，则来自于农业社会中的自然与社会因素。自然因素可能是水灾、干旱、地震，社会因素则必然是土地兼并、税赋过重、人口暴增，而最根本的问题，则是土地与人口的问题。

周期性的黄河河水泛滥与改道，整个华北平原的干旱，一直是历代王朝所面临的自然方面的主要威胁。而河工的开销，也成为军费之外最大的一笔开销。面对着洪水与旱灾，人们团结起来抵抗灾害，以获得最低限度的生存权。但依赖单纯的人力去对抗强大的自然力，其效果常是微乎其微的。自然灾害导致众多的百姓背井离乡、陷于贫困，大量汇集的流民，常会酿出震撼王朝的起义。

天灾之外，对中国古代农民影响最大的一是土地兼并，二是各种赋税徭役。中国古代的粮价一般状态下价格往往是偏贱的，但是农民购买牛马以及各种生产工具却需要耗费相当资金，这是一般农民所不能承受的，如此农民仅能维持简单再生产而无力扩大再生产。这种情况有利于豪门巨商的土地兼并，大规模的土地兼并造就了大量的无地、少地农民，加深了农民生活的困苦。至清代中期，土地兼并加快，“一邑之中，有田者十一，无田者十九。”

地方上各类水旱灾害的治理、对外对内的用兵、不断膨胀的人口所需的管理费用，这些都需要越来越多的经费。而康熙时已确定了“永不加赋”，于是各级官员开始巧立名目，横征暴敛，致使农民无法生存，最后的出路，自然是揭竿而起。

数以亿计的农民靠天吃饭，碰上好年景，可得温饱，碰上灾年则挣扎在死亡线上。要想在群体中获得更好的生存状况，就必须建立一个人丁兴旺的大家庭，使自己家的男性劳动力多，拳头硬，武力大。这就造成了一种负面的“边际效应”。

食物越短缺，群体越贫困，群体内部的生存竞争越激烈，为了生存，人人都在追求家庭人口数量方面的优势。结果人越多，食物越短缺，群体的生存竞争越残酷，整体进入了恶性循环。这种循环的最佳状态是在相互残杀之后，群体数量、食物及其他生活资料刚好满足群体生存的最低生活水准。

综上所述，中国古代社会所面临的根本问题，就是对生存资源争夺问题，这生存资源便是最单纯的食物。要生存就得吃饭，要吃饭就得有地种，因此“耕者有其田，人人有饭吃”就成了中国古代社会的最高理想。这个理想也是大多数中国人生存状况的真实反映。但中国古代，要吃口饭，是如此的不易。这需要老天蒙恩，风调雨顺，有所产出；这需要圣王垂恩，与民休息，降低税赋；这需要政府抑制豪强，控制兼并。假设这一切都能做到，中国农民仍面临着一个根本问题，那就是不断增长的人口数量与有限土地之间的矛盾，这是无法克服的矛盾。

以广东为例，广东人口在顺治十八年时仅为三百一十四万七千人，到乾隆四十八年，增至一千四百四十八万人，嘉庆二十年跃升至两千一百余万。人口激增的背后潜藏着巨大的危机，即耕地面积的增长远远赶不上人口数量的增长。据统计，顺治末年，广东约有三千万亩田地，人均耕地面积三点七亩。到了嘉庆年间，广东田地面积虽增到五千八百万亩，但人均耕地面积却下降到二点六亩，这还是按照人头来算的，如果算上豪强所占的大量土地，实际上嘉庆年间广东人均耕地实际只有一点六亩。而以当时的生产力水准，每人最少也要三亩到四亩的农田，才能维持基本生活。

乾隆五十五年人口达到三亿零七百四十六万，嘉庆朝的人口一直维持在三亿左右，到了嘉庆末年则激增达到三亿五千万。嘉庆朝的大学者洪亮吉，在经过实际考察后认为，人口与土地的比例应为一比四，才能维持一家的生计，“十口之家，即须四十亩矣。”然而在嘉庆朝，人均占有土地的面积却在不断下降。嘉庆十七年的数据为，人均拥有土地二点七亩，这些土地所产很难维持生计。全国范围内的有限土地与人口激增的矛盾，也是嘉庆年间无数起事的根源。

满族以外来民族而征服中原，为了维系统治，其权力之集中，为前所未有，其对文化之镇压，也空前绝后。无数苦痛的民众，在绝望之中，只能寄希望于民间宗教，于是“无生老母，真空家乡”“千年末世之劫”之类的造说传遍各地，无数人在此旗帜之下揭竿而起，向皇权发出挑战。面对此等颓势，嘉庆无力去做任何大的改革，他的选择就是守成。

保守的嘉庆，在方方面面都以祖先的成法为依据，时刻遵循而不敢逾越。历代帝王的实录，成为了嘉庆晚年执政的依据。皇帝死后都要编撰实录，实录中择取了各个时期的谕旨，皇帝的起居，婚丧礼仪等各种活动。编排实录的本意是作为档案而加以保存，不想在嘉庆看来，这实录却是现实执政的根据。

嘉庆遵守祖宗成法可谓是到了极致，就连他挑选秀女，也要到实录中去参考祖先的做法，不知他对女人的口味，是否和祖先们一样？对于编排实录的官员们，嘉庆也特别厚爱。嘉庆四年，考虑到天气寒冷，实录馆的工作人员仍然要日夜编撰，嘉庆特指示，在冬腊正三月，每月额外加赏五十两银子，作为取暖费用。

实录成为了嘉庆手中的万能宝典，尽管前所未有的难题不断涌现，但只要一恭阅祖先皇帝们的实录，嘉庆立即能从祖先们身上汲取经验，加以处置。然而时代不同，人物不同，祖先们的成法、做法业已过时。古人云："半部《论语》治天下"，靠《论语》治天下，嘉庆没有那份天资，他有的是勤奋，有的是翻阅列祖列宗们实录的刻苦精神，在他手中，几部实录可治天下。他骄傲地宣称："朕综理庶政，无不率由旧章。"

风雨飘摇之中，清廷走到了嘉庆二十四年。

此年嘉庆与衍圣公孔庆镕有过一次谈话，六年前林清事变造成的震荡波，犹在嘉庆脑海中徘徊。他小心翼翼地询问孔庆镕："我想到曲阜去，却不能，你知道不？山东的民情到底安静不？你那里有邪教么？你好生与我严拿邪教！"

孔庆镕无奈地回答："臣世受国恩，理应报效朝廷，可是严拿邪教，不是臣所管。容臣回去寄信山东巡抚严拿。"

嘉庆听了大为开心："好生教地方与我拿邪教。"

然而，嘉庆的足迹，再也没有踏上孔府的大门。此次谈话的次年，嘉庆去世。

第四章

萧条时代的军机处

死水中沉淀的曹振镛

虽有早期波澜壮阔的五省白莲教起义，后期直击中枢的林清事变，嘉庆小心翼翼操控着大清这艘巨舰，总算在风浪之中停泊靠岸，将它顺利交给了儿子。

嘉庆二十五年，皇帝前往木兰秋狝，七月二十四日抵达热河。次日嘉庆照常批阅奏章，接见群臣，不料当晚在避暑山庄突然病死。随后旻宁接位，是为道光皇帝。

道光接班后，面临着千疮百孔的局面，民间普遍贫困，“富户变贫户，贫户变饿者”，财政岌岌可危。中国经济在 19 世纪出现重大逆转，从 18 世纪的长期繁荣转入 19 世纪中期以后的长期衰退，此逆转始于道光朝，因此被称为“道光萧条”。

道光朝萧条原因复杂，根据李伯重教授的研究，道光时代，全球气候剧降，气候变冷，低温导致影响中国大部分地区的季风停留并交锋，导致降水量增加。频繁的水灾，既使得政府在河工上的开支激增，也使得农业产量下降，这又加剧了萧条。焦头烂额之际，道光帝还得面临前所未有的挑战，那就是跨海而来的欧美列强。

君王们留给儿子的除了江山，还有帮助打点江山的老臣。嘉庆帝在位二十五年，也培养了一批可以重用的大臣，并指望他们能辅佐儿子，挽回颓势。老臣们的名单可以罗列出很长很长。这长长的名单之中，一名外表木讷，战战兢兢的安徽人，却最终博取了道光的宠信，执掌军机处十四年，他就是曹振镛。

今日的安徽歙县雄村，以绮丽风光而闻名于世，吸引着一批批的游人。曹振镛家族就出自雄村，以盐业起家，成为巨富。曹振镛的曾祖父曹堇怡却不满足于拥有的财富，还希望家族能在仕途上有所突破，临终时嘱咐儿子要修书院，培养子弟读书。

乾隆二十四年，在扬州经商的曹景廷、曹景宸兄弟捐资建造了竹山书院。书院规定凡曹氏子弟都可入内就学，并免除一切费用。竹山书院造好的次年，曹文埴考中进士二甲第一，之后曹振镛也考中进士。曹家接连出了两个进士，竹山书院自然也得到了更多捐助。

曹振镛出生于乾隆二十年（1755），二十六岁时考中进士后到翰林院任职。曹振镛得到乾隆赏识，此后一路高升，历任侍读、侍读学士等职。曹振镛的父亲曹文埴，在乾隆朝也是一方大员，在刑兵工户四部先后担任过侍郎，也在南书房行走。但夹在阿桂与和珅中间，曹文埴左右为难，于是申请退休。

到了嘉庆朝，曹文埴的辞职，被视作是对珅专擅的抗拒，成为了政治资本，儿子曹振镛得到重用。在吏部、户部、工部，曹振镛都担任过要职。从嘉庆十六年，到道光十五年去世时，曹振镛一直担任户部尚书兼翰林院掌院学士，是清代任期最长者。

嘉庆十八年，曹振镛授协办大学士，入内阁。曹振镛入内阁之时，适逢天理教林清之乱，曹振镛在京内一无所为，而陪同嘉庆木兰秋狝的董诰则痛哭流涕。时人嘲讽云：“庸庸碌碌曹丞相，哭哭啼啼董太师。”董、曹二人听到后，相视苦笑：“此时之庸碌、啼笑，颇不容易。”

道光登基后，军机处元老众多，如托津、戴均元、卢荫溥、文孚等人，均久历政事，在军机处多年，暂时也轮不到曹振镛出头，不想军机大臣们的一个小错却让他脱颖而出。

七月二十五日，嘉庆死前，让军机大臣们拟定遗诏。遗诏拟好之后，道光伤心欲绝，也无暇细看，以为军机大臣们在军机处混了多年，断不会出错，就在八月初五向全国人民公布。到了九月，道光静心下来之后，再审读遗诏时，却发现其中有个错误。原来几个军机大臣把乾隆的出生地给搞错了，乾隆出生在雍和宫，在遗诏中变成了出生在避暑山庄。

道光一看大惊，赶紧让曹振镛去查核。结果不管查乾隆朝实录还是乾隆御制诗集，乾隆都是出生在雍和宫。将皇帝出生地搞错，放在任何时代都是严重的政治问题，且所拟遗诏已颁行天下，无可挽回。当年的军机大臣共有托津、戴均元、卢荫溥、文孚四人。年轻点的卢荫溥、文孚被连降五级，仍留在军机处帮忙辅政，年迈的托津、戴均元则被连降四级，赶出军机处。

随后道光命曹振镛入军机处，三个月后又担任首席军机大臣。在道光朝，曹振镛以首席军机大臣兼内阁首揆，前后长达十四年，权倾朝野，恩眷之隆，当世无匹。

道光当政之后，英和与曹振镛同入军机处，一满一汉，共主朝政。但英和入军机处没有多久，就被赶了出来，此后再没入军机处。如果英和在军机处，首席军机大臣也轮不上曹振镛长期担任，而道光朝的政坛也不会如此沉闷。英和被赶出军机处，与他主持废除“陋规”有关。

清代官员账面工资极低，以致有人称是“亘古未有”。其实历朝历代，官员们的账面工资都不是很高。中国古代不奉行高薪养廉政策，主要在于儒家奉行以德治国，当官的目标在儒家典籍中被描述为庄严无比的“治国平天下”。但当官不能不吃饭，要吃饭就得向现实低头，理想与道德之间的冲突常使初入官场的书生们困扰不已。理想终究敌不过现实，面子比不上肚子，脊梁还是得向稻粱弯曲。有道德洁癖的官员，最终会被视为异类而淘汰。

清代官员账面上的工资，一品大员每年不过一百八十两，每月只合十五两。七品知县更是可怜，每年薪水只有四十五两。为了补贴官员，雍正朝开始给官员发“养廉银”。“养廉银”督抚每年所得较多。乾隆得知宠臣李侍尧贪腐后，大骂他：“每年养廉银都有万两，你怎么还贪污？”知县的养廉银较少，从几百到一千两不等。“养廉银”等于是补贴给官员们的生活费，但各级官员开支繁多，这点银子根本不够花。从中央到地方的各级官员，都要靠“陋规”，才能过上滋润日子。

“陋规”的种类很多，外省的官员逢年过节都要给京官送上各种孝敬，夏天有“冰敬”，冬天有“炭敬”。根据自己的人际关系与官场人脉多少，外官每次孝敬的京官人数从十几人到上百人不等，数目从几两到几百两不等。此外，还有名目繁多的“礼”，如岁金、节礼、程仪、贽礼、赆礼、贺仪之类，礼仪种类繁多，从地方特产到古玩字画，无所不包。逢年过节时，各地官员送礼物入京的车子络绎不绝，所幸当日还不致导致大面积交通堵塞。

至于地方官员，也是广开财源。每逢各种节日及官员生日之类，下级要过来送门礼，如春节、端午、中秋、官员及官员老婆生日时的“三节两寿”礼之类，也是名目繁多。

这些礼节性的陋规，只是小头，对官员们来说不过是零花钱而已。陋规中的大头，则来源于火耗、关税、盐课、漕运等。以火耗为例。地方州县在征税之后，要将碎银铸造成五十两一个的大银锭。在铸造过程中，不可避免地有损耗。正常铸银的损耗不过百分之一二，官方就将这些损耗额外摊派到民众头上。

对于征收火耗，政府没有明确规定，地方官员就将火耗加派到十分之一二，或者十分之三四，捞取巨额利益。州县一级捞到钱了，自然要孝敬督抚，督抚们则孝敬京官，彼此共享此项巨利。火耗之外，在盐业，漕运、驿站等领域，官员们通过各种手法，也捞取巨额陋规。

陋规收入在正常工资的十倍，乃至百倍以上。根据地区不同，陋规的收入也不同，但即使最偏僻的地区，陋规的收入也很可观。

与京官相比，地方官获取陋规的机会更多，所得更为丰厚。如雍正元年，河南巡抚一年各项陋规不下二十万两，素称贫瘠的贵州巡抚每年的陋规在二万两左右。道光年间，张集馨担任以“肥缺”而闻名的陕西督粮道，每年陋规有三四十万两。京官刘彬士得知自己被外放到浙江任巡抚后，踌躇满志地道：“老夫穷翰林出身，在京二十余年，欠下一屁股债，今番须要还债了。”浙江人闻听后，惊呼刘彬士如“饿虎出林，急不能待”。

陋规拿不上台面，所有人都知道它的存在，且都分了一杯羹，达成利益共享。陋规的危害极大，它既造成了国库的损失，也加重了民间的负担。嘉庆年间，尹壮图曾提出将陋规的数目明确、合法化，以杜绝弊端，嘉庆批复“实不可行”。

道光刚当上皇帝，将颇有创新精神的英和调入军机处。英和一入军机处就建议将各省陋规加以清查，应该革除的就革除，可以保留的就公开、明确。刚当上皇帝的道光还有点锐气，立刻同意，摩拳擦掌，要大干一把。随后十几天，道光接连颁布谕旨，指示地方官员必须清查陋规。不想督抚们却联合起来，给了新皇帝一个下马威。

各省督抚们认为，陋规这种丑事，怎么能明确公开？可以说一套做一套，但是绝不能给民众知道，一旦知道了，怎么进行统治？陋规一禁，官僚怎么维持生活？谁来帮你统治？

道光被督抚们这一逼，顿时没话说了，只好收回成命，下令停止陋规改革。道光尴尬地解释："朕刚没了老爹，心里乱糟糟，听了英和的瞎话乱搞。朕刚当上皇帝，没啥经验，还请各位多多包涵，多多原谅。"道光在谕旨中还灰溜溜地道："为君之难，诸臣亦当谅朕之心。"

为了向地方督抚表示歉意，道光不得不将英和作为替罪羊，赶出了军机处。两江总督孙玉庭反对废除陋规最为激烈，却被赐给了"公忠大臣"的匾额，于是群臣叹服，竞相赞叹道光为天下圣主。

既然不能改革，那就保持原状，拖延一日是一日了。道光主政时，清国这艘大船已是锈迹斑斑。道光是个魄力有限的皇帝，他无胆也无力推行改革，也无心将船的内部构造换掉，重新起航，只是想将船涂抹一把，不沉即可。但要想这艘船不沉没，对多年积习总是要有所整顿。也正是这一定程度上的整顿，才给了曹振镛一方天地，以收拾颓败之局。

清代关系国计民生的，不外漕运、盐、国库存银粮之类。在曹振镛辅佐下，道光就漕运、仓库、盐税等，做了系列整顿。曹振镛从政经验丰富，又深得韬光养晦之道，自然不似英和那样咄咄逼人，锋芒毕露，所以能连续担任首席军机大臣十四年，也能在一定程度上对弊政加以整顿。

漕粮弊端，首在浮收，根源在旗丁。运送漕粮的旗丁，在各州县索要帮忙的小费，不然就在漕粮上捣鬼。各地官员为了应对勒索，不得不多征收漕粮。由于漕粮"浮收"严重，各省督抚不堪重负，打报告给中央请求将漕粮打折。

漕粮运输途中，旗丁也暗中捣鬼，比如将石灰撒入米上，再将温水灌入舱底。待米粒发涨后，每石米可以多出数升。多出来的米就被旗丁盗出贩卖，至于入库的漕粮，因为受过潮自然容易发潮霉变。经过千里运河，江南漕米运抵京仓。一路上各种开支，导致米价暴涨，一石漕米需银十八两，是正常价格的十八倍。

曹振镛建议从源头上着手，各省督抚及漕运总督，打击旗丁勒索州县，一旦查出即从严处理。但曹振镛的办法，不过是周期性的严打运动，时间一长，旗丁照样。所以道光六年，英和主持了漕粮经海路运输北上的试验，效果极佳，成本更少，运输更快。不想各地反对声四起，因为无数人的饭碗将要被断送。屈从于压力，道光最后还是选择了走内河运送漕粮。

在清代，盐枭始终是难以消除的叛逆力量。由于官府垄断盐业，导致各省官盐价格、质量不一。官府所制的盐，虽然质量较好，但价格高，且在售卖时，或被渗入杂质如土粒，或被克扣斤两。无奈之下，民众只好去购买私盐。私盐有两种，一种是各地民间私制的盐，此类盐质量较差，但价格低廉。另一类则是越界盐，即盐是官方制作的，被从质量高、价格低的地区，运到价格高、质量低的地区。

安徽淮北及河南南部一些地区，所食用的是两淮盐。两淮地区所制的盐，每斤要五十文，而在北方所售卖的长芦盐，每斤只要二十五文，有的地区差价更大。此外，长芦盐味鲜且口感好，淮盐味苦，人们更喜欢食用长芦盐。巨大的差价，广阔的市场，刺激了淮北地区的人外出贩卖私盐。贩卖私盐利润高，风险也大。清初就规定："凡贩卖私盐者杖一百，徒三年。若有军器者，罪加一等，拒捕者斩。"但巨额利润的吸引，使无数青壮年走上了贩卖私盐的亡命之路。

除了盐枭贩卖私盐之外，一些经过官方许可的盐商，也暗中贩卖盐引。清初发行盐引时，好比发行原始股，招商购买，买到盐引的盐商，将名字及盐引数目登记入册，然后按册派给盐引。盐商手中的盐引，可以世代相传。当年没有买原始股的人，眼红于盐业的暴利，就从盐商手中再买盐引。如同股票一样，买的人多了，价格自然被推高，盐价也跟着走高。官府卖的盐价格居高不下，民间贩卖私盐的人自然也就更多，导致官盐卖不掉，政府税收减少。

道光十年，两江总督陶澍整理盐务，决定打破原先盐商对盐引的垄断，开放盐引，让资金涌入。陶澍的改革触动了很多人的利益，遇到了极大阻力。曹振镛家族很多人在扬州从事盐业交易，陶澍本人则是曹振镛的门生，一时间投鼠忌器，难以下手，就写信给曹振镛讨教。曹振镛看了信后，回复他道：“只要有利于国家，你就放心去做，不要担心我家，世上有饿死的宰相吗？”曹振镛这样表态了，陶澍遂一展身手，整顿盐政。

面对危局，道光初期曾有诸多系列整顿措施，诸如改漕入海，裁撤兵员，清查浮收，裁定陋规等等，但这些措施，或是受到官员抵制，不得不提前中止，如裁定陋规；或是虎头蛇尾，草草收场，如改漕入海；或是收效甚微，一如既往，如清查浮收。唯一能推行下去的改革，也就是陶澍主持的盐引改革。但这改革也仅限于两淮地区，并没有推广到给全国，也不能挽回道光朝衰败的局面。

道光不是个有勇气、有担当的人，所以选了小心谨慎的曹振镛辅政。才气卓著，率性敢言，勇于任事的英和则相应地被冷落。曹振镛没有大刀阔斧的改革，也没有英和那样直率敢言，但终究还是能恪尽职守，本人也能洁身自爱，非贪赃枉法之徒。后世对他虽然评价不高，终究未将他列入“奸相”的行列。

在走向萧条的时代，作为首席军机大臣，曹振镛实回天乏力，也没法开出根治的药方，只能小心谨慎地辅佐着道光。而在这样的时代，有识之士都意识到了危机，他们期待着中枢能够振起，有所变革，有所进取，有所突破。然而，曹振镛却让他们失望，于是在众多的民间野史之中，曹振镛也成了庸碌的代名词。

《清史稿》中，也不见他的显赫政绩，野史之中，更无他的风雅趣谈。后世对曹振镛评价极低，常以“庸庸碌碌”“只会磕头”来评价他，但曹振镛不是“庸碌”二字所能简单概括的。在道光萧条之中，他小心谨慎地维持着平稳局面，在力所能及的范围内进行整顿，也着实不易。仁者见仁，智者见智，林则徐就将曹振镛赞誉为国朝第一人。

无疑道光喜欢曹振镛，并把他当作是可以依靠的人。曹振镛死后，道光在追悼词中夸奖他："实心任事，体用兼优，外貌讷然。"曹振镛的名与字搭配的极好，他名为振镛，外表平庸、木讷、清净，字为俪生，内心丰富、细腻、绵软。

在老板道光看来，曹振镛外表木讷，守成持重，甚合心意。曹振镛其实情商极高，深得为官之道。道光五年，蒋攸铦从直隶总督任上调入军机处，担任军机大臣。蒋攸铦入军机处后，道光对他恩宠有加，凡大事必征求其意见，对此曹振镛心中难免生出失落感。过了些时日后，两江总督上有空缺，道光召集军机大臣商议该派谁担任。

两江总督是重任，历来都要挑选资望深重，历任封疆者出任。道光问众军机大臣谁最合适。作为首席军机大臣，曹振镛得首先发言。

曹振镛知道蒋攸铦刚由直隶总督任上调上来，属于道光帝想要的人，但由自己提出来，不免授人以排挤同僚的口柄，也会引起道光皇帝的怀疑，所以他不直接提名将蒋攸铦调任两江总督，而提名正忙于西北事务的川陕总督那彦成。

果然，这个提议被道光否决。道光道："现在西北地区多事，那彦成不能调往两江。"说着又看了看曹振镛，希望他说出下一个人选，但曹振镛就是不说话。道光环视了一下军机大臣，看到蒋攸铦，思考片刻后对他道："你历任封疆，现在调任两江总督正合适。"遂以蒋攸铦为两江总督。下朝之后，蒋攸铦冷笑道："曹丞相智巧，当面排挤，不露声色，真可畏也。"

中国官场有句话叫作捧杀，名为捧，实为杀，曹振镛也熟悉此道。大学问家阮元，也是道光所欣赏的人，历任督抚三十余年。一次道光偶尔问曹振镛："阮元壮年就官至二品，怎么升起来这么快？"

曹振镛道："阮元学问优长。"

道光又追问：“你怎么看出来阮元学问优长。”

曹振镛默然道：“阮元现任云贵总督，每天政务繁忙，尚日日刻书谈文。”

道光听后，默然不语，不久即将阮元调回京师。表面上曹振镛是在捧阮元，实际上却是给了阮元一刀。道光最讨厌地方督抚们舞文弄墨，松弛政务。曹振镛如此一说，激怒道光，是为高明。

不妨假设一下，如果曹振镛所辅佐的是充满情趣，附庸风雅的帝王，所处的又是一个蒸蒸向上的时代。他木讷的面具一定会脱下，表情一定会更丰富，也会留下更多的文人逸闻。在政治舞台上，他的拳脚也会从慢柔的太极转为刚猛的泰拳。

曹振镛身处中衰之世，他也很无奈，他没法如盛世的名臣那样，扬眉吐气，扬鞭万里，开拓疆域。他清楚地认识到，自己站在进水的船上，辅佐皇帝，操控着大清这艘巨轮。他如果稍一用力，开得过猛，大清可能就会沉没。

曹振镛主政的十四年间，以无为清静为目标，小心谨慎，如履薄冰。道光十五年时，曹振镛走到了生命的最后，他以八十一岁高龄死于任上。道光赐给他象征着文臣最高荣誉的“文正”谥号，有清一代，得“文正”谥号者八人，分别是睢州汤斌、诸城刘统勋、大兴朱珪、歙县曹振镛、滨州杜受田、湘乡曾国藩、高阳李鸿藻、寿州孙家鼐。此八人中，最难盖棺定论者自然是曹振镛了。

人性极其复杂，很难用一个好字，抑或一个坏字来笼统、绝对地评判一个人。对曹振镛这样的重臣，史书很难评价他，乃至于没法评价他。他就如同一池清水，你仔细看，他是清澈见底的，再细看，其中难免也有污浊。更重要的是，这一池清水，却是一潭死水，死水中沉淀的不仅仅是曹振镛，更是大清王朝。

三朝军机大臣松筠

除了早期盐政、漕运上的几项改革之外，道光在位时未有大的变革。虽然他面临着无数弊端，但他的执政思想就是守成不变。此种执政思想，在道光朝的用人上也可以看出来，道光朝的督抚及六部尚书，大多出自翰林，而真正具有实学的人才并不多见。

在道光眼中，翰林们饱读诗书，熟悉祖宗成法，自然不会大刀阔斧地推行改革。于是万马齐喑的局面出现，真正有胆识，有才学的大臣被边缘化。道光朝初期，有胆识且个性外露的大臣，英和之外，还有松筠。后世对松筠评价极高，“有清一代，满大臣中，群雏之鹤也。”

松筠不阿权势，遇事有犯无隐，好酒使性，常醉后奏事，在官场上兔起鹘落，起伏不定，为乾隆、嘉庆、道光三朝所罕见。

嘉庆二十五年，嘉庆帝病死在热河。八月，棺材从热河运回京师，先安放在乾清宫，再移至观德殿。出殡时所用的杠夫分为六十班，每班二百四十人。杠夫都是年轻力壮的小伙儿，高矮胖瘦略同。为了抬梓宫，他们事先已经演习过十天。梓宫被装扮成轿子形状，称为“吉祥轿”，外面用毛毡层层包裹，以免磨掉漆皮。出殡当日，京内文武百官，一身白衣，无数人跪在甬道两旁卖力表演着撕心裂肺。

此年四十六岁的梁章钜，入军机处做章京已经三年，也跪在人群中跟着哀号。却见新皇帝道光，走着走着，突然跑到甬道旁，紧紧拉住一个跪在地下的人的手号啕大哭，跪着的这个人也跟着卖力狂哭。梁章钜边假装抹眼泪，边偷偷观察，这么多王公大臣，新皇帝却偏偏找这个人去哭，这是谁啊？梁章钜观察了半天，才看清这人是松筠。

松筠此时职务是骁骑校，骁骑校是八旗中的低级军官，新皇道光为何只拉住此人痛哭？

松筠来历并不简单，他历任封疆，早在乾隆朝就入过军机处担任军机大臣，大概是血脉里流淌着蒙古人的血脉，总是不合于皇帝的意思，被赶到伊犁、西藏经营边陲多年。

松筠出生在乾隆十七年（1752），属蒙古正蓝旗，二十岁时到理藩院做翻译，做了几年又到军机处做军机章京。军机章京任上表现出色，松筠被提拔做了章京领班，即满语所称“达拉密”者。乾隆四十五年，松筠被破例提拔为户部银库员外郎。

户部银库是国家财政中枢，照例只能满人担任，哪怕蒙古八旗、汉军八旗也不得担任。经过军机大臣推荐，松筠成为第一个掌管户部银库的蒙古旗人。乾隆四十八年，松筠升到了从二品的内阁学士。

乾隆五十八年，松筠入军机处担任军机大臣。在军机大臣任上，松筠受命陪伴英国马嘎尔尼使团一路行至杭州。英国人兴致勃勃地发现，松筠比清国的其他官员更好沟通。英国人认为松筠彬彬有礼，为人宽厚，在旅途中携带了大量书籍，随时翻阅。松筠常在袍子外面罩上一件黄马褂，“一副凛然不可侵犯的样子”。最后告别时，马嘎尔尼认为松筠颇有绅士风度，配当个英国人。

刚入军机处一年多，因为熟悉边界事务，且有语言优势，又是藏传佛教信徒，松筠被任命做了驻藏大臣。到了嘉庆五年（1800）正月，松筠又被任命为伊犁将军。

自征服准噶尔之后，天山南北被纳入清廷版图，以伊犁为中心，清廷建立了一套庞大的官制。清廷设置的伊犁将军是新疆最高军政长官，代表清廷管辖各地军政事务。伊犁将军责任重大，管辖区域面积达两百多万平方公里。对此职位，清廷一直选拔亲信满蒙大臣出任。如第一任将军明瑞出自满洲名门富察氏，第二任将军阿桂是乾隆朝后期的重臣。嘉庆选择松筠，自然是对他能力与才干的认可。

松筠受命之后，还未走马上任，嘉庆又将他另调为湖广总督，以镇压白莲教起义。根据在湖广总督任上的经验，在嘉庆召见时，松筠请求开放盐、硫黄、铅等领域，让民间资本进入开发，以阻止民众为了暴利铤而走险。

而自乾隆中期之后，清廷忧虑"开矿聚集亡命，为地方隐忧"，故而严禁地方采矿。嘉庆是个特别保守的人，祖先的一切成法，在他看来是神圣不可更改的。现在松筠说开矿可以减少亡命之徒，在嘉庆看来却是对祖先的背叛，于是大骂松筠糊涂。松筠不服，与皇帝争吵。一气之下，嘉庆将他赶去了伊犁，做了个伊犁察哈尔领队大臣。

被发配到了伊犁，松筠还不安分，四处查探。看到伊犁地方上金矿极为富饶，可以开采，就怂恿伊犁将军保宁上奏，请开采金矿。嘉庆看了奏折，冷笑一声："这必然是松筠怂恿的。"嘉庆是个守成的皇帝，他只想保持现状，对于开源节流毫无兴趣，当即否定了开矿的建议。

过了一年，考虑到人才难得，嘉庆将松筠升为伊犁将军。松筠第一次担任伊犁将军，从嘉庆七年至十四年，前后将近八年。虽然远在伊犁，可松筠不时还是逮住机会和嘉庆顶一顶。和珅跌倒之后，有三块原本准备孝敬他的大玉，在途中被下令停了下来，扔在喀喇沙尔多年无人问津。嘉庆十一年，新疆地方官员看着这三块大玉搁在那里多年，风吹雨晒，真是暴殄天物，就建议招商认购。

嘉庆看了奏折后先是大骂地方官员贪图小利，可转身一想，玉是好东西啊，扔在那里实在可惜，就下令挑两块小玉运进京师。不料两块小点的玉，加起来也要一万一千斤，松筠就上奏说这两块玉运起来太麻烦了，再说是和珅遗下的，您好意思要吗？嘉庆被他这一激，只好讪讪地说："朕天性不喜玉"，让不要运了。

松筠是个虔诚的藏传佛教教徒，院内有正屋三间，中间是客堂，老婆住堂东，西边是佛堂。在家时，松筠每天五更起来到佛堂做功课。松筠做功课，不间寒暑冬夏，坚持不懈。拜佛多了，松筠也有佛相，面如罗汉，极其慈祥，有人甚至说他是活佛转世。但面貌慈祥的松筠在伊犁任职期间，却杀戮过重。

自从伊犁被纳入清廷版图后，各种罪犯和被处分的官员，常被打发到伊犁戍边。嘉庆十四年，一名叫作蒲大芳的陕西地方乡勇，因为谋反被发配到塔尔巴哈台。蒲大芳被发配后很不安分，塔尔巴哈台地方官员得到消息，称蒲大芳与一群戍兵密谋准备叛变，就迅速报告松筠。松筠当即派将领至塔尔巴哈台，将蒲大芳等三十一名戍兵抓捕处决。同时命令将与蒲大芳一起发配戍边，被安置在其他地方的一百三十五人集中转移，并于半途在山谷中全部截杀。

多年之后，梁章钜在军机处担任军机章京，一次因为公事去找松筠。两人聊起京内外各种典故，絮絮叨叨了良久。此时恰逢酷夏，闷热难当，松筠到底是蒙古人，豪气不减，就让梁章钜把衣服脱了，又拿了几个西瓜，就着白酒边饮边吃边聊。梁章钜看到松筠头不停摇动，就问他这个毛病是怎么落下的。

松筠感叹道："这个不是什么病，当年在伊犁时，因为杀戮过重，至今脑海中充满愧疚，不时晃头。"

在伊犁任上多年，松筠总算回朝。一度还外放做了两江总督、陕甘总督、两广总督。松筠个性之中，总不脱马上民族的豪迈，如好酒、不按规则出牌。松筠任两江总督时，乘船出巡，刚好碰到一个老朋友带了部队驻在江边抗洪。老朋友说现在风大，开不了船，就安排松筠吃饭。松筠嚷嚷着要喝烧酒，老朋友就同意了。但两个人对饮实在乏味，松筠就让找个能饮的军官过来作陪。老朋友就找了个副将过来，松筠饮一杯，副将也跟着来一杯，饮到半夜，松筠方才尽兴，跌跌撞撞地回船睡觉了。

第二天早上，松筠把老朋友找来，再开一席继续饮。饮着饮着，松筠突然想起来，就问道："昨天那个副将挺不错，酒量很好，把他喊过来一起再饮。"老朋友一听也是，就派手下去催促副将过来。手下去了副将家，不久回来禀报："副将昨天回到家后烂醉如泥，话也说不出，今天一早就仙去了。"松筠听了大吃一惊，胡乱吃了几口饭就顶着大风开船溜走了，留下老朋友安抚副将家属。

某一年松筠奉派出京查案，得了圣旨后急匆匆要走。手下说你急什么，行李还没拿呢。松筠说你先回家拿吧，一分钱也不带，自己一人骑马先溜走了。打马走到韩桂舲家时，韩桂舲还在刑部上班，松筠跑进去要酒要菜，大吃大喝。松筠的大字写得很好，一个虎字更是虎虎生风，很多人找他求字。吃了人家的东西，松筠很不好意思，就让准备笔墨，要写大字留念。

正跃跃欲写时，突然听到院外有人吵架，松筠一溜烟跑出去看热闹，原来是鸡贩子和看门人在讨价还价呢。松筠一看这鸡养得肥胖，跑过去将鸡担一扛，说我全买了。可一摸口袋，一分钱也没有，就又回去找韩桂舲老婆借了钱给鸡贩子。松筠拿了鸡，临走时嘱咐看门人道："你给我好好喂养，不要养瘦了，等我出差回来时再来吃。"

嘉庆十六年，松筠由两广总督改任吏部尚书，被召回京师。回到京师，松筠又被任命做了军机大臣，在军机处排名第二，仅次于董诰。但在京师没多久，就第二次受命担任伊犁将军，处理边疆问题，驻在伊犁两年。到了嘉庆二十年，因为处理喀什噶尔动乱时杀戮过重，松筠被革去太子太保。

天山南北，分为白山派和黑山派，两派长期分裂，势若水火。不想黑山派出了个人物叫孜牙敦，想改变这个局面，主动娶了白山派和卓的女儿做第二个老婆（和卓是波斯语，意圣人之后）。

清廷对白山派和卓后代严加防范，不准他们轻易离开居住地。孜牙敦向喀什的阿奇木伯克递交了申请，要将老婆带回自己村庄去，这事本无可厚非（阿奇木伯克是清廷封的官，正三品）。不料喀什噶尔的阿奇木伯克不同意孜牙敦的请求，孜牙敦很是愤怒。被捕后，孜牙敦供认道："我本是此地有脸面的人，今娶妻室，不许我搬去本庄同住，因此愤恨。"

嘉庆二十年八月，孜牙敦带了几百人将当地清军牧场烧毁，将马抢走，随后又去攻打喀什噶尔。松筠带了援军赶往喀什噶尔，很快将孜牙敦抓住。这本来是孜牙敦闹事，不想却将骁勇善战的布鲁特人给牵连进来。

孜牙敦有个好友图尔第迈莫特是布鲁特部（吉尔吉斯）的头人，两人常一起放鹰，情同手足。孜牙敦闹事时，图尔第迈莫特没有参与，反而派手下去喀什噶尔报信，让清兵及时准备，随后又派人帮助清兵围剿孜牙敦。孜牙敦被擒住后，松筠却摆下鸿门宴，将图尔第迈莫特也给抓了起来。松筠不等嘉庆指示，就自作主张，将图尔第迈莫特与孜牙敦一同凌迟处死。

图尔第迈莫特明显没有叛变的意图，只是与孜牙敦关系较好而已，突然被杀，嘉庆也觉得处理不妥。平息孜牙敦闹事之后，嘉庆二十一年（1816）底，长龄受令赴喀什噶尔调查图尔第迈莫特案中的种种疑点。根据长龄的调查报告，嘉庆认定松筠处死图尔第迈莫特"实属错谬"，革去松筠太子太保，并内调回京，以长龄取代松筠为伊犁将军。

图尔第迈莫特被杀对后世影响颇大。天山南北的布鲁特部由此对清廷充满仇恨。图尔第迈莫特的儿子出逃，此后长期在边塞游走，准备报复。

孜牙敦所属的黑山派，本是清廷的同盟者。松筠平息孜牙敦闹事之后，开始滥杀，导致黑山派也对清廷不满。天山南北各部离心离德，积怨重重，待机而起。至道光年间，张格尔率众入侵，各派纷纷加入，造成了大规模的边境事变。

嘉庆二十一年，松筠被从伊犁召回，继续管吏部。如同乾隆朝的舒赫德一样，官场上大起大落，多次被贬，松筠皮粗肉糙，毫不介意。嘉庆二十二年六月，嘉庆想次年东巡盛京。此时恰逢北方干旱，多日无雨，松筠上奏，说干旱与皇帝想要出巡有关，请皇帝不要出巡。

嘉庆被松筠这个奏折搞得恼火不已，心道朕还没去祭祖呢，只是想想，你就说干旱与朕有关。要是真的出巡了，岂不是坐实了朕导致干旱么？本来嘉庆要将松筠治罪的，只是此年大旱，罪犯都被减刑，就将松筠降了官。嘉庆也知道，松筠奏请停东巡之举，必有很多人支持，在谕旨中自我解释道："松筠这人不识大体，好行小恩小惠，肯定有人帮他抱屈。不过这个浅陋小人，随便他怎么折腾，朕亦不惧。"

对松筠这个浅陋小人，嘉庆还是颇为看重，不久又将他提升，在吏部、兵部担任尚书。

嘉庆二十五年，松筠倒了大霉，官职差不多被一撸到底。

事情是这样的，兵部有两个大印，一个叫作堂印，留在兵部。一个叫作行印，皇帝出巡时带上。兵部行印关系到兵力调动、人事军需等大事，极其重要。三月份嘉庆准备去祭陵，兵部就去取行印给皇帝带上，不料却发现行印丢了。嘉庆跑到汤山时，听说兵部丢了行印，大为光火，下令将兵部官吏仆役都扣住查询。

查了一个多月，发现行印是去年嘉庆出巡时在巴克什营丢失的。当时松筠正好担任兵部尚书，本该将行印放在自己帐房中亲自保管。松筠这年已经六十八岁了，又刚刚经历了丧子之痛，就将装着行印的匣子给兵部司员看管。兵部司员继续偷懒，转交给书吏俞辉庭保管。

俞辉庭当夜在帐房内酣然入梦，第二天醒来时，发现行印连同匣子一起被偷走了。俞辉庭不敢声张，就找了个备用的匣子交了回去，所有人都没有开匣查验，以为行印还在匣中。嘉庆出巡结束后，匣子被送还兵部，兵部工作人员何炳彝、庆禄偷懒，没有开匣验视，就将空匣入库。过了一年，嘉庆再次出巡，需要用行印时，一开匣所有人都傻了眼，此时才发现行印丢了。

初审时，何炳彝、庆禄两人串通一气，声称去年入库时曾开匣查验过，并绘声绘色地称庆禄看到大印后，还用手指头弹了下印。何炳彝则在一旁调侃称这个又不是石头，你弹有什么用。庆禄甚至对天发誓，愿以头颅担保，入库时有印在匣内。受两人误导，查了一个多月才查出真相。此案牵涉极广，嘉庆怕再查下去会引起大狱，就草草结案了事，谁盗了行印成为历史谜团。

案情弄清后，作为直接负责人，松筠自然要被惩罚，先是被降职为山海关副统领。过了一段时间，嘉庆突然想起去年松筠曾阻止自己去盛京祭祖，认为这是报应，大骂松筠："丧心病狂，乖谬已极。"再将他降至骁骑校。所以嘉庆死后，松筠才会以低级军官的身份出现。

道光未登基时肯定与松筠有私交，且关系极好，不然决不会在万千大臣中，只找他一个人去宣泄感情。当了皇帝后，道光自然要重用松筠。道光元年，松筠被任命为吏部尚书，在军机大臣上行走，并赐紫禁城骑马的荣誉。说起来，松筠资历够深了，在乾隆、嘉庆、道光三朝都入军机处做过军机大臣。

再入军机处不过一年，道光二年，松筠又被革去军机大臣一职。

此年乌里雅苏台将军将驱逐哈萨克商人一事奏报给理藩院，怎么处理此事松筠也参与了讨论。待理藩院达成处理意见的稿子后，松筠突然索要稿子翻阅。松筠是军机大臣，且在边陲多年，给他看看自然无妨。不想松筠看完稿子后，大笔一挥，在稿子上加以删改。

松筠这是越权行为，理藩院尚书禧恩就将此事报告给了道光。道光得悉后大骂松筠："和珅当年专权横恣，也不敢公然去干涉别的衙门权限内的事情。你松筠吃过多少次处分的人，朕做了皇帝之后看重你，让你再做军机大臣。你不想怎么报恩，却越俎代疱，胆大妄为。如果每个军机大臣都和你一样，干涉各部事务，成何政体？"

经过军机大臣们商议，本来要将松筠继续送回伊犁赎罪。道光看在他已七十一岁的份上，将他赶出军机处，做了个六品小官。

据普鲁士传教士郭实腊记载，在做皇子的岁月里，道光失去了普通人所享有的自由和亲情，严格的学习损害了他的健康，年轻时候道光就苍老的像个四十多岁的人。做了皇帝之后，道光在皇子时代所结交的师友成为他执政的支柱，他很少相信自己的判断，而倚重朋友的意见，缺少朋友的陪伴就显得不太愉快。（郭实腊也是个传奇人物，除了母语德语外，他精通英文、中文、荷兰文、马来文、泰文和日文等，一生著作八十余种，其中大部分是用英文和中文写成，小部分用日文和德文写出。）

道光与松筠二人之间，君臣之外，还有深厚的友情，自然离不开他的陪伴。松筠入军机处不久，道光即将圆明园外的一处院子赐给他居住。虽然松筠是非不断，道光仍然还是要大用他。

道光三年，又启用松筠为吉林将军，并赏头品顶戴。松筠做了吉林将军，在各处题题词，赏赏风景，今吉林北山"天下第一江山"就是松筠在任上所题，这样的日子多么自在，可他改不了多管闲事的性格。松筠打听到盛京外面有很多闲空的田地，就上奏道光，自告奋勇，要亲自去盛京考察养马。第一道奏折上去了，道光回复他："多事，不准行。"

大概前世做过弼马温，松筠对养马充满了感情，又上奏皇帝，请让自己去盛京考察养马。道光看松筠这么倔，也火了，就批示："固执己见，不顾事理，越俎代疱，荒谬。降二级留任。"

松筠接连请求去盛京养马不成，沮丧不已。道光四年，松筠回到京师后，撂挑子不想干了，打报告辞职。在辞职报告中，松筠说自己现在两眼昏花，请求让自己退休。道光看了报告，回复他："眼睛昏花，因天气炎热所致，不许退休。"为了安慰松筠，又给了他紫禁城骑马的特权。

道光不肯他退休，还重用他，让他在都察院任职，负责查案。道光五年二月，松筠跑到军机处，请军机大臣上奏皇帝，要带军机章京徐松一起出差，前往热和审案。依照规制，凡大臣外出办事，只能带本衙门人员随行，而率行请带军机章京者，则要严惩。嘉庆五年（1800）八月二十五日的谕旨中有明确规定："嗣后出差人员除军机大臣仍准其随带章京外，其余如有率行奏请者，即将该大臣治罪。"

此时松筠不在军机处任职，跑来请求带个军机章京随行，本该要治罪。但道光对他还是很宽容，只是将他痛斥一番，让他注意检讨。

道光六年至道光十年，五年之间，松筠先后做了户部尚书、礼部尚书、兵部尚书，并兼任直隶总督，一年换一个部，这让多少后生小子羡煞。可松筠却是疲惫无比，勉强苦撑。道光十年，已经七十九岁的松筠，被派去山西查案。一大把年纪，还要鞍马劳顿，办理大案，松筠再也吃不消了。

松筠再次打报告申请退休，称自己腰腿乏力，两目昏花，写字手颤，遇事健忘，求皇帝高抬贵手，让他退休。

可皇帝仍然不肯让他退休，就此道光向大臣们解释道："松筠说自己老弱衰病，朕召见了他两次，却发现他精力如常，毫无病态。不是朕不体贴臣子，可君臣之间要以诚相待。你松筠这样任性，对得起朕的厚爱吗？你松筠摸着良心问问，过意的去吗？"

松筠朦胧着老眼，又在中枢飘荡了四年，道光十四年，皇帝总算开恩，让他退休。可道光心里还是不爽，在谕旨中啰唆了好多："曹振镛马上就要八十岁了，在军机处干了这么多年还精力如常。大学士富俊八十六了，精神颇健。这松筠八十多岁就大喊着精力大减，要退休，就让他退吧。"

道光十四年，松筠总算能安心退休了。致仕一年后，松筠以八十五岁高龄辞世，死后谥号"文清"。谥号中包含的"文"字，也是松筠一生的最好定论。他在蒙古人中算是少有的饱读诗书之士，早年就编撰过《百二老人语录》，为研究满族社会生活提供了珍贵史料。他编撰的《卫藏通志》《西招图略》《钦定新疆识略》，也翔实记录了当时西藏、新疆社会的生态。松筠也留下了很多诗文作品，如《古品节录》《绣像十美图》之类。百年之后，世人可能忘却了他的政绩，抑或记住了他的些许轶事，但真正有价值的，却是他留下的这些著作，被世界范围的学者所研读。

长龄平定张格尔之乱

当盛世之际，康熙乾隆，跃马扬鞭，揆文奋武，开拓疆土，赫赫战功。到了国力衰弱，财力困窘之时，边疆冲突却成为困扰后世皇帝们的头痛问题。自乾隆年间征服准噶尔之后，天山南北也被纳入了天朝的版图。在萧条的时代，经略西域，平定张格尔之乱，也可以算是道光唯一可以告慰祖宗们的功劳，到底在他手里没有丢失国土。出没沙场，经略西域，生擒张格尔，立下首功者乃是长龄。

在清代，能通晓几门语言者，可谓是凤毛麟角，凭借这一特长可以飞黄腾达。长龄的老爹纳延泰，精通满汉蒙几种语言，因此掌握理藩院二十四年，由于出色的外交才能，被任命为军机大臣。长龄也不差，遗传了老爹的语言天赋，能说满蒙汉三种语言。军机处处理的军国政事常涉及边陲，自然不能放过长龄这种难得人才。乾隆四十年，十八岁的长龄被特招进入军机处担任军机章京。

长龄官运不佳，倒是哥哥惠龄官儿越做越大。乾隆五十九年，惠龄就做到到了山东巡抚。嘉庆初年，惠龄又担任了湖北巡抚，并抓获了白莲教第一个闹事的聂杰人，立下大功。而长龄到四十二岁时才混到了总兵。

道光初年，长龄年过花甲，才开始得到青睐。道光三年，六十六岁的长龄入军机处，在军机大臣上行走，并管理户部三库，总算是熬出了头。道光五年，长龄先被任命为陕甘总督。在前往陕甘的途中，长龄突然接到军机处发来的廷寄，补授伊犁将军，命前往喀什噶尔抓捕张格尔。

前往西北的途中，长龄肯定想起了阿桂当年的预言。乾隆四十六年（1781），军机大臣阿桂平定西北动乱。班师回朝时，阿桂却道："天山南北实在是难以治理。如果在新疆的办事大臣中出个别贪财好色之徒，不要六十年，必有动乱。"果然被阿桂言中，不到六十年，天山南麓有了张格尔之乱。

嘉庆年间，清廷派驻喀什噶尔的参赞大臣斌静，"贪淫暴虐"，臭名远扬，成为张格尔之乱的导火索。斌静原任黑龙江将军，因索贿犯案被发往新疆效力赎罪。斌静是皇室成员，到了新疆不过四年，就担任了喀什噶尔参赞大臣，成为南疆的最高军政长官。嘉庆末年，斌静强占商人萨赖占的女儿，导致萨赖占愤怒自杀。事后满城风传萨赖占将女儿杀了后，割下头颅扔到斌静官衙内。斌静的胡作非为导致民心大失，张格尔乘机率众入境作乱。

张格尔之乱也有着漫长的历史缘由。乾隆年间，白山派和卓波罗泥都战败，五岁的儿子萨木萨克逃到中亚浩罕国。和卓意为"圣裔"，明末从中亚进入新疆，在天山以南各城传教近一个半世纪，在当地有较大影响力，其后裔分裂为白山派与黑山派。

清廷多次向浩罕国索要萨木萨克，浩罕国以为萨木萨克是圣人之后，奇货可居，一直予以庇护。萨木萨克成年后，虽然一心想复仇，但慑于此时清国的强大国力，未有大的动作。萨木萨克有三个儿子，长子玉素普，二子张格尔，三子巴布顶。成年后，张格尔以浩罕为根据地，先后四次扰乱边疆。

借着斌静强占民女，招致民愤四起之机，张格尔开始滋事。张格尔初次滋事时，只有两三百名追随者，穿的衣衫褴褛，只想抢点银子改善生活，毫无战斗力可言，很快被清军击溃。清军击溃张格尔后，抓了八十多名俘虏，就没再追。清军将领色普征额将俘虏带回喀什噶尔，交给了斌静。当日正值中秋，斌静下令将俘虏全部杀掉，然后喝酒赏月。

此时嘉庆去世，刚刚登基的道光，觉得斌静的处置方式有问题，有杀人灭口之嫌，斌静又被地方官员联名控告品行不端。道光遂将斌静革职，发往黑龙江效力。（张格尔第三次动乱之后，道光下旨让长龄再查斌静一案。长龄查明，斌静确有强占民女一事。道光七年，斌静被以“激变良民”的罪名处斩监候。）

道光四年秋，张格尔再次带队在边境滋事，清兵迅速出动围剿，但未能捕获张格尔。张格尔的弟弟巴布顶此时已经成年，被今阿富汗昆都士地方的部落头人招赘为婿。道光五年，巴布顶离开阿富汗，想与张格尔一起作乱，不想途中中风而死，也使张格尔少了个得力助手。

道光五年夏，乘着草肥马壮之机，清廷的二品大员巴彦巴图领了二百名骑兵，出塞四百里，扫荡张格尔。巴彦巴图领兵一路烧杀，将布鲁特牧民当作匪徒滥杀，然后邀功请赏，被杀者中有布鲁克头人的妻子。松筠当年曾冤杀布鲁特部头人，新仇旧恨涌起，布鲁特部愤起反抗，将巴彦巴图包围在都伯尔津（今吉尔吉斯斯坦境内）。巴彦巴图被困在大山之中，孤军无援，战败自杀。得悉巴彦巴图自杀后，道光大为痛心，愤慨地道：“堂堂大清，屡挫锐于小丑，成何事体。”遂将伊犁将军庆祥改任喀什噶尔参赞大臣，以长龄任伊犁将军，负责剿杀张格尔。

道光六年六月十四日，张格尔发动第三次动乱。此次张格尔率领五百名布鲁特人，从山路突进，猛扑喀什噶尔。清军领队大臣武凌阿带兵前往镇压，初期战事顺利，将张格尔围困住。不想张格尔被围后，各地白山派教众纷纷起兵来救他，转而将清军击溃，武凌阿阵亡。

清廷在天山南北共部署了约二万名清兵，但驻防在天山南部的只有约四千名战斗力较低的绿营士兵，兵力薄弱，且分散在广阔的空间之上。张格尔入境之后，天山南麓烽火四起，响应者无数，分散的清军在各处被围攻，处于被动状态。长龄焦灼万分，本应亲自带主力出援，但伊犁地方上也有很多骁勇的布鲁特人。长龄担心后方不稳，不敢远离伊犁。

此时道路全被阻断，喀什噶尔消息断绝，英吉沙地方上的官兵物资补给困难。长龄人手吃紧，遂请急调四千名土尔扈特部、和硕特部蒙古兵助战。乾隆年间，土尔扈特从俄罗斯归国后，清廷将土尔扈特部分散在各地安置，以免聚在一起生出变数。此时突然要调四千人，实在困难。长龄奏报到京后，道光也认为突然之间抽调蒙古兵助战不切实际。但此时已火烧眉头，长龄亲自用蒙古文写了封信，询问蒙古部头领是否愿意凑个几千名蒙古兵过来帮忙。土尔扈特部也够意思，赶紧出了一千人助战。由于人手吃紧，长龄从各地发配到的伊犁的罪犯中，挑出两千名强壮者去要隘阿克苏驻守。

六月份，喀什噶尔被团团围困，英吉沙被攻占。和阗、叶尔羌情势危急，天山南麓烽火四起，道路梗塞。长龄无计可施，只能请道光拨出军费数百万，派大兵四万进剿。

此时情况复杂，道光与军机大臣们均认为长龄最适合主持战事，一方面，长龄多次参加战争，军事经验丰富；另一方面，长龄曾长住伊犁，熟悉边疆事务。在长龄主持全局时，道光派出名将杨遇春、武隆阿、杨芳等人奔赴边疆。

此战中，军机处一方面为用兵出谋划策，另一方面则从全国各省抽调兵力，组织后勤运输。在当时的情况下，从内地到边疆运输之难非今人所能想象。长龄给皇帝的奏报，以六百里快马传送尚需一个月。军情紧急，在军机处主持之下，陕甘、黑龙江、吉林等省的旗兵及绿营官兵，被调至阿克苏集中。两万六千多只骆驼被征调，以运送粮草，另外又有大量马匹被征用。骆驼、马匹不足时，已经归顺的蒙古各部纷纷捐献驮马，帮助甚多。

到七月，长龄手中已有三万二千名士兵可用。就在清廷忙于抽调兵力时，八月二十五日，被围攻了七十多天的喀什噶尔城破。参赞大臣庆祥自缢身死。随后张格尔将城内商民撵出，活捉的官兵三百余人头上发辫被剪去，胁令投降。城内官衙及兵民房屋全被拆毁，只留了房屋二处作为办事地方。

浩罕国王迈买铁里汗亲自带了四千五百人帮助张格尔作战。浩罕军队连续四次攻打喀什噶尔城不克，死伤惨重。张格尔却作壁上观，按兵不动。迈买铁里汗看到死了这么多部下，在城下痛哭流涕，恼恨张格尔按兵不动，就带兵退回了浩罕。

张格尔发动叛乱后，和阗、叶尔羌也被攻陷，此时守住阿克苏成了关键。一旦阿克苏失陷，则张格尔打开了通往天山北麓的要道。阿克苏云集了全国各地调遣赶来的一万九千名士兵，最远的是从吉林索伦地方抽调过来的索伦兵。索伦兵是清代最为骁勇的军队，索伦在满语中意为“射手”，以善射而闻名，名将海兰察就是索伦兵。每有战事，都以索伦兵为前锋，“索伦轻健之师，风飚电击，耐苦习劳，难樱其锐。”

道光六年十月初一日，长龄亲赴阿克苏督战。张格尔此次叛乱，骁勇善战的布鲁特人扮演了关键的角色。为了分化瓦解，长龄派出手下，以重金贿赂各处布鲁特人首领，请帮忙擒拿张格尔。对长龄此举，一贯吝啬的道光大加赞赏，让他不要怕花钱。

通过密探的活动，长龄打探到张格尔的长相。张格尔瓜子脸，紫黑色面孔，鼻梁上有小麻，留胡子，中等身材，三十余岁。

张格尔接连攻克四城后，驱兵逼近距阿克苏只有四十公里的浑巴什河。

浑巴什河之战中，清军乘张格尔军渡河时发起攻击，取得大胜。浑巴什河之战具有重要意义，它展示了清军的实力，挽回了此前连续丢失四城所带来的颓势，也让天山南麓看清了形势，投向清军一方。此战过后，和阗城内民众就将七名张格尔的将领绑送给清军。

此时收复喀什噶尔成为关键，但前往喀什噶尔的道路险峻，沿途山沟无数，戈壁纵横，且无水草，如果分两路进兵，则联络困难，难以把控全局。长龄决定合兵为一路，从中道前进。由武隆阿作为前队，长龄与杨遇春各领一队，决定在道光七年二月初六出发，进军喀什噶尔。张格尔也出动主力，在中途迎击。

道光七年二月二十日，双方在阿尔巴特庄附近交战。张格尔军占领了一道长六七里的沙岗，居高临下，两万多人横成一线，列阵如林。清军分三路攻击，张格尔军虽有沙岗之险，却被击溃。

二月二十五日张格尔再次出动全军，在沙布都尔庄依靠沟渠布阵，战前将沟渠中的水放出，淹没道路，又遍挖坎坑，以阻碍清军。此战中，杨遇春率领步兵，居中突击，马队分为五行，安置于后方。张格尔先出动骑兵扑杀，清军将骑兵放近，施以枪炮轰击，将张格尔军击退。随后清军步兵徒步越过水渠，马队也从左右两翼冲过掩杀。张格尔军一名指挥官，挥舞大旗，纵横驰骋，清军集中火力将其击毙，随后追杀三十里，张格尔退至浑水河边。

二十八日，在阿瓦巴特庄，张格尔军依靠河流与水流，占据高冈布阵。开战后，张格尔佯退，清军则乘风施放烟雾，将对方眼睛迷住，导致阵型大乱。清军以精锐的藤牌手，身着虎衣发起冲击，同时以骑兵绕道后方袭击，导致张格尔全军溃败。

张格尔接连落败的主要原因在于军队质量太差。张格尔在各地裹挟了大批民众，凡十五岁以上者都被迫从军，不从者即被格杀。张格尔短期内扩充了军队数量，但未得到充分训练，遇到精锐清军自然不支。

道光七年二月二十九日，清军抵达浑河北岸，逼近喀什噶尔。张格尔集中主力，在浑河对岸布阵。当夜雾气弥漫，杨遇春认为这是难得的机会，可以利用雾掩护偷渡浑河。长龄表示同意，由杨遇春带兵渡过浑河。面对突然冒出的清军，张格尔措手不及，大败而逃。清军于三月一日抵喀什噶尔城外，杨遇春领兵抢占了城东北要隘，武隆阿占领了北面。清军四面围攻，很快将喀什噶尔攻下。清军凯歌猛进，很快又克服叶尔羌、英吉沙。

连下四城，长龄以六百里快递报捷。捷报到京时，道光以为抓到了张格尔，或者刺探到了张格尔的下落，一看之下，大为失望，不过是克复叶尔羌、英吉沙而已。在道光看来，收回失地并不重要，重要的是拿住张格尔，“朕所日夜思念者，在擒获首逆耳。”为此长龄被革去紫缰，杨遇春、武隆阿被革去太子太保衔。

虽然克复了四城，但没能抓住张格尔，所有忙碌都是白费。喀什噶尔战败后，张格尔逃到浩罕国境内躲藏。长龄组织了精锐骑兵二千余人，深入浩罕国内抓捕。每次长龄六百里加急奏报送到时，道光都不无忐忑地打开奏折，期待着捕获张格尔的好消息。可长龄一次次让他失望，就是没有抓到张格尔。

哀怨之下，道光指示长龄，如果抓到张格尔，就用八百里红旗捷报。同时批示：“你老用六百里加急奏报，让朕屡屡虚盼，今后只准你用五百里加急奏报。”

四个多月没有抓到张格尔，长龄也急了。五月，长龄派杨遇春带领马步官兵三千余名出境抓捕张格尔，又命杨芳带一千多人随时策应。道光在京师内盼着红旗捷报都快盼疯了，为了皇帝的心愿，长龄加大了出兵追捕的力度。六月，派至浩罕国境内的清军已有八千六百名，此外还有两万人在境内待命。前方将士所用的一切粮秣，都要从后方运输过来，时间漫长，耗费惊人，军费开销一日日上升，可张格尔却不见踪迹。

七月五日，杨芳在浩罕境内与张格尔残部两千多人遭遇，双方交战激烈。克鲁特人又聚集了数万人马，截断清军后路。杨芳沉着应对，指挥清军抢占有利地形，构建工事，并不时发起反击。稳住局面后，杨芳带领孤军且战且退，苦战多日方才突出包围圈。

此时距离入秋也已不远，不久将大雪封山，大批军队若不及时撤退回国，势必冻毙于境外。长龄一筹莫展，道光再三指责他空言搪塞，耗费粮饷。可浩瀚无际的草原，要抓捕张格尔就如大海捞针，可京师的皇帝，如何能知道前方将领的苦衷。至八月下旬，塞外日益寒冷，长龄收兵回国。

九月，道光下令将长龄调回北京，此时对他的信任开始减弱。在谕旨中，道光道："朕心悬万里之外，惟据长龄等多次奏报，恐系纸上谈兵，不甚确实。"考虑到喀什噶尔等地军务繁多，武隆阿又因病开缺。十月，道光让长龄暂缓来京，同时派出那彦成为钦差大臣，前去代替长龄。

那彦成得到命令后，估算从直隶出发，需要三个月方能到达喀什噶尔。而善后事宜，也要等到明年开春之后才能办理。考虑到路途遥远，行走困难，道光只能指示那彦成加紧进发，早到一日是一日。另一方面，则令长龄暂时留在喀什噶尔，待那彦成到达之后，交结完军务再回京。

那彦成比长龄小六岁，是嘉庆、道光两朝的重臣。那彦成的祖父阿桂战功赫赫，名满天下。嘉庆初年，当长龄还是小小的总兵时，那彦成已经做到了工部尚书，并入军机处行走。嘉庆四年，三十五岁的那彦成就以钦差大臣身份，到陕西前线指挥扑灭白莲教起义。道光六年，对边陲事务有较多了解的那彦成，以直隶总督的身份上疏，给出了系列平乱意见。

让那彦成来经略边陲，表明道光已经不耐烦等待了。长龄也明白，如果不及时抓住张格尔，这天大的功劳就要落到那彦成囊中。

十二月二十七日，长龄探听到张格尔在浩罕国聚集了五百人，有马队三百，步兵二百，又约了各地布鲁特穷人，准备乘清军官兵过年时，溜进中国境内滋事。此时大雪弥漫，清军不适合出国远征，长龄决意设计引诱张格尔入境，然后再行擒拿。

根据边境线上的情报，长龄判断张格尔还要从老路入境。就与杨芳各带了兵马，前去阿尔图什设伏。张格尔入境后，果然向阿尔图什奔来。

入境后，张格尔发现各地的民众不肯与他一起闹事，黑山派还出动了四百多人抓捕自己，知道情势不妙，就迅速出逃。二十九日，长龄在五鼓时分得到情报，称张格尔已逃到喀尔铁盖山。长龄当即下令各队官兵立刻出发追捕。

杨芳连夜带了精兵，一路狂追至喀尔铁盖山。杨芳追上张格尔，击杀张格尔步兵二百余人。张格尔亲自带了马队迎面冲击，被排枪击毙多人，残部分散向山沟内逃窜。

清军一路穷追不舍，张格尔只带了三十余人逃上山。清军将领胡超、伊萨克从俘虏口中探到张格尔的服色后，骑马上山猛追。山高路滑，张格尔弃了马徒步登山。逃到山巅时，张格尔只剩下十几人相随，在山上投掷石头进行抵抗。

眼见张格尔就在眼前，清军全军奋力，一口气冲上山巅。看到清军冲近，张格尔拔出刀准备自杀，被几个清军冲近按住，将刀夺走，同时被擒的还有八名部下。张格尔被擒时，太阳刚从喀尔铁盖山升起，天河闪耀着光芒，壮美绝伦，此日乃是大年三十。

张格尔被擒后，长龄欣喜若狂，以八百里红旗捷报，马不停蹄，急驰北京报喜。八百里红旗捷报，是那个时代最快的传递方式，从喀什噶尔到北京，万水千山之间，二十四个日夜，无数骏马奔毙，道光皇帝在正月二十四日中午得到了惊天喜讯。道光得到信息时，“以手加额，感天祖默佑朕！”

长龄抓到张格尔后，道光指示那彦成，急速赶往喀什噶尔接替长龄。长龄则携带扬威将军印信回京。

正月初六，张格尔被从新疆押解前往京师。为了将张格尔安全、迅速地押入北京，道光指示，要“设法哄诱，暂为松放刑具”，千万不要给弄死了。

张格尔被擒后，道光在京师内也开始表彰群臣了。前线的长龄被赏公爵衔，世袭罔替。杨芳也被封为侯爵，世袭罔替。胡超被提升做了提督，所有抓住张格尔的士兵，都被重赏。阻断张格尔去路的四百名黑山派也被重赏。杨遇春虽然未参与抓捕张格尔之役，也被指示应量予恩施。

此战之中，军机处出力颇多，军机大臣、军机章京自然都得了厚赏。两江总督蒋攸铦，在对张格尔用兵时任军机大臣，道光认为他极其辛苦，加太子太傅衔。军机处所有军机章京都被表彰，军机章京吴孝铭因为功劳特别大，被赏了个花翎。自兴兵以来，军机大臣日夜办公，襄赞机谋，承书谕旨，无不尽心尽力，道光下令将曹振镛等所有军机大臣绘像入紫光阁作为奖励。

抓住张格尔也让个别官员意外地升了官。捷报到京后，惯例是先到兵部，再转奏事处。捷报送到时恰逢午饭时间，办事人员都去吃饭了，只留了个老司员在兵部看门。这个老司员平日里性格恬静，仕途一直不顺，又穷又酸，骑了个破驴独自来往。捷报到后，兵部找不到人，就让老司员去递送捷报。道光得了捷报，大喜过望，立刻下令将报捷者赏戴花翎，调入军机处工作。没过几年，老司员在军机处从七品小官做到了三品京官。

在喀什噶尔任上抢占民女，招惹了无数是非的斌静，属满洲镶红旗，是皇室宗族。在张格尔之乱被平息后，道光帝赦免了斌静，将他交该族长严加管束。斌静抢占民女，贻误军机，肆意杀戮，依照律法，怎么都是死罪。但到底他是皇亲国戚，道光将他从宽处理。

户部人员因为筹集军饷有功，都被犒赏。英和此前因故被贬，考虑到他在户部担任尚书时筹集军饷有功，重新奖给太子太保衔。其他文武百官，凡是对前线战事出了力的都加官进爵。

不但群臣被犒赏，就连关羽也沾光被封赏了。却说长龄在前线作战时，为了让道光开心，就以充满想象力的文学笔调，描绘了在几次大战中，漫天红色烛光摇曳，遥见魁梧高大的骑马者从天而降，威风凛凛，长须飘飘，关羽显灵。关羽的隆重出场，自然是将敌军吓得魂魄俱散，四散地逃命了。道光很是喜欢这种奏报，也相信关羽真的显灵了，抓到张格尔后，封关羽号为“威显”。其实早在嘉庆年间，林清杀入紫禁城时，就有关羽显灵保佑的神迹，事后关羽被封为“仁勇”。到了咸丰时代，关羽又连连显灵，护国保民。于是关羽最后成了“忠义神武灵佑仁勇威显护国保民精诚绥靖翊赞宣德关圣大帝”。

张格尔被送到北京后，五月十二日，在午门城楼举行了隆重的受俘礼，金鼓齐鸣声中，道光登临城楼，张格尔被按着下跪，行完献俘礼，再从天安门押出。文武百官齐贺皇帝。在喀什噶尔围城战中，参赞大臣庆祥自杀，副都统乌淩阿在前线阵亡，道光命令两人的儿子监督执行张格尔的凌迟处死。“并将该逆摘心，交文辉于伊父庆祥墓前致祭，用慰忠魂。”

然而，在这无限风光的背后，道光其实在心痛，他心痛的是钱。道光是个极其节俭的人，如他这样抠门的皇帝，在中国历史上只有一个。夏天，他舍不得吃西瓜，下令太监“明日取消西瓜，只饮水”。道光听说面儿汤便宜，只要四十文一碗，就让太监去买。太监哪肯去干这个没有油水的活儿，就骗他：“饭馆已关门多年矣。”

吃不到宫外的便宜货，道光就规定“宫中用膳，每日不得超过四碗”。皇后过生日，道光下了猪肉打卤面招待群臣。道光七年的除夕之夜，就在张格尔被擒之时，道光吃了五个菜，不过是“鸭子白菜锅子一品，海参溜脊髓一品，溜野鸡丸子一品，小炒肉一品，羊肉炖菠菜一品”。如果得知抓到了张格尔，势必要加两个菜吧。

平定张格尔之乱的花费甚巨，军需动拨银一千一百一十六万余两。为了保证前线的军饷，道光勒紧裤腰带，将内库元宝银二百万两都发往前线。户部拨出了四百万两不够用，又让各省迅速调运饷银。一千一百万两的军费开支，这让守财奴道光心痛到家。

道光八年六月，长龄回到京师。对于立下大功的长龄及众将领，道光决定好好犒劳一番，在万寿山玉澜堂摆下盛宴招待。此次招待众功臣，道光还算客气，有酒有肉，不再是猪肉打卤面一碗。可长龄等人入座之后才发现，皇帝的慷慨，不过就是多了几碟小菜。长龄是文官，吃起来还斯文，武将们风卷残云，三两下就吃光了菜。没了菜下酒，众人面面相觑，只好一杯杯地干喝酒。

对于道光为何如此抠门儿，1852年在伦敦出版的，普鲁士传教士郭实腊所著《道光皇帝传》一书有所描述：“在皇子时代他非常贫穷，因为他的父亲嘉庆皇帝的钱袋就是空的，因此他养成了拮据度日的习惯。”做了皇帝之后，道光发现，国库中还是空空如也，既然不会开源，道光也只能节流了。在评介道光时，郭实腊展示了扎实的毒舌功夫：“他没有帝王的天赋，他可以成为一个光彩夺目的诚实农妇，在任何方面都具有农妇可靠的品质，但是缺乏帝王所需的明晰的洞察力。”

道光十年五月，鼓吹其功业的《平定回疆剿擒逆裔方略》修成，沉浸在喜悦之中的道光欣然命笔，亲自作序。三个月之后，张格尔的大哥玉素普携带了万千铁骑，再次入侵。道光二十七年玉素普的儿子迈买的明又领兵作乱。从道光初年开始，国力衰竭的清廷，开始面对持续不断的边陲战事，虽然抽调各省精锐长途奔袭，劳师费饷，却始终未能根绝祸患。边疆战事消耗了本已疲惫的大清无数国力，加速了清廷国势的衰落。

穆彰阿掌舵军机处

提起清代的权臣，如果鳌拜给人的印象是飞扬跋扈，和珅是贪腐无度，曹振镛庸庸碌碌的话，那么，一提起穆彰阿，立场坚定的士大夫们无不咬牙切齿，恨不得冲到他面前，指着他鼻子痛骂他是“秦桧再世”。但穆彰阿这个“再世秦桧”，青年时却对岳飞崇敬无比。在岳飞墓前，穆彰阿无限感慨，作诗祭奠忠魂，声讨贼桧，不想几十年后，自己却被称为“秦桧”了。

秦桧不是一日炼成的，穆彰阿也不是生来就奸坏的，他早年为官，勇于任事，政绩累累。乾隆四十七年（1782）穆彰阿在北京出生，老爹光泰在嘉庆年做到右翼总兵。大概酒喝多了，光泰毛遂自荐，请兼任兵部侍郎，反而丢了官。所幸儿子穆彰阿争气，嘉庆九年中了举人。此年是英和主考，穆彰阿也算是英和的门生了。

嘉庆十年，穆彰阿初入仕途时，老师英和因为与刘权之的纠纷被连降三级，但不久再被起用。英和也是科举正途出身，自然要对才华横溢的门生穆彰阿额外照顾。有人提携，在官场上升起来也快。嘉庆十五年，三十岁不到的穆彰阿被派到浙江担任乡试副考官。到嘉庆十九年，穆彰阿已升至内阁学士兼礼部侍郎，此后又转任刑部左侍郎。

嘉庆二十年，穆彰阿被降职为三品京官。此年刑部所进呈死刑立决人数多达五十二人。嘉庆素称“仁义”，用刑主张宽缓。洪亮吉因言辞激烈被抓到监狱中，嘉庆特意嘱咐，这是读书人，不要动刑。林清派遣天理教徒打入紫禁城，事后京内牵连被杀者较多，嘉庆还表示心痛。现在一下来了这么多死刑案，嘉庆认定是刑部拖沓，积压了案件所致。受此牵连，穆彰阿也被降职以观后效。降职这回事，其实也是嘉庆磨合下穆彰阿，让他吃点苦头，好珍惜来之不易的前途。到了次年，穆彰阿果然又被大用。

道光朝前期，形成了汉人以曹振镛为首，满人以英和为首的辅政格局。在老师英和的扶持下，再加上办理昌陵（嘉庆陵墓）工程有功，穆彰阿成了道光最亲信的臣子之一。

由于漕运弊端连连，道光朝有改漕入海之说，其中倡议最为卖力者就是英和。道光五年，英和上《筹漕运变通全局疏》，请将漕运改为海运。但地方官员，如两江总督孙玉庭、漕运总督魏元煌等人，对此反应消极。道光遂以陶澍为江苏巡抚，穆彰阿为漕运总督，琦善为两江总督，主持漕运改海运。漕运总督也是个不可小觑的官职，与总督一样，都是正二品。

为了漕运改海运，两江地方大员竟全被撤换，穆彰阿等人自然不敢怠慢。九月份，穆彰阿亲自押送漕船，经海北上，至通州交卸后才回京。初次试验成功之后，次年海运正式启动，第一批八百艘漕船由上海北上。穆彰阿此时改任工部侍郎，以钦差大臣身份在天津验收漕米。验收过程中，穆彰阿根据实际情况，修改海运章程，加速了漕米入仓的速度。因为办理海运极有功劳，穆彰阿此年被授工部尚书，进入了一品大员行列。

漕运改海运，轰轰烈烈地搞了一年之后，却突然停止了。所有人都知道海运的好处，但漕运一改海运，十几万旗丁、水手、纤夫就要失业，流落在江湖，走上亡命之路，运河两岸的无数城镇也将因此而衰落。道光下不了决心，遂在道光七年下旨，所有海运停止，一切漕粮照常河运。

道光七年，穆彰阿受命在军机大臣上学习行走。军机大臣名称很多，有军机大臣、军机处行走、军机大臣上行走、军机大臣上学习行走之类。军机大臣名目虽多，区别不大，都是军机大臣，只是加上“学习”二字的是实习生。清代在军机处学习“行走”的大臣很多，实习期满，合格的自然留在军机处，皇帝就不再下旨实授了。唯一的例外是穆彰阿，“学习”行走了一年，次年被实授军机大臣。

在军机处近二百年历史中，满、蒙翰林担任军机大臣者，前后共六人，分别是尹继善、梦麟、那彦成、英和、桂芳、穆彰阿。穆彰阿入军机处，也是英和力荐的结果。英和是穆彰阿的双重座师，即举人和进士的老师。穆彰阿入仕之后，英和对他大力提拔，在重案审判、漕运改海、视察河工等重大事务上，都可看到英和频频带着门生穆彰阿出入。道光八年，穆彰阿被实授军机大臣之后，英和大喜道：“词林传为盛事，亦门墙之光也。”

不过此年英和本人倒了大霉，因为监督的孝穆皇后墓地工程渗水，差点掉了脑袋。最终皇太后出面，劝告道光“不应以家法诛大臣”，才保住了一条命。

道光八年，英和被发往黑龙江做苦差，两个在官场上正如日中天的儿子奎照、奎耀也被革职一起同行。英和所有家产被充公，临时寄居在一个古庙中，身患重病。此时穆彰阿伸出援手，不但亲自前去探望英和，更每年接济他一万两银子。

在道光朝的历史上，英和的作用被大大地限制了。道光对英和也有深刻了解，认为“英和人本明白，性复敢言”。但英和的一生也是悲催，老碰上倒霉事，一直没能得到施展身手的机会。

英和落难之后，朝中也就是曹振镛一统天下。曹振镛与英和关系极好，算起来，曹振镛还是英和老爹的门生。对英和的门生穆彰阿，曹振镛自然也是另眼相看，极力栽培。穆彰阿去南方办理漕运改海，回京之后立刻去拜见曹振镛，两人款款长谈，穆彰阿在诗中写道：“新情兼旧情，款款语回环。”

从道光九年至十二年，军机处共二满二汉四位军机大臣，分别是曹振墉、文孚、王鼎、穆彰阿，穆彰阿居于末列。曹振墉、文孚两人年龄大了，不能长途跋涉，留在京内辅佐大政。至于外出办理地方上的要务，就交给了王鼎和穆彰阿二人。

王鼎也是当时少有的能干之才。他是陕西蒲城人，年少时家里极穷，时常每日只吃一顿饭，晚上读书时也没有油灯，就去城隍庙的长明灯下读书。王鼎科举未取得突破时，去拜见陕西老乡，军机大臣王杰。王杰虽然没有提携王鼎，却称赞他道：“观你人品气概，他日必登我座。”

嘉庆元年，王鼎考中进士，之后却被埋没多年，直到嘉庆十九年才授工部侍郎。嘉庆召见他时曾道：“朕一向不知道你，也从没人保举过你。看过你的文字，朕才知道你学问好。”

王鼎被挖掘出来后，开始被重用，在各地负责清查大案，清理芦盐弊端，治理黄河决口，政绩累累。与王鼎相比，初出茅庐的穆彰阿资历、政绩都还不够。但穆彰阿的优势是年轻，他比王鼎小十四岁，更为重要的是，他是满人。

作为最年轻的军机大臣，穆彰阿被派往各地，处理地方上大事。道光十三年（1833），英国派遣律劳卑来华，总管英国对华贸易实务。律劳卑来华是一个标志性事件，此前在华英国商人都是从经济利益出发，与清廷打交道。律劳卑的到来，则使中英之间的经济贸易融入了政治内容。律劳卑的任务，就是想将英国对华贸易扩展到广州以外的地方，同时保护英国利益。

1834年7月，律劳卑到达澳门，随即写信给两广总督卢坤，要求以平等地位见面。卢坤早已得到情报，有夷人头目带了军舰前来，并意识到“夷目”非“夷商”可比。依照清廷规矩，外国人来华，只准先在澳门居住，进入广东则要经过广东海关许可。当年的海关查得不紧，律劳卑从澳门跑了出来，住进了广州城外英国商人所居住的“夷馆”，并派秘书拿了信去找卢坤。

秘书到了广州城外，看门官兵不让他入内，也没有人肯替他送信，因为信上写的是平级之间文书往来的“函”。卢坤得知洋鬼子要给自己来函后唠叨道：“天朝大吏不得与外夷书信往来。”其他在华的洋人，知道卢坤的心思，就去劝律劳卑，让他在给卢坤的信上写上“禀”字，把自己降降级。不想律劳卑认为自己代表的是英皇，该与卢坤平起平坐，拒绝退让。

卢坤拒绝接律劳卑的信，调集军队包围了“夷馆”，又在九月七日命令律劳卑立刻前往澳门。当日虎门炮台放炮警告擅自闯入的两艘英国军舰，双方发生炮战。炮战之后，卢坤一方面进行备战，另一方则请洋商出面调停。此时律劳卑得了疟疾，且卢坤已做了充分准备，就下令军舰退出虎门，自己则离开广州，不久病死于澳门。律劳卑虽死，但他也奠定了此后英国对华外交的基石。律劳卑给英国政府的报告中指出，清政府外强中干，如果有一支适当的兵力施加压力，会比外交更为有效，谈判则浪费时日。

事后道光认为卢坤丢了天朝的脸面，将卢坤革除职务，派军机大臣穆彰阿到广东加以查办。穆彰阿将卢坤对英国人强硬，没有给天朝丢脸禀告给了道光。道光大为高兴，将卢坤的处分改为革职留任，并指出：“始虽失于防范，终能办理妥善。不失国体，而免衅端，朕颇嘉悦。”

律劳卑事件是鸦片战争的前奏，通过处理此次事件，穆彰阿也摸清了道光对待外夷的底牌，即“不失国体，而免衅端”，在保全天朝的面子的前提下，尽可能地避免战事。

道光十五年，曹振镛病逝。暂以文孚为首席军机大臣，潘世恩位列第二，穆彰阿第三、王鼎则为第四。文孚做到了首席军机大臣，在内阁又升到了文渊阁大学士，仕途履历上堪为完美。不想刚做首席军机大臣，文孚就被派去山东查案，一路上鞍车操劳，案件却没有查好，还被道光下旨处分。

年迈的文孚一看，官已经做到最大了，再没奔头了，自己身体又不好，做首席军机大臣这么辛苦，还不如辞掉算了。过了几天，文孚就以“耳聋健忘”为由，申请辞去首席军机大臣一职。道光无奈，只好允许他辞去首席军机大臣，只以内阁大学士管理吏部事务。此后文孚又称“耳聋头晕”，恐耽误公事，恳请辞去一切职务。道光同意了，文孚辞职后，退休回家不到一年就故去了。

文孚一走，依资历名望，潘世恩理所当然地被提升为首席军机大臣，穆彰阿的排名上升到了第二。《郎潜纪闻》称潘世恩为三百年第一福气中人，认为有清一代，所有的荣耀之事，他都碰上了，且富贵高寿，后世子孙文章也做得好。但潘世恩在军机处，并未对穆彰阿形成大的制约，而在为政上，也不见他有大的作为。

潘世恩的理想是做个太平宰相，他曾经询问翰林“天下太平”四字的出处，翰林们找不到。潘世恩就让军机章京去寻出处，军机章京能干，在《论语·燕居篇》中找了出来。潘世恩知道当此时代，大事不可为，太平暂不可得，转而明哲保身，遂使穆彰阿在军机处坐大。

穆彰阿与潘世恩，在大的方面，都有着共通点，即希望无为而治，达成天下太平。穆彰阿在《读史》一诗中写道：“汉代重经术，天下良吏多。民淳安朴陋，政简无烦苛。”道光朝初期，有英和这样锐意进取，德才兼具的大臣，但是道光不重用他，而选择了小心翼翼，遵守典章制度的曹振镛。道光朝中后期，辅政的穆彰阿、潘世恩，却是谨慎小心，内敛保守的人物。

道光十七年，穆彰阿升任首席军机大臣。穆彰阿之所以胜出，一是他年纪比较轻，二是因为他是满人，三是他与道光心意相同。穆彰阿主政后，很多人骂他庸碌无为。道光也曾问他：“你在位多年，怎么没有突出政绩？”穆彰阿却回答：“自古以来，贤臣顺时而动，不标新立异，不求一己之赫赫名望，只求君主省心，百姓安宁。”

道光是个内敛安静的人，在为政上主张守成持稳，不希望有大的变动与变革。他也知道大清国已开始陷入危机，但他不会采取任何激烈的措施，以挽回危局。道光与穆彰阿，应对危局的方法就是拖延，尽力在大政上不生出大的是非，假以时日，走出低谷。

然而，世事巨变，运道无常，道光朝所处的时代，是三千年未有之变局的时代。在承平年代，保守持平的执政者，靠着小心翼翼，也许能拖延下去。但在乱世却会让时局失控，生出无数祸乱。大清国已病入膏肓，非有大手术，大动作，已不能挽回危局。凡清醒者都知道出了问题，但谁会掏出手术刀，对着大清国做大手术呢？

禁烟与军机处纷争

雍正初创军机处的原因之一，就是禁绝朋党之争，乾隆、嘉庆两朝，虽有权臣如傅恒、和珅等人，也未出现党争。至穆彰阿成为首席军机之后，却形成了“穆党”，朝内党争激烈。朋党的形成，却和禁烟有关。

早在唐代，鸦片就由阿拉伯商人传入中国，称作“阿芙蓉”。航海大发现之后，葡萄牙人以澳门为基地，将印度生产的鸦片输入中国，但此时流入中国的鸦片不多，且价格昂贵，只有少数官僚富商能吸食得起。

到了清乾隆年间，为弥补贸易逆差，东印度公司开始大规模对华输入鸦片。鸦片在乾隆年间传入时，清廷并未意识到它的危害性。大批高质量、低价格鸦片的输入，导致吸食者呈现爆炸性的发展。鸦片在中国社会之流行原因诸多。当年没有什么娱乐活动，穷苦人每日里操劳之后无处放松，鸦片来了之后，一个个吸得生龙活虎，解脱苦痛，自然爱不释手。而当时人认为鸦片具有壮阳功能，能补肾水不足，于是鸦片也在官僚士绅阶层中流行开来，吸食鸦片“以媚房中”。

鸦片传入后，国内各地也开始广泛种植。种植鸦片带来的经济效益，高于任何农作物，“种植罂粟花，其利十倍于种稻。”巨大的利润，吸引了农民纷纷改种鸦片，并出产了一些高质量的烟土。浙江、福建、广东、云南等地都有优质鸦片出产，名目各异，如台（州）浆、广浆、芙蓉膏等。

鸦片在华之流行，以至于成为社交中的一项必备活动，朋友之间见面时，都会招待对方抽上几口鸦片。道光年间，直隶督抚以下的衙门中密布鸦片鬼，如果没了鸦片，官府就没法办公。军队中也普遍吸食鸦片，在围剿广东连州瑶民起义时，大烟兵们呵欠连天，不战即溃。鸦片之蔓延，连街头乞丐都要吸上几口才有力气去乞讨。据美国传教士卢公明观察："中国的鸦片烟馆数量比米店还多，中国人大半嗜吃此物。"

道光十一年，因为吸烟者日众，清廷在全国范围内开展了禁烟运动。兵科给事中刘光三请求参照赌博例，将买食鸦片烟者杖一百，枷号两个月。如吸烟者不肯指认烟贩子，则处以杖一百徒三年。

道光十一年的禁烟运动中，刚入军机处的穆彰阿比较卖力。但此年的禁烟运动，雷声大，雨点小，此后多年，各地鸦片屡禁不止。"鸦片烟屡经降旨严禁，此风总未静息。固由积习相沿，实缘各省大吏未能实力查禁。"

对于禁烟，道光是投鼠忌器，一方面想控制住鸦片的蔓延，另一方面则不想因为"禁烟"生出太多是非，与英国发生冲突。

鸦片屡禁不绝，日益猖獗。道光十六年，太常寺卿许乃济主张"弛禁"，认为应该将贩卖、吸食鸦片合法化，依照药材纳税。吸食鸦片者如果是官员士兵，则立予革职，但免于处罚。至于民间贩卖、吸食者，一概勿论，随他们去了。

道光十八年，围绕"弛禁"还是"严禁"，朝内大臣产生分歧。此年鸿胪寺卿黄爵滋提议，请将吸鸦片者以一年为期戒烟，不能戒烟者处死。黄爵滋列出鸦片贸易导致白银大量流出的数据。道光三年以前，每岁年流出不过数百万两。道光三年至十一年，每年流出白银一千七八百万两。道光十一年至十四年，每年流出白银二千余万两。道光十四年之后，则激增至三千万两。

道光对钱看得极重，一看每年三千万两白银流出去了，肉痛得要命。

随即下旨，将黄爵滋的奏疏发给盛京、吉林、黑龙江将军和各省督抚，就“吸食鸦片处死”给出意见。在二十六份将军、督抚的回复中，十七份不赞成“吸食者论死”，认为此举“专尚峻酷”，是兴天下大狱，万万不可行。八人主张严禁鸦片，吸食者该处死，湖广总督林则徐也属此列。与黄爵滋提议严惩“吸食者”不同的是，收回的十九份报告认为，应该将禁烟的关键放在海口即广东上，只要堵塞了鸦片的流入，即能正本清源。

后世依此次意见的不同，将朝野内外大臣分出所谓的“严禁派”与“弛禁派”。“严禁派”主将有王鼎、金应麟、朱琦、许球、朱嶟、袁玉麟、陈庆镛、黄爵滋、吴嘉宾、陶士霖、杨殿邦、黄乐之、周春祺等京内汉官，外官有陶澍、林则徐、钱宝琛等。“弛禁派”主将有琦善、伊里布、裕泰、宝兴、耆英等。严格意义上来讲，两派的分歧不大，都主张禁烟，分歧在于是否应该将吸烟者处死而已。

“严禁派”主力湖广总督林则徐在湖北严查鸦片，鸦片馆经营者闻风逃窜。在此年八月给道光的一份奏疏中，林则徐痛陈鸦片之害，如果不及时处理，数十年之后，“中原几无可以御敌之兵，且无可以充饷之银”。林则徐认为鸦片之所以屡禁不止，因为衙门中吸烟的人最多，处处包庇烟贩子。要想禁烟，“必以重治吸食为先”，将吸食者处死就能正本清源。

九月初六日，道光命令军机大臣会同刑部研究各省将军、督抚们的禁烟意见，此时他尚在犹豫之中。

坚定道光禁烟决心的，却是庄亲王奕賨、辅国公溥喜等人躲在尼姑庵里吸食鸦片一事。

灵官庙是位于京师东郊的一所尼姑庵，由尼姑广真主持。广真将尼姑庵当作高档会所来经营，尼姑庵内设妓院、赌场、大烟馆，又招募了一群多才多艺的伎女表演歌舞。广真的经营能力较强，很快就做出名气来，京内达官贵人、纨绔子弟无不出入其中。

灵官庙生意越做越大，名声在外，被御史报告给了道光，道光就派兵去清查。清查的当天恰好是广真生日，过来祝贺的客人极多。灵官庙内粉黛云集，欢歌劲舞，好不热闹，结果众多显贵与尼姑一起被抓。被抓获的人中有庄亲王奕賨、辅国公溥喜、镇国公绵顺，内务府郎中文亮，理藩院郎中松杰、主事奎英，刑部员外郎吉清、文奇等京内官员。

庄亲王奕賨、辅国公溥喜被抓时，正躺着吸食鸦片，镇国公绵顺则自带了伎女，到尼姑庵里登台献歌。刑部员外郎庆启被抓时，诡称衣服溅水湿透，到庙里来烘烤，想蒙混过关。广真也当场被捕，不过她神通广大，随后竟然找机会逃了出来。

道光得知清查结果后大怒，将庄亲王奕賨、辅国公溥喜、镇国公绵顺等宗室革除爵位，查到的官员也全数革职。道光认为京师是首善之区，王公大臣都沾染了抽鸦片的恶习，“此外官民人等吸食者，谅亦不少，皆由平日查缉不严，以致日甚一日。”

灵官庙事件坚定了道光禁烟的决心，过后不久，九月初八日，道光即下令严惩各地贩卖鸦片、开设鸦片馆者，文武官员军民吸食鸦片者，也一体查拿。过了两天，道光想起来，前年太常寺卿许乃济曾请弛禁鸦片，不由火气万丈，命许乃济立刻退休。

九月二十三日，道光召林则徐入京，赏紫禁城骑马，八天召见了十九次，并以林则徐为钦差大臣南下禁烟，统领广东所有水师。此次入京，林则徐备受道光恩宠，是“国初以来未有之旷典，破格得之”。当得知林则徐被任命为钦差大臣后，穆彰阿心中吃醋，一时竟然没能掩饰住，“为之动色”。

林则徐快马南下，路过直隶时，直隶总督琦善给了他一个忠告，此行“勿启边衅”。琦善此语，是揣摩道光心意之后给林则徐的忠告。道光朝，为了平息新疆的张格尔叛乱，耗银千万，财政吃紧。守成持稳的道光，此时已年近六旬，不想再生出战事，好平稳的将这江山传给儿子。清廷朝野上下，此时只是将禁烟当作了自己的内部事务，未曾想到会演变成为一场与英国的全面战争。

此年禁烟运动如火如荼之际，穆彰阿母亲去世，依照礼制，他是要丁忧的。但嘉庆让他穿孝服操办军机处事务，并就禁烟发表意见。穆彰阿一看道光铁了心要禁烟，自然也跟着摇旗呐喊，力呼禁烟了。道光十九年，穆彰阿上疏称："鸦片产自海外，欲杜来源，必严海禁。"对于沿海口岸的禁烟运动，穆彰阿态度分明，在同年十二月的一份奏疏中，他甚至建议："嗣后沿海各行户，应令该管各州县逐户清查，取具五家联保。一家有犯，四家不首，一体治罪。"

1839年3月27日，英国驻华商务总督义律宣布，以英国政府的名义，要求商人将所有鸦片交出给中国政府。此举让英国鸦片商人大为兴奋，事后英国政府将赔偿他们的损失，这比走私贩卖鸦片来钱轻松多了。美国商人也积极配合，上缴鸦片，想从英国占点便宜。义律这招极其高明，将英国政府成功地拉下水，禁烟也从经济问题演变为政治问题，从国内查禁变成了国际纷争。最让道光担心的"边衅"最终引爆了。

道光十九年（1839），鸦片战争爆发，"严禁派""弛禁派"转而演变为主战派与主和派。以王鼎、祁寯藻、林则徐、邓廷祯为首的主战派与以穆彰阿、琦善、伊里布为首的主和派，经纬分明。

在军机处内部，为了制衡穆彰阿，王鼎将力主禁烟，并对外持强硬态度的祁寯藻引荐进入军机处。祁寯藻主张禁烟，认为禁烟的重点，一是海关，二是官员。担任江苏学政时，祁寯藻就曾创作《新乐府》，宣传吸食鸦片的危害。道光十九年，祁寯藻与黄爵滋，会同闽浙总督邓廷桢共同办理禁烟。道光二十一年九月，经王鼎大力推荐，祁寯藻进入军机处。

穆彰阿不想开战，他为政主张息事宁人，与民休息，如门生李星沅所云："枢相讳言兵事。"英国军舰所带来的经久不息的战事与外交交涉，开始让道光觉得疲惫，并认为林则徐处理不善。身在中枢的穆彰阿，敏锐地察觉到了道光态度的改变，并将此信息传递给琦善。上意改变了，琦善自然也跟着配合。

当英国军舰出现在大沽口之后，直隶总督琦善看到英国人投递的书信中，有林则徐凌辱英国领事的言辞。顿时大喜，以四百里加急递告道光，称英国人是受了屈辱，现在跑过来述说委屈。在琦善的游说之下，英国军舰离开天津。道光认为琦善"片言纸语，连胜十万之师"。遂将林则徐革职，以琦善为钦差大臣，南下广州处理夷务。

当时士人对林则徐被革职无不愤慨，纷纷指责穆彰阿嫉妒林则徐声望压过自己，在道光面前构陷林则徐。"割地、偿烟价、撤守备。主之者穆彰阿，成之者琦善。"门生李星沅口沫横飞，在日记中大骂穆彰阿："才臣误国，普天共愤。"

然而这一切都只是同情林则徐一方的感情流露而已。

军机大臣不能主宰战和。军机处的设置，其中心是为了强化皇权，弱化相权。军机大臣的入值，不是按照国家正常官职制度运作，军机大臣的选用，也没有品级与资历规定，一切只凭皇帝意志。军机大臣们的权力，都是基于皇帝的信任而获得，所以他们权位的保持也就寄托在取得皇帝的宠信之上。这样，皇帝保持了对军机大臣、对大政的牢牢控制。

穆彰阿是道光的奴仆，他没有能耐主使道光的意志。决定战争走向的只有道光一人。与英国开战之后，道光以为只是在广东的一场小规模战事，会很快结束。不想开战之后，蔓延七省，旷日持久，道光懊恼地指出："英夷如海中鲸鳄，来去无定。"大清国虽整兵备武，奈何却没法将龙爪伸入大海之中去擒住英夷，战事旷日持久，军费开支无数。

巨大的军费开支使得本已千疮百孔的财政更加吃紧。道光二十一年

（1841）十二月户部奏称："一年有余，请拨银已至二千一百万两之多。"最肉痛花钱的道光，看到战事消耗钱财数不胜数，不由哀哭："国家财富，有此消耗之理乎？"道光二十年，大清国库存银不过一千万两，应付一场战事都捉襟见肘，更不要提河工、漕运、道光老婆葬礼之类的开销了。

琦善报告中对清军战斗力与英国军舰实力的陈述，也是道光革除林则徐，采纳羁縻政策重要因素。琦善本来对英国人是不屑一顾的，英国军舰开到大沽口之后，琦善看了不由倒吸一口凉气。英军军舰分三层，每层有炮百余尊。每层前后各有大炮，约重七八千斤。琦善同时也指出，英国人狡猾绝伦，利用海上通道，可以时时处处进击骚扰，旷日持久，防不胜防。从琦善报告中可以看到，天津可用之兵不过六百人，大炮储存多年，铁锈斑斑，不堪应用。从军事角度来看，琦善这是清醒的认识与判断。

到了道光二十一年，道光这个抠门皇帝，却卷起袖管，拿出大把银子，要与夷人决一死战。却说琦善南下广东后，谈判多轮，口水流了不知多少，英国却未能达成通商的目标，清廷也未能让洋人退走。道光二十年年底，看到英国开出的赔款通商的谈判条件后，道光怒火冲天，批示："逆夷要求过甚，非情理可谕，即当大申挞伐。"

"大申挞伐"，意思就是大规模开打。而英国人也在谈判桌上失去了耐心，遂在1841年出兵攻打虎门。

皇帝要打，穆彰阿自然分外卖力，他协助道光调拨军饷数百万，又抽调各省近二万兵力前往广州助战。

大清国的万千军队，在英军的利炮之下简直是不堪一击。前线将领都在忙着虚报战功，掩饰败绩，糊弄皇帝。一名将领竟然派人与英军商量："你不要放炮，我也不放炮，谁也不放炮。我放几次没有炮弹的炮，给皇帝面子，然后走掉。"前线的大吏已成为惊弓之鸟，开会时一名护卫吸鼻涕时用力大了点，督抚们竟然以为是洋人开炮，满座皆惊。

广州一战，如黄粱一梦，有犹在梦中未醒者，有震惊者。原先的主战派，如闽浙总督颜伯焘，狂呼英国人船坚炮利，纪律严明，实在没法打。浙江巡抚刘韵珂哭喊，英国鬼子大炮猛烈精巧，实在是没法打。此后穆彰阿也全盘反对开战，力主羁縻。

穆彰阿询问门生曾子城对战和的态度。曾子城道："自南宋以来，书生好诋毁议和，以主战博取爱国的美名。至于如何处理外交，已有五百年不被提起了。"此言诚若南宋汤思退评论历史上的主战者："此皆利害不切于己，大言误国，以邀美名。"曾子城认为，英国国力强盛，很难打败，应以和为主。

看到门生的意见，穆彰阿大为激动，立刻帮曾子城改名为曾国藩，意思是国家藩篱。此后穆彰阿大力提携，曾国藩初期仕途顺达。曾国藩在道光十八年中进士，道光二十年入翰林院。此后数年之中，连续七迁，历任兵、工、刑、吏部各部侍郎。如同没有严嵩就没有张居正一般，没有穆彰阿就没有曾国藩。

军机大臣中主战的，本有王鼎和祁寯藻，不想王鼎突然自杀，只剩下刚入军机处的祁寯藻。

道光二十一年，王鼎奉派去河南堵塞黄河决口。此时林则徐已被革职，王鼎就让他来帮忙堵决口。黄河决口堵上后，王鼎回京。至军机处，每见到穆彰阿，王鼎就要大骂他是秦桧、严嵩，穆彰阿则含笑不语，也不与他争辩。在皇帝面前，王鼎每次都很激动，口水横飞地乱骂，道光也厌烦了他，碍于他是老臣就没发作。王鼎骂得厉害了，道光就让太监把扶他出去，并摇头叹息道："卿醉矣。"

道光二十二年四月，英军攻陷乍浦，道光派"穆党"大将耆英、伊里布前去谈判。四月三十日，王鼎上朝时力陈琦善不可用，请启用林则徐，称不杀琦善无以谢天下。道光听了大怒，拂衣而去，王鼎竟冲过去一把拉住道光衣服不让他走。

看皇帝不听自己的意见，王鼎心中郁闷，想来想去，想出个老法子，就是所谓的“史鱼尸谏”。

“尸谏”是臣子最厉害的撒手锏了，王鼎老人家以为自己一死，皇帝就会听他的。当夜，七十四岁的王鼎回到圆明园旁的寓所中上吊自缢，临死前留下遗书，弹劾穆彰阿擅权误国，力荐林则徐该大用。

却说军情吃紧，道光每天召见军机处大臣时，王鼎总是准时赶到。当日召见时，久等王鼎不至，道光就让军机章京陈孚恩去王鼎家查看他是不是生病了。陈孚恩到了王鼎家后大吃一惊，王鼎已上吊自杀，还有一封遗书留在身边。

过了一会儿翰林张芾，军机章京聂澐也过来查看情况了。这两人都是王鼎门生，也都是陕西人，却投到穆彰阿门下。看到王鼎自杀，三人与王鼎的儿子王沆商议，到底军机大臣上吊，在大清历史上还是第一回，传出去不好听，就以“暴疾而亡”上报，并删改了遗书。

林则徐得到消息后大恸，写了首《哭王鼎》，“伤心知己千行泪，洒向平沙大漠风”。在伊犁待了三年之后，林则徐再被起用，调任陕西巡抚，他借三个月病假之期，特意到蒲城去祭奠王鼎。林则徐到了蒲城之后，在王鼎族弟家中一住两个月，拜祭了王鼎的墓，题写了大量的墨迹。

道光二十一年之后，琦善、伊里布、讷尔经额和耆英等一批满人官僚聚集在穆彰阿周围，结成穆党，彼此援助。战场上屡遭败绩之后，道光闷闷不乐，厌倦了喧嚣的主战声，“恶闻洋务及灾荒盗贼之事”。皇帝如此，主和派自然得势了。此后，由穆彰阿一党包办了所有条约的签署。一批汉人铁杆主战派变为主和派，也投入了穆彰阿门下，如颜伯焘、刘韵珂、程矞采、黄恩彤等。

穆党形成之后，一方面排斥主战派，一方面互相援助。如琦善，在广东私下与英国人达成和议，道光觉得丢了天朝的面子，准备将他问斩。经过穆彰阿的运动，由恭亲王奕訢帮他求情，最终免了死罪。奕经、文蔚等穆党，在浙江前线指挥不力，被道光下旨交部治罪，但并未说将他革职。

军机章京不知道如何处理，就去询问潘世恩。潘世恩道：“既是治罪，当然应革职了。”

穆彰阿却对军机章京道：“主上并未说革职，叫我革他们职，我是不敢。”经穆彰阿回护，本来要被斩首的奕经也未被深究。

对于主战派，穆党也予以排斥打击。除了林则徐、邓廷桢被发配新疆外。龚自珍、姚元之、周天爵、黄爵滋等大臣也被边缘化。《南京条约》签署后，御史苏廷魁上疏弹劾穆彰阿，不久便被罢官。御史陈庆镛因为反对重新启用琦善而被解职。

穆党的崛起导致了更多人投身于其门下。道光二十八年，在七个内阁大学士中，有五人“穆党”。军机大臣中，陈孚恩依附于穆彰阿，何汝霖、季芝昌二人是其门生，领班军机章京穆荫也是穆彰阿门生。其他军机大臣，潘世恩年迈不管事，遇事自保。祁寯藻为军机处后进，难挑大梁。赛尚阿则洁身自好，乐于旁观。

军机处中无人制衡，遂使穆党坐大。穆彰阿在军机处的前期，还能注意修身自控，保持节操，自“穆党”形成后，开始忘乎所以了。“穆党”充斥朝野，世人将穆彰阿与和珅相比，有“上和下穆”之说。

此说固然有所夸张。但“穆党”当道，结党营私，也造成了道光朝后期吏治腐败，纲纪松弛的局面。纲纪松弛的程度，连出使中国的朝鲜使臣都感到震惊。朝鲜使臣在《沈槎日记》中记下了一幕荒唐景象。正月初一，朝鲜使臣到礼部赴宴。招待外国使臣，本该是庄严的事件。可朝鲜使臣坐下刚端起酒杯时，突然听到吵闹声，声音越吵越响，不久听到器皿砰砰摔落的声音。原来是有官员为了争夺宴席位置而大打出手，在场的礼部官员竟无一人出来制止。朝鲜使者不由感叹，清国朝纲松弛，可见一斑。

军机处与银库被盗案

一般而言，清政府的收入主要来自于“地丁”“漕粮”“盐税”“关税”及杂税。地丁银是国库收入的主要来源，占了七成之多。但道光一朝，从来没有征收到足额的地丁银。至道光二十八年十月，各省地丁银拖欠达二千三百九十万余两之多。其他的各类收入中，关税大约每年在四百万至五百万之间，捐纳银收入则摇摆不定，最多时有两百万，少时几十万，据汤象龙统计，道光朝三十年间，平均每年捐纳收入在一百三十八万之间，相比于以往的捐纳收入，也呈现下降趋向。道光年间财政吃紧，主要来自于三个方面，一是内外用兵，二是治理河患，三是户部贪腐。

军费开销，仅鸦片战争一项，就至两千万两。鸦片战争之后，不管有没有打仗，各省都借整军备战之名，大肆扩充军备，建大炮、造地雷、仿洋枪、练水师、制战船，忙得不亦乐乎，借此可以虚报开销，中饱私囊。然而，“所造大炮战船，均不适用。”鸦片战争之后赔银一千四百七十六万两，加上战争中各地方上给英军孝敬银、赎城银、犒师费，总计开销在三千八百万两左右，这相当于清政府一年的财政总收入。

军费开支惊人还有个度，而河工开销则是无底洞。道光朝恰好是多灾多难的时代，水灾频繁。黄河、淮河、永定河，各地河流不断决口，道光三年的一次水灾就影响到九省三百个县，搞得道光“夙夜焦思，难安寝馈。”为了治理河患，在河工上投入了巨额银两。仅道光二十三年，治理河患的开销达到一千一百九十万两，此后每年正常开销在五六百万两之间。

河道与漕运捆绑在一起，治河的一个重要目的是保证漕运，以源源不断地为京师输入粮食。为了管理河道，清代设置了南河河道总督与东河河道总督，均为正二品大员，分别管理江苏省内与山东地方上的河道事务。自道光二十年之后，河道总督均为穆彰阿的人马所把持。穆彰阿早年主持过漕运改海的试验，知道经海路运输的优越性。但他把持大权后，却以祖宗成法为由，反对“改漕入海”，以保证党人们的利益。于是无数的银子，被注入了滚滚的河水之中，肥了一批批党人。

道光二十三年，正当满朝上下为财政吃紧而焦头烂额时，京师内又发生了户部银库案。

户部主要管理十个大库，分别装银、布匹绸缎和颜料，统称户部三库。户部三库中，装钱的也有三个库房。第一个是皇宫内库，存有白银一百二十万两，俗称“过河钱”。即一旦发生危机，供皇帝逃亡时使用。这是皇帝逃命用的钱，自然无人敢打主意。第二个是内务府银库，所储存的是各式珠宝，库房不大，容易管理，不易失窃。第三个则是户部银库。户部银库位于户部署后，分南、北二库。户部银库所存银子，账面上一般都达到上千万两，且每日里进出收支频繁，银子也需要库丁搬运，自然滋生了侵蚀的空间。

乾隆年间，自和珅当政后，户部银库从未得到认真清理，库内侵蚀严重。银库陋规是，每逢御史查库，送给御史白银三千两，仆从三百两，不管亏空多少，也无人去管。曾有御史赵佩湘想要清查库房中银子被侵蚀的数量，反而被库丁联合起来弄死。道光二年，御史陈鸿奉命稽查银库时，连水都不敢喝一口。天长日久，积弊重重，也无人再去过问银库亏蚀的事。

道光二十三年二月，由于库丁分赃不均，彼此攻讦，户部库银的弊端方才暴露。却说户部银库库丁张诚保的哥哥张亨智想帮儿子捐个官儿，但是一口气拿出那么多钱，怎么也舍不得。张诚保对侄儿实在是好，就利用自己管库房的机会，约好其他库丁帮哥哥的忙。当日张亨智拿了十一个口袋，共一万一千两白银到户部。银子入库时，张诚保和周二、张五等六个库丁联合做手脚，将七袋银子虚报为十一袋，剩下四袋共四千两银子交给库丁张五带出银库。

张五带了四千两银子出了银库，四处溜达着找到周二，分给了他一些银子。其他库丁都是老油条了，一看周二鬼鬼祟祟的样子，知道其中有鬼。就聚在一起指着周二嘀咕："这厮今天贪了不少银子。"

京城里一群混混儿每天都在银库大门外盯着库丁的屁股看，如果屁股夹的紧，肯定是今天有银子带出来了，就下手抢。听到库丁议论周二贪了银子，立刻一拥而上，将周二剥光，抢走了近四百两银子。这个事情闹得人人皆知，一些库丁就去找张亨智讨分银子。张亨智也不是省油的灯，原来也是库丁，因为在银库作弊被赶了出来。看到老同事们想敲诈自己，张亨智破口大骂，让库丁滚蛋。

库丁没敲诈到银子，心情很不愉快，其中有傻冒库丁就去告发。接到告发之后，道光就派刑部尚书惟勤到库房内仔细清查。

一查之后，惟勤眼珠子都吓得掉出来了，银库帐面结余应为一千二百一十八万余两，但实存银却不足二百九十三万两，也就是亏空了九百二十五万两白银。可户部银库很长时间是由穆彰阿主管的，惟勤查明户部银库实际情况之后，一时不敢做声。

世上没有不透风的墙，平日里在军机处一直是慈眉善目，闭目养神的老爷子潘世恩，得到户部银库亏空的消息后，立刻怒目金刚，带了祁寯藻、李振祜、祝庆蕃等一帮后生小子，联名将户部亏空的消息报告给皇帝。潘世恩一捅马蜂窝，惟勤哪里敢再隐瞒，就将亏空九百二十五万两的数据如实报告给了道光。

道光就是做了皇帝的葛朗台，得知亏空了这么银子，一口鲜血狂喷而出。指天骂地，破口大骂了半天，道光静下心来一想，近千万两银子不是库丁所能偷走的，户部所有的官员都逃不掉责任，遂严令乾隆朝之后，所有曾到户部任职或盘查过银库的官吏，按照官衔大小分摊赔这笔银子。

穆党在朝中也不是一枝独秀，满人亲贵中以载铨为首的“皇族派”成为“穆党”的主要政治敌手，双方摩擦不断，而银库案也给了“皇族派”扳倒穆彰阿的机会。“皇族派”由宗室成员与部分旗人组成，以定郡王载铨为首。载铨是乾隆的曾孙，在道光年领宗人府宗令，历任礼部尚书、工部尚书，兼步军统领。载铨将下五旗的满人视为自家臣仆，担任工部尚书时就曾将工部官员嵩曜唤为自家的奴才，对穆彰阿也不放在眼里。为了争夺权势，两派曾爆发过多次争斗。

此次银库案发之后，载铨不声不响跑到道光身边，递给了他一张条子，上面列着穆彰阿主管户部的详细时间。这次赔钱，从嘉庆五年起，至道光二十三年，凡在户部任过官的，每月要赔一千二百两银子。载铨是个细心人，连穆彰阿回老家丁忧，有三个月没管银库都给列了出来。最后一算，穆彰阿要陪十一万四百两银子。穆彰阿看了这张纸条想死的心都有，心道载铨你真狠，我得回家砸锅卖铁了。

为了把穆彰阿拉下首席军机大臣的职位，载铨豁出去了，先自断一臂，请皇帝将所有管理过银库的大臣都革职。因为自己也在户部任过职，载铨请先革去自己爵位。道光一看这载铨是赤膊上阵，要和穆彰阿单挑，也不好袒护，下令将穆彰阿革职。可革职了没几天，道光又反悔了，找了个理由，将穆彰阿改为“革职留任”。载铨一看，皇帝你这不是坑爹么？可是事已至此，无法挽回，只好接受事实。

却说这个赔钱，牵连的官员有三百余人，人死了由儿子孙子减半赔。有的官儿相对清廉，没捞到钱，碰巧也管过户部，或查过银库，现在要赔巨额银子，只好到处磕头借高利贷。有的官员为了借点银子，和门生撕破脸皮，只差兵戎相见了。曹振镛执掌军机处十四年，是道光最信任的臣子，虽然已死，儿子也被勒令减半赔出两万四千七百两银子。曹振镛儿子交了一万二千两后病死，再由孙子继续赔出剩下的银子。

因为载铨的特别关心，穆彰阿要赔的银子最多。不过他的门生都是达官贵人，哪里会让老师掏钱，一会儿功夫就把十一万两银子给凑足了。穆彰阿不傻，一下子交出这么多钱，不是自曝贪腐么。遂按银不动，手里有十几万两了还继续哭穷，然后更多的银子就来了。一直拖到道光二十四年，看到其他官儿们赔的差不多了，穆彰阿才哭哭啼啼地搬了银子出来。

自道光让大家一起赔银子之后，朝野内外，骂声一片。潘世恩、载铨的本意是把穆彰阿给拉下马，没想到牵连到这么多亲朋好友，出门时恨不得背个乌龟壳好缩在里面。原本管理户部三库，是个名利双收的肥差，现在大吏们一提到这个差事，无不心惊肉跳，避之唯恐不及。军机大臣祁寯藻受命管理户部三库事务，后来在年谱中，他还小心翼翼地添上一笔“时值库亏案后”。

户部银库案发之后，道光“愧恨忿急”，却又无可奈何。道光二十三年，是道光朝财政最为吃紧的一年，此年国库存银不过三十五万两。但此年吃紧，并不是意味此后道光的日子就好过了，他还得面对更为紧张的开销。

当年军机处拟定了几项方法，以增加收入，节省开支。捐纳收入是清廷的一个收入来源，此时开始鼓励。以往捐纳只收现银，为了筹集河工开支，此年开始准许捐纳时交纳实物，折算成银钱。军费开销居高不下，而各地都忙着练兵，好骗道光的银子。军机处鼓励各地编练乡勇，既不花朝廷的银子，又得了许多兵。原先各附庸国，如暹罗、越南、琉球等，原本是二年一贡，持续了百有余年，每次都要赏给大量银子。现在开始，改为四年遣使朝贡一次。地方官员们则被警告，如果不赶紧解上所欠钱粮，将要被暂行革职。

靠着道光的节省，军机处的四处搜刮，大清勉强维持着，但国库吃紧并未有根本改善。道光二十八年三月，负责管理户部的军机大臣潘世恩不得不向道光紧急上奏："现在银库仅存银十二万三千九百余两，比较历年，甚形支绌。"

面对着国库萎缩，财政拮据，道光左支右绌，一筹莫展，想不出可以从根本上扭转的方法。他唯一的选择就是节约，自己节约，国库节约，举国节约，靠着节约，熬过这局促的日子，待以时日，再走出这萧条的谷底。站在搁浅的清国巨轮之上，极目四望，道光何其无奈，何其悲哀，而他的军机大臣们，只能奋力行舟，好多维持些日子。

道光二十九年的军机处

有人是五行缺水，但道光的五行里一定是水太满了。他登基以来，各省水患不断，河工开销日昂。道光二十九年（1849）春，江苏、安徽、浙江、湖北等省，都遭遇到前所未有的大水灾。因为水患，苏州饥民云集，开始在城内抢劫粮食。常州府灾民数千人，涌入城内求赈济不得，转而抢劫财物。浙江地方上也开始出现抢劫现象。

在当时的社会条件之下，受到交通工具的限制，地方官员隐瞒等系列因素影响，信息反馈极为缓慢。五月苏州发生抢劫，七月军机处得到消息。然而，军机处的反应不是治灾，而是治官。早在民变初起时，苏州、常州城内商贾就已捐款救灾，但款项却未被用来赈济灾民，最终导致民变。军机处随即令江苏巡抚严密调查，官员是否中饱私囊。

此年大雨连绵，水灾不断。四月京师下大雨，道光在召见军机大臣时，特意嘱咐道："地面湿滑，潘世恩可以不要来慎德堂，你们出行时亦当在意在意。"

道光连说了两个在意，只是因此前潘世恩在养心殿的台阶上摔了一跤，嘴唇摔伤，牙齿也跌落了几颗。此后潘世恩接连请辞，道光却舍不得这个老人，赏给他黄马褂，又令潘世恩入朝时由太监扶掖。看着年迈的潘世恩，道光格外开恩，命他不必每日入军机处值班，隔一二日，或三四日来一次即可。

潘世恩年迈，退休是早晚的事情。到了五月，潘世恩腰痛，请了二十天病假。此时道光开始物色能接替潘世恩的人选，并最终选择了季芝昌。季芝昌是道光挑选的最后一个军机大臣，也是他晚年最信任的大臣。

季芝昌是江苏江阴人，出生前天气突变，震雷四起，就取了个小名“震后”。季芝昌的父亲季麟是嘉道两朝大臣英和的门生。嘉庆十八年林清事件发生后，季麟在河南抓捕天理教徒不力，被发配伊犁，死在戍所。家族的变故，科举上的挫折，季芝昌一度很抑郁。为了生计，三十岁时在江阴暨阳书院任教。次年携家北上京师，一边准备科考，一边兼职谋生。

熬到了道光十二年，四十二岁的季芝昌才一鸣惊人，考取一甲第三名，也就是探花。第一场考试在保和殿进行，当日太阳好，照得眼睛根本看不清字。季芝昌急了，出来后跑去琉璃厂买了个老花镜。再入考场考试时，带着眼镜写好卷子，拿开老花镜仔细一看，却发现字写得太小了。虽然有此小插曲，总算能金榜题名。此年穆彰阿是副主考，季芝昌也入了他的门下。

季芝昌出仕以后，历任山东、安徽、浙江等省学政。学政是个重要官衔，出任学政的官员，不问本人官阶大小，概与督抚平行，见面不用行跪拜礼。学政执掌地方学校，主持科举考试，考察生员学风。学政代表中央政府，管理地方士人，表明恩泽出自朝廷。学政责任重要，所以担任学政者必须是进士出身，且享有盛名。

到了道光年间，由于财政吃紧，不得不广开捐纳，开始卖官，以至于江宁府出现了“婊子多、驴子多、候补道多”的现象。大批捐纳出身的候补官员充斥官僚队伍之中，大大削弱了科举选拔人才的功能。而正途出身的士人沾染了赌博、抽大烟等各种陋习，通过投机取巧的方式来获取功名。

季芝昌在各省整顿学风，不知疲倦，曾自语道："四载以来，终日堂皇，始终不懈。"道光对季芝昌极为信任。清代惯例，地方官员每三年要考核一次。道光下令免去对季芝昌的考核，认为他必然是第一等。

道光二十九年，季芝昌被道光留在了京师办事。五月，季芝昌随大学士耆英到浙江阅兵，并查询浙江仓库钱粮亏空。在浙江，季芝昌查出仓库亏空较多。季芝昌建议亏空三万两以上者革职并限半年缴清，五千两以下降一级限一年缴清。从南方回京之后，道光特意召见季芝昌，让他先回家休息，过几日再来。

八月初四，再召见季芝昌时，道光将他外放做了山西巡抚。道光对他道："山西地方殷富，今来巡抚也闹事。汝操守好，可去整顿一番，不久即调汝回来。"季芝昌到了太原，屁股还没坐热，道光一个谕旨就将他调回了京师。

九月十三日，季芝昌到京后被立刻召见。对于为何突然召他回来，道光解释道："如今有比巡抚要紧之处，所以召汝回来。汝可在这殿门外稍候，不要出去。"季芝昌一头雾水，就出了殿等候，不一会有谕旨出来，命季芝昌在军机处大臣上行走。依照惯例，初入军机处的大臣，都要有"学习行走"字样，等实习一二年之后在奉旨实授。当日军机大臣询问是否也要加上"学习"二字，道光笑道不必，这也算是特殊的隆恩了。出了殿后，季芝昌也就入军机处值庐办事。

九月，另外一人也再次入军机处，此人是何汝霖。何汝霖四十八岁时入军机处做军机章京，可谓是军机处历史上最年长的章京。熬了多年，至道光二十年才做到军机大臣。三年前何汝霖因为母亲去世丁忧在家，现在丁忧期满。道光对他很是信任，就让他再入军机处效力。

上了年纪之后，道光的话也多了，在召见军机大臣时常喋喋不休。十月二十日，潘世恩提出正式辞职。道光已留他在军机处好几年，现在也不好意思让他继续效力，就准许了他辞职。

潘世恩一走，军机处剩下六名大臣，军机大臣们倒是很开心，因为此前每当军机大臣满七人时，总是有一个人要倒霉。所以军机处形成了迷信说法，即军机大臣以六人为最佳。潘世恩一走，穆彰阿更是势力张扬。何汝霖、季芝昌是他的门生，不好违背他的意思。陈孚恩是穆彰阿亲信，自然事事站在他一边。

道光二十九年，军机大臣陈孚恩也受命出差，查办山西巡抚王兆琛收受商人钱财事件。王兆琛的事件其实也不大，不过是过节时收了商人送来的银子计一万一千两。在当时官场上，这点钱财根本算不了什么，而收受各种陋规更是官场的普遍现象。只是陋规已经半合法化，成为了默认事实，商人送钱则是纳贿。

和督抚们不同，军机大臣们每日里在皇帝身边，被皇帝观察，自然得分外爱惜羽毛。在腐化的官场中，相对而言，军机大臣们还是比较清廉，但他们并非不食人间烟火，他们也是利益分享者。道光二十七年，张集馨谋得了肥差四川臬司，临行前给军机大臣每人孝敬四百金。当年的军机大臣共七人，只有赛尚阿一个人没有收，其他人都笑纳了。军机章京每人送上十六金，如果有交情，或通信帮办事者，则送上一百、八十金不等。其他六部尚书，各部官员，依照官衔与亲热程度，也各有孝敬。此次进京，应酬孝敬之类，总计花去了一万五千余两。张集馨在当时是官声比较好的，道光也夸他“持身严，操守学问，朕早知之。”张集馨尚且如此，其他人更不要说了。

进入官场之后，左右逢源，上下应对，各种开销，靠着微薄的薪资，根本无法维持生计，军机大臣、军机章京们，不可避免地要收各种礼节性的陋规。收取陋规，这既不致影响他们的名声，又可以维持体面的生活，此即“清廉的腐败”。名声好，才能被皇帝赏识，才能做到大官，才能拿到更多孝敬，而不必赤膊上阵去搜刮捞钱。

时间很快走到了道光二十九年年底，可皇帝与军机大臣们面对的问题，如同道光当初御宇时一样。水患连连导致河工开销不断上涨，官员贪腐无从根除，科举百弊丛生，漕粮浮收高昂，旗丁勒索如常。十一月，首席军机大臣穆彰阿上奏，浙江粮道毓衡投河自杀。再一查，原来是负责押粮的旗丁偷盗了大量漕粮之后潜逃。毓衡没钱填补窟窿，情急之下投河自杀。

困扰各省的水患到了十一月还是没有消退。东南各省督抚们纷纷上奏，请暂缓漕粮。道光大度地许可了，但他很是忧虑，如果东南的漕粮不北运，那么京师数十万人口吃什么？与军机大臣们商量之后，对策是让地方督抚采购粮食，或由河运，或由水运，总之要源源不断将粮食运到京师。道光也知道地方督抚们必然会拖延，无奈对军机大臣们道："朕将拭目俟之矣。"

然而，道光没有能拭目以待到最后。

十二月，皇太后病逝。道光是个大孝子，痛不欲生，亲自为太后守孝。皇帝守孝也得遵照礼制，住草泥搭的"倚庐"，盖草席子，睡草枕头，喝稀饭。在北方寒冷天气之中，道光坚持了没几天就一病不起。

道光三十年一月十三日，道光知道自己不行了，让定郡王载铨及军机大臣五人，御前大臣怡亲王载垣、郑亲王端华、科尔沁王僧格林沁三人，内务府大臣步军统领尚书文庆，共十人，打开装有皇储人选的密匣。匣子打开后，让所有人惊讶的是，匣内竟然有两个谕旨，分别立皇四子奕詝为皇太子，皇六子奕訢为亲王。

道光死后葬在了清西陵。道光原先在清东陵宝华峪建了万年吉地，但建成之后不久即因为浸水而放弃，将建好的陵墓拆掉夷为平地。道光十一年之后，又改在清西陵龙泉峪重建地宫。

道光在其他方面很是节省，对自己的地宫却极其奢侈。据军机大臣潘世恩验查，宝华峪铸造的九根铜管扇就用去铜六万余斤，耗费无数。修第二个地宫时，正是财力最为窘迫的时候，不得不有所收敛，“一概俱从简约”。

虽然如此，由于两建一拆，道光在陵墓上的开销实际上超过了任何一座清代帝王陵。道光颇有自知之明，他知道自己在此衰败之世的表现“愧对祖宗”，“愧对天下百姓”。他在遗诏中下令，不得在陵墓前建造歌功颂德的“圣德神功碑亭”及石像生（有文臣、武将、马、象、狮、骆驼等立像各一对）。

如果说他的父亲嘉庆，处于一个王朝由盛转衰的下滑过程中的话，到他执政时，已经处于下滑曲线的底部。他没有康熙、乾隆那样的文治武功，也没法如雍正那样的刚猛为政，严肃吏治。平心而论，道光可能平庸，但他绝不昏庸；他也想有所作为，却无能为力。他无法开源节流，那就勒紧腰带，节俭治国。他也无法大力改革，只能小心翼翼，清净无为。

道光留给他儿子咸丰的，是一座即将爆发的火山。这是三千年未有之巨变的时代，广西山野之间，在洪秀全的带领下，拜上帝教教徒们已按捺不住，随时准备冲出山野，开创出一个全新帝国。而西方列强的巨舰利炮，横亘于国门之外，随时准备进击。

后 记

可以说凡清国大政，皆出自军机处。但军机处这样重要的、广为人知的机构，在学术圈中却仅有台湾傅宗懋先生所著《清代军机处组织及职掌之研究》，迄今为止，更无一本与军机处相关的通俗书籍，实在令人遗憾。

自我确定写作《军机处》一书后，便开始了烦琐的史料收集工作。幸运的是，当年的军机大臣与军机章京们，留下了大量与军机处相关的记载，而清人的笔记、年谱，清廷的实录、上谕，也提供了与军机处有关的海量材料。

军机处的史料浩瀚，如何择取、组合，自然让人费神。在写作中，困扰我的主要有几个方面。首先，一些重要事件，如果直接去写军机处的处理过程，可能较为枯燥，降低了可读性。如嘉庆年间的五省教乱，军机处主持部署，耗时九年方才平息教乱。在写作时，我选择了此次教乱中白莲教中的一个人物刘之协，以军机处对他的抓捕行动展开，既融入军机处的处置过程，也再现五省教乱的过程，以提高本书的可读性。

其次，由于军机处涉及的年代长、事件多，如何避免本书出现碎片化的倾向，也是困扰我的一个问题。《军机处》的第一部，主要围绕雍正、乾隆、嘉庆、道光四朝展开。雍正朝军机处初创，故而以军机处创立的原因、创设的契机、军机处的奠基者等为中心展开。对乾隆朝，则以十全武功为中心，同时佐以军机处重要人物与事件。对嘉庆朝，由于正处国力下降的过程之中，整个政局呈现出保守的倾向，此章以保守为主题，将军机处置于其中考察。至道光朝，大清帝国已处于衰落曲线的底部，故以面对颓废景象的军机处为主要内容。

再次，此书的写作，涉及大量的军机处人事制度工作等方面的内容。这些内容是较为枯燥的，如廷寄制度，如拟定谕旨，如军机大臣、军机章京的职责之类。这些内容虽然晦涩，却又是不可或缺的。在写作中，将这些内容分解开，融入到各个章节的故事之中，在不降低可读性的同时，使读者对军机处有更全面的了解。

此外，历史的书写常受作者个人主观意志的影响，带有作者的私人烙印，只是深浅程度不一而已。虽然历史写作难免要受主观的影响，但著史者所能做的，而且应该去做的，是尽量地还原客观历史。本书在写作中，尽可能不作主观评介，而以展示史实为主。到底，对历史的评判，千人有千种生相，我尽可能地将对历史的评判权交给读者。

本书主要以军机处的人物与事件为中心，并对此加以拓展延伸，力图通过各种史料的比证，从一个新的角度展示历史。这样的写作方式，也使得本书的一些章节并不完全是军机处的内容。如白莲教起义中的刘之协，这样的一个小人物，军机处费尽心思，历经多年才把他擒获。但在写作时，我并不以军机处为中心，而以刘之协为中心，对他在白莲教起义中的作用加以考察。再如嘉庆朝的林清事变，震骇清廷，在写作时，也有大量的军机处档案史料可供择取，但我从小人物林清切入，军机处的内容则作了弱化处理。由此种写作方式，希望能向读者展示大历史背后小人物的作用，也希望读者朋友能够理解、喜欢这样的处理。

本书是《军机处》的第一部，我将它概括为“揆文奋武”。因为军机处是为了应对军事政治而创设，在十七、十八世纪，此四字也是对它的功能的最好界定。当时间走到咸丰朝，军机处又是另外一个格局，这是下一部“咸同风云”中所要探讨的内容了。限于水平，本书尚有诸多不足之处，也请读者加以指正，并期待着和朋友们的互动。

袁灿兴

2014 年 5 月